JN452152

文으로 읽는

노자 도덕경

으로 읽는
노자 도덕경

인 쇄 2018년 12월 20일
발 행 2018년 12월 25일

저 자 양회석
발행인 정병석
발행처 전남대학교출판문화원

등 록 1981. 5. 21. 제53호
주 소 61186 광주광역시 북구 용봉로 77
전 화 (062) 530-0571~2 마케팅 530-0573
팩 스 (062) 530-0579
홈페이지 http://www.cnup.co.kr
이메일 cnup0571@hanmail.net

값 19,000원

ISBN 978-89-6849-574-8 (93150)

이 도서의 국립중앙도서관 출판예정도서목록(CIP)은
서지정보유통지원시스템 홈페이지(http://seoji.nl.go.kr)와
국가자료종합목록시스템(http://www.nl.go.kr/kolisnet)에서 이용하실 수 있습니다.
(CIP제어번호 : CIP2018039264)

文으로 읽는

노자 도덕경

노자는 철학인가? 종교이고 문학이며 …

원저자 **노자** | 주해 **양회석**

노자는 철학인가요? 종교인가요? 문학인가요? 라고 묻는다면 '늙은이 노자'는 피식 웃을 것이다. "다 아니야! 그냥 노자라는 글(文)이야!" 노자는 자신의 이상을 찾기 위해 시간을 거슬러 올라간다. 멀리 모계사회이자 원시공동체사회였던 태고를 향하는 것이다. 인류가 지나쳐 와버려, 이제는 잊고 지내는 그 곳과 그 때를 찾아가는 길이다. 그때는 '갈'을 든 '아버지'가 아니라 '성배'를 든 '어머니'가, 지배중심이 아닌 공동협력으로 대중을 이끌었다. 거기에는 철학이니 종교이니 문학이니 그런 구분이 없다. 섞여 있는 '무언가'가 있을 뿐이다. 노자는 이를 도라 부른다.

전남대학교출판문화원

일러두기

1. 노자의 원문은 특정한 판본을 저본으로 삼지 않고 통행본을 두루 대조하여 취사선택하였다. 아울러 여기에 마왕퇴(馬王堆)에서 출토된 한나라 시기의 비단 사본인 백서본(帛書本)을 대조하였다. 각 장의 제목은 필자가 달았다. 전통적인 방식대로 가능한 첫 구절에서 따와 찾아보기에 편리하도록 했다. 적절치 않을 경우, 핵심어를 추려내어 제목으로 삼았다.

2. 노자는 대부분 운문이기에 시처럼 행을 나누고 음독을 하였다. 운을 느낄 수 있도록 괄호 안에 옛날 음을 추정하여 넣었다. 예를 들자면 제1장 母의 경우, 모(미)라고 음을 달았는데 '미'는 추정 음을 나타낸다.

3. 【문장구성】은 의미와 압운 등을 고려하여 먼저 단락을 나누었다. 한 장의 전체적인 의미와 맥락을 일목요연하게 파악하기 위함이다. 다음으로는 문장학적 관점에서 글쓰기 형식을 살폈는데, 압운(頭韻, 句中韻, 首尾韻 포함), 대구, 끝말잇기, 순환어법 등을 밝혔다. 이 가운데 운은 강유고(江有誥)의 ≪노자운독(老子韻讀)≫과 주겸지(朱謙之)의 ≪노자교석(老子校釋)≫을 일차적으로 참조하였으나, 실제로는 대부분 ≪강희자전(康熙字典)≫을 근거로 하여 필자가 하나하나 살펴 정했고, 그 용례를 부록에 실었다. 음은 반절법(反切法)과 직음법(直音法)으로 제시하였다. 예컨대, 母(母婢切)는 '母'의 성모(聲母, 우리말의 초성)와 '婢'의 운모(韻母, 우리말의 중성과 종성)를 잘라 내어 합쳤다(ㅁ+ㅣ=미)는 의미이다. 教(音記)는 '기'로 읽는다는 뜻이다.

4. 【자구 풀이】에서는 문맥 파악에 필요한 글자와 단어를 중심으로 설명하였다. 특히 갑골문자와 금문 등 고문자를 참조하여 글자의 원의를 밝히는 데 중점을 두었다. 아울러 판본에 따라 차이가 나는 문구도 필요한 경우 밝히고 설명을 가했다.

5. 【해설】은 앞 문장구성에서 나누어 놓은 단락을 따라 전후 연결을 밝히고 전체적인 주지를 파악하려고 노력하였다. 아울러 이해를 돕기 위해 적절한 사례를 제시하였다.

6. 【함께 읽을 자료】에서는 ≪장자≫와 ≪논어≫ 등 각 장의 요지를 이해하는 데 도움이 되는 문헌 자료를 실었다. 【해설】과 함께 읽기를 권한다.

7. 【참고 자료】에서는 주요 글자의 고문자와 본문 관련 형상 자료를 실었다.

8. 【스스로 써보기】에서는 원문을 행 가르기 없이 다시 실었다. 스스로 음미하면서 써볼 수 있도록 습자 형식을 갖추었다.

9. 책 뒤 부록 1에는【문장구성: 음운】, 즉 음운의 용례와【함께 읽을 자료: 원문】을 실었다. 부록 2에는 ≪사기(史記)≫ 〈노자열전(老子列傳)〉을 실었다.

잊어버린 것에 대하여

요즘 노자를 읽고 있노라면 행복하다. 마치 좋은 일이 있으면 자랑하지 않고서는 못 배기는 아이처럼, 심지어 그 행복감을 나누고 싶어진다. 이제는 기억조차 잘 나지 않을 정도로 오래 전부터 노자를 접해왔는데, 왜 새삼 노자 읽기가 행복해지는 것일까? 흔히 말하듯이 나이가 들어서 노사가 좋아진 것만은 아니리라. 어쩌면 이제야 노자의 진면목을 알게 되었는지도 모르겠다.

노자는 자타가 공인하는 중국을 대표하는 철학서이다. 크게는 우주의 기원부터 작게는 세상사는 지혜에 이르기까지, 근본적이고 중요한 문제들을 노자는 체계적으로 기술하고 있다. 노자가 총 81장으로 이루어진다는 점부터 범상치가 않다. 궁극의 숫자인 '9'를 거듭하면 81이 되기 때문이다. 중국어에 "구구귀일(九九歸一)"이라는 말이 있는데, "돌고 돌아 원점으로 돌아간다."는 뜻이다. 모든 것들이 돌아가는 곳, 그것이 바로 도일터이다. 노자는 바로 그 도와 그것의 구현인 덕을 나루고 있다. 그래서 도덕경이라고도 불린다. 81장의 노자는 제1장 첫 글자인 '도(道)'로 시작하여, 제81장 마지막 단어인 '부쟁(不爭)'으로 끝난다. 합치면 "도는 다투지 않는다."는 완정한 문장이 된다. 한마디로 노자는 다투지 않고 사는 철학을 들려주고 있다. 그래서인지 노자를 읽고 있노라면 내 마음속에 다툼이 없어진다. 조금은 더 지혜로워지는 듯하다.

그러나 노자를 철학에 국한시키면 안 된다. 그러는 순간 노자를 읽는 재미가 반감될 뿐 아니라 심지어 오독(誤讀)하는 우를 범하게 된다. 노자는 책을 마무리하는 제81장에서 "미더운 말은 꾸미지 않고(信言不美), 꾸민 말은 미덥지 못하네(美言不信)."라고 밝히고 있다. 이는 우회적으로 자신의 책이 "믿음의 말(信言)"이자 "아름다움의 말(美言)"임을 선언한 바이다.

그렇다! 노자는 일차적으로 "믿음의 말"이다. 제62장에 의하면 노자가 상정하는 도는 종교적 성소(聖所)와 같은 곳이다. 삼라만상이 기도하는 곳으로, 잘하는 자(善)와 잘하지 못하는 자(不善)를 아울러 감싸준다. 그렇기에 도를 체득하고 실행하는 성인은 맹수 따위가 감히 범접하지 못하는 '갓난아이'로서(제55장), 가보지 않고서도 알고 보지 않고서도 이름을 부르는 신통력을 소유하는 것이다(제47장). 또 죽어도 없어지지 않아 진정한 장수를 누리게 된다(제33장). 이런 점에서 보자면 노자는 철학보다는 종교에 오히려 가깝다고 할 수 있다. 그래서인지 노자를 읽고 있노라면 내 마음 속이 어느새 든든해진다. 삶과 존재에 대한 미더움이 커지는 것이리라.

또한 노자는 "아름다움의 말"이다. 노자는 자유롭게 쓴 산문이 아니라 거의 전체가 '아름답게' 꾸민 운문이다. 절대다수의 문구가 운을 밟고 있으며, 또 대구, 끝말잇기, 비유 등 각종 수사법을 활용하고 있다. 물론 이들 수사기교가 단순히 문장을 장식하기 위한 것은 아니다. 대부분 전달하고자 하는 내용과 절묘하게 융합되어 있다. 제51장이 대표적인 예이다. 노자는 아름다운 운율을 활용하여 도를 예찬한다. 도는 만물을 생(生)·장(長)·정(亭)·양(養)하고 또 휵(畜)·육(育)·독(毒)·복(覆)한다. 전자는 모두 비음(ng)으로 끝나 마치 '응 응'하듯이 부드러운 반면 후자는 모두 입성(k)으로 끝나 흡사 '떽 떽'하듯이 단호하다. 추우면 '호' 불어주고 뜨거우면 '후' 불어주는 어머니의 입김을 떠올리게 한다. 이렇듯 도는 강하기도 하고 여리기도 하는 법이다. 노자는 도의 이치를 운율로 형상화함으로써 읽는 이로 하여금 그 운행을 온 몸으로 느끼게 해준다. 이처럼 노자는 어느 문학 작품에도 뒤지지 않는 글 솜씨를 보여준다. 그래서인지 노자를 읽고 있노라면 내 마음 속이 어느덧 아름다워지는 느낌이 든다. 노자의 숨겨진 매력이 아닐 수 없다.

노자는 철학인가요? 종교인가요? 문학인가요? 라고 묻는다면 '늙은이 노자'는 피식 웃을 것이다. "다 아니야! 그냥 노자라는 글(文)이야!" 노자는 자신의 이상을 찾기 위해 시간을 거슬러 올라간다. 멀리 모계사회이자 원시공동체사회였던 태고를 향하는 것이다. 인류가 지나쳐 와버려, 이제는 잊고 지내는 그 곳과 그 때를 찾아가는 길이다. 그때는 '칼'을 든 '아버지'가 아니라 '성배'를 든 '어머니'가, 지배중심(dominator)이 아닌 공동협력(partnership)으로 대중을 이끌었다. 거기에는 철학이니 종교이니 문학이니 그런 구분이 없다. 섞여 있는 '무언가'가 있을 뿐이다. 노자는 이를 도라 부른다. 그 '무언가'의 경지에서는 '없음(無)'과 '있음(有)'이 하나로서, 서로 갈마든다. 둘이면서 하나인 세계이다.

그렇기에 '가르는' 것 못지않게 '합치는' 것이 중요하고, '나가는' 것 못지않게 '돌아오는' 것이 중요하다. 또한 '강함' '굳셈' '높음'보다는 '약함' '연함' '낮음'이 우선되어야 한다. 간단히 말해 '남성성'보다는 오히려 '여성성'이 절실하다는 사실을 노자는 글(文)로써 일깨워주고 있을 뿐이다. 왜냐하면 인류가 그것을 잊고 지내고 있기 때문이다. 물론 이 때의 글은 단순한 문학의 '문'만이 아니다. 갑골문과 금문에서 '문'은 문신을 한 사람의 가슴을 본뜨고 있다(표지의 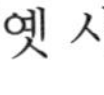). 이런 '문'으로 나는 요즘 노자를 읽는다. 그러면 문신을 하고 있는 '옛 사람'을 만나게 된다. 그 '옛 사람'은 인류의 '어린 시절'이자, 내가 오랫동안 잊고 지냈던 또 하나의 '나'라는 생각이 든다. 소중한 '나'를 다시 찾은 셈이니 행복함이 당연하다. 여러 사람과 나누고 싶어질 정도로.

이 책이 나오는 데 도움을 주었던 사람들이 많다. 특히 그동안 노자를 함께 읽어왔던 교내외 수강생들, 그리고 꼼꼼히 교정을 봐준 동학들에게

감사의 마음을 전한다. 다들 도를 좋아하는 사람들이니 일일이 거명하지 않는다. 그저 노자가 주는 선물인, '지혜로움' '미더움' '아름다움'이 함께하여서 늘 행복하기를 바랄 뿐이다.

2018년 저물어가는 용봉골에서

행인 양회석

| 추천사 |

≪文으로 읽는 노자 도덕경≫을 접하고

무엇보다도 노자를 읽는 양교수의 성실한 태도에 감복하였다. 독자 여러분들께서도 이 책을 읽으면서 양교수의 주해는 단순히 노자란 책의 글뜻을 풀이한 작업이 아니라는 것을 알았을 것이다. 노자는 누구나 다 아는 도가를 대표하는 중국 고대의 철학적인 저술이다. 양교수는 노자를 섭하고는 먼저 그 종교적인 성격을 깨닫고 "철학보다는 종교에 오히려 더 가깝다."고 말하고 있다. 그리고 "노자는 자유롭게 쓴 산문이 아니라 거의 전체가 '아름답게' 꾸민 운문"이라고 하면서 그 문학적인 성격을 파악하고 있다. 그리고 노자에 쓰인 글자의 성운(聲韻)을 따지면서 글의 운율뿐만이 아니라 대구, 끝말잇기, 비유 등 각종 수사법을 추구하여 그 문학성을 밝히는 데 힘쓰고 있다. 이런 방법을 동원한 노자의 주해는 우리 학계 초유의 큰 성과이다.

노자뿐만이 아니라 한자로 이루어진 사서(四書) 삼경(三經)과 제자서(諸子書) 등 중국의 모든 옛 글에는 본시 운문과 산문의 구분이 없었다. '산문지조'라고 받드는 서경(書經)도 순수한 산문이 아니다. 때문에 옛날 중국 사람들의 문장에 대한 이해도 우리와는 전혀 달랐다. 중국 최초의 문론인 위(魏) 문제(文帝) 조비(曹丕, 187-226)의 전론(典論) 논문(論文)을 보아도 "문은 기를 위주로 하는 것이다(文以氣爲主)"라고 하면서 문론을 기(氣)를 바탕으로 하여 펴고 있다. 그를 이어 유협(劉勰, 464?-520?)의 문심조룡(文心雕龍)의 양기(養氣)편과 풍골(風骨)편에서 문장에 있어서의 '기'의 중요성을 여러 가지로 강조하고 있고, 종영(鍾嶸, 467-519)의 시품(詩品)의

총서(總序)에서도 시론을 기론으로 시작하고 있다. 이후로 청대의 동성파(桐城派) 고문가에 이르기까지 중국학자들의 문론에는 기론이 계속 이어지고 있다. 그러나 문장에 있어서의 '기'가 무엇을 뜻하는지 아무도 구체적인 설명을 하지 못하고 있다. 다만 그들이 많이 사용한 인성구기(因聲求氣)라는 말을 통하여 문장에서의 기는 성운(聲韻) 성률(聲律)과 관련이 깊음을 알 수 있을 따름이다. 그리고 중국의 문장은 쓰인 글자의 성조(聲調) 운율(韻律)의 표현이 매우 중요함을 알게 된다.

때문에 그들의 문론은 알기 어려운 경우가 많다. 보기로 사성팔병(四聲八病)의 이론을 펴서 당(唐)대에 성행한 근체시(近體詩)의 바탕을 이룩하였던 남북조(南北朝) 양(梁)나라 심약(沈約, 441-513)의 사령운전(謝靈雲傳)에 보이는 문론의 일부를 들기로 한다.

> 여러 가지 색깔이 잘 어울리고 여러 가지 소리가 잘 조화를 이루는 것은, 색깔과 소리가 제각각 적절하게 때에 알맞게 어울리어 이루어지는 것이다. 가락이 잘 바꾸어지면서 높고 낮은 절주가 있도록 하여, 만약 앞쪽에 부성(浮聲)이 있다면 곧 뒤에는 반드시 절향(切響)이 따라야만 한다. 한 대목의 글 안에서는 음운(音韻)이 모두 달라야 하고, 두 구절 안에서는 소리의 가볍고 무거운 것이 모두 달라야 하는데, 이 뜻에 잘 통달하여야만 비로소 글을 얘기할 수 있게 된다.(夫五色相宜, 八音協暢, 由乎玄黃律呂, 各適物宜. 欲使宮羽相變, 低昂互節, 若前有浮聲, 則後須切響. 一簡之內, 音韻盡殊; 兩句之中, 輕重悉異. 妙達此旨, 始可言文.)"

소리와 색깔을 얘기하고 있는 데에서는 문론이 아니라 음악이나 미술을 논한 글인 것 같다. 따라서 중국의 고전들은 이론만을 전개한 글이라 생각하고 읽는다면 그 진정한 뜻을 파악하지 못한다. 노자라고 예외가 될 수는 없다.

양교수가 노자를 특히 문학적인 면을 강조하면서 주해를 한 것은 이러한 중국문장의 특징을 철저히 추구해보려는 노력의 결과였다고 생각한다. 그는【문장구성】에서 문장의 성운(聲韻)이 들어내는 특징을 추구하고,【자구풀이】에서 글자의 뜻을 밝히는 데 갑골문 금문까지 동원하고 중요한 문구의 뜻은 여러 가지 판본과 참고서까지 끌어내어 풀었으며,【해설】은 그 단락의 뜻을 해설하기 위하여 광범위하게 관련 자료를 인용하고 있고,【함께 읽을 자료】에서는 각장의 요지와 관련되는 장자와 논어 등의 글을 인용하여 함께 읽도록 함으로써 중국 옛 문장의 특징을 독자들이 함께 파악할 수 있게 하였으며,【참고자료】는 한자의 특징을 파악하여 중국문장을 올바로 읽도록 이끄는데 큰 도움을 주고 있다. 끝머리【스스로 써보기】도 독자 스스로 원문의 정확한 뜻을 추구하도록 유도한 독특한 시도라 여겨진다. 책 뒤에 부록으로 실은【문장 구성: 음운】과【함께 읽을 자료: 원문】도 이상과 같은 뜻에서 이루어진 독특한 시도이다.

필자도 노자를 번역한 일이 있지만 양교수의 이 노자 도덕경 주해는 일반적인 번역서와 취향이 전혀 다른 성과물이다. 책 제목에 붙인 〈文으로 읽는〉이란 구절은 이 책의 문학적인 성격을 들어내기 위한 것이고, 〈노자〉 뒤에 〈도덕경〉을 붙인 것은 그 종교적인 특성을 미리 들어내려는 의도인 것으로 믿는다. 이는 단순한 노자에 대한 주해가 아니라 중국 고전에 대한 새로운 이해와 독법을 유도하는 학술적인 업적이라 여겨진다. 이 책을 통하여 많은 독자들이 노자의 참 뜻과 함께 중국 고전의 특성까지 깨닫게 되리라고 믿는다. 다시 한 번 양교수의 노고에 찬사를 드린다.

2018년 10월 28일

서울대학교 명예교수

대한민국학술원 회원　김학주 씀

목차

도경(道經)

덕경(德經)

道經

도경

제1장 상도(常道)

道, 可道, 非常道; (흔히) 도라 할 수 있는 도는 영원한 도가 아니지.
도 가도 비상도
名, 可名, 非常名.[1] (흔히) 부를 수 있는 이름은 영원한 이름 아니지.
명 가명 비상명

無, 名天地之始; '무'는 천지의 시초를 이르네.
무 명천지지시
有, 名萬物之母.[2] '유'는 만물의 어미를 이르네.
유 명만물지모(미)

故 그러므로
고
常無, 欲以觀其妙; 영원한 무, 이로써 그 오묘함을 보리라.
상무 욕이관기묘
常有, 欲以觀其徼.[3] 영원한 유, 이로써 그 운행함을 보리라.
상유 욕이관기요

此兩者, 이 두 가지는,
차양자
同出而異名, 같이 나와 달리 부르니,
동출이이명,
同謂之玄. 함께 그걸 가마득함이라 하네.
동위지현,
玄之又玄, 가마득하고 또 가마득하니,
현지우현,

衆妙之門.[4)] 갖가지 오묘함의 문이라네.
중묘지문(면).

【문장 구성】

네 단락으로 구성되어 있다. 첫 단락은 구중운(句中韻)으로 道와 名이 각각 세 번 반복하여 압운하고 있다(重韻). 또 두 구가 대구를 이루고 있다. 두 번째 단락도 역시 대구로 이루어지고, 始와 母(母婢切)로 압운하고 있다. 세 번째 단락 역시 대구이고, 妙와 徼로 압운하고 있다. "常○, 欲以觀其△"의 형식으로 대부분 글자가 반복되고 있으니, 두운(頭韻)과 구중운(句中韻)으로 보아도 좋다. 네 번째 단락은 전체적으로는 산문이나, 玄과 門(民堅切, 音眠)은 각운(脚韻)이다.

【자구 풀이】

1) 첫 번째와 세 번째 '道'는 명사이고, 두 번째의 '道'는 동사이다. '常'은 형용사로 변치 않고 영원하다는 의미이므로, '常道'는 영원한 도, 즉 노자가 생각하는 참된 도(우주의 본원이자 규율)를 가리킨다(제16장 復命曰常, 知常曰明. 제55장 知和曰常, 知常曰明. 참조). '可道' 앞에 의미상 생략된 주어는 세상 사람들이다. 세상 사람들이 도라고 말하지만, 그것은 영원한 도가 아니라는 의미다. "名, 可名" 이하 역시 앞의 문구와 동일한 구조를 이루고 있다. 여기서 명사 '名'은 道에 대한 이름 즉 각종 설명이나 형용을 가리킨다. 세상 사람들이 떠들어대는 도에 대한 설명이나 이름은 참된 것이 아니라는 의미이다.

2) 이 문구는 위와는 다르게 "無名, 天地之始; 有名, 萬物之母."라고 끊어 읽기도 한다. 이는 천지가 시작되기 전에는 사물이 없었으므로 당연히 이름이 없고, 만물이 형성된 뒤에 이름이 있게 되었다고 이해하는 것이지만, 뒤의 문구 "此兩者, 同出而異名"과의 맥락을 감안하면 타당하지 않다.

즉 '異名(달리 이름 한다)'라 하였으니. '이름이 있다 없다'라고 하는 것은 옳지 않다. 여기서 '有'와 '無'는【해설】에서 다시 설명하겠지만, 도의 양면성을 가리킨다.

3) 이 문구 역시 "常無欲, 以觀其妙; 常有欲, 以觀其徼."로 끊어 읽기도 하지만, 2)와 마찬가지 이유에서 타당하지 않다. '常無'와 '常有'는 2)에서 이미 제시한 '無'와 '有'에 '常'을 첨가함으로써, 그것이 일반적인 의미가 아니라 도의 양면을 지칭하고 있음을 밝히고 있다. '妙'는 '정미(精微)' 또는 '오묘(奧妙)'로 인간의 감각으로는 쉽게 인지할 수 없지만 영원히 변치 않고 존재하는 도의 특성을 가리킨다(제25장 寂兮寥兮, 獨立而不改. 설명 참조). '徼'는 '순행(巡行)'의 뜻으로 삼라만상에 두루 작용하는 도의 특성을 가리킨다(제25장 周行而不殆, 可以爲天下母. 설명 참조).

4) '此兩者'는 無(즉 常無)와 有(즉 常有) 두 가지. 이것들은 비록 각각 다르게 부르지만 사실은 도의 양면에 불과하다. 마치 우리가 '손바닥'과 '손등'으로 나누어 말하지만, '손'의 양면일 뿐 절대로 나눌 수 없는 것과 같다. ≪설문해자(說文解字)≫에서는 "검으면서 붉은 빛을 띤 것이 玄이다(黑而有赤色者爲玄)." 라 하고, ≪천자문(千字文)≫에서는 "하늘과 땅은 玄하고 누렇다(天地玄黃)." 라 하였으니, '현(玄)'은 하늘의 빛깔(아마도 저물녘 노을과 함께 저물어 가는 하늘빛)과 관련됨을 알 수 있다. 장자에 의하면 하늘은 너무 멀어서 다함이 없기에(함께 읽을 자료 참조), '현'은 나아가 가물가물하여 헤아릴 수 없는 상태를 의미하게 된다. 한편 '현'의 갑골문은 호리병박을 본뜬 글자로 여성의 생식기를 상징한다는 설, 여울목을 본뜬 글자라는 설 등이 있다. 아무튼 갑골문 속 '현'은 무언가 두 가닥이 꼬여 하나가 되는 모양을 하고 있다. '현지(玄之)'의 지('之)'는 형용사나 동사의 어미로 의미가 없다.

【해설】

제1장은 노자의 총론이다.

도는 원래 사람들이 다니는 물리적인 길(참고 자료 참조)을 가리키는 평범한 의미에서 시작하여, 점차 '방법' '도리' '원리' 등 추상적인 뜻으로 확대되었다. 아래 참고 자료를 보면, 갑골문에서 원래 '人'과 '行'으로 이루어진 것에서 훗날 금문과 소전에서는 '首'와 '辵'로 바뀌고 있는데, 이러한 자형의 변화는 바로 글자의 뜻이 인신(引伸)되는 과정을 잘 보여주고 있다. 아무튼 세상 사람들은 너나 나나 할 것 없이 도를 들먹인다. 그러나 사람들이 흔히 말하는 도는 일정한 시간과 공간이라는 범주 안에서만 타당할 뿐, 영원불변한 것이 아니다. 예컨대 "아침에 도를 들으면 저녁에 죽어도 좋다(朝聞道, 夕死可矣. ≪論語·里仁≫)라 하였던 공자(孔子)의 도도, 그것이 충(忠)과 서(恕)일 따름(曾子曰, 夫子之道, 忠恕而已矣. ≪論語·里仁≫)이라면, 사람의 도 즉 '人道'에 지나지 않으니, 노자가 말하는 상도와는 차원이 다른 것이다. 이름 역시 마찬가지이다. 이름 '名'은 '夕'과 '口'의 합자로, 어두워져 몸짓이 보이지 않자 입으로 의사소통을 한다는 뜻이니(참고 자료 참조) 곧 언어이다. 우리는 흔히 언어가 곧 진리라는 착각을 하고 산다. 그렇지만 우리가 쓰는 언어는 제한된 시공간 안에서 통행되는 방편에 불과하다. 한 가지 예를 들어보자. 우리가 '꽃'이라고 부르는 것을, 영어로는 flower, 스페인어로는 flor라고 하고, 중국어로는 '후아(花)', 일본어로는 '하나(はな)'라고 하는데, 이처럼 언어는 우선 공간의 제한을 받는다. 뿐만 아니라, 조선시대에는 '꽃'을 '곶'이라 불렀듯이 시간의 제한도 받는다. 그러므로 이러한 이름들은 시공간을 뛰어넘는 '상명(常名)'이 될 수 없다. 한편 여기서 이름은 道에 대한 이름, 즉 각종 설명이나 형용을 가리키므로, 세상 사람들이 떠들어대는 도에 대한 설명이나 형용은 영원불변하는 것이 아니라는 의미도 된다. 예컨대 공자가 그토록 중시했던 '정명(正名)'도 마찬가지이다(함께 읽을 자료 참조). 이상이 첫 단락의 내용이다.

노자가 말하는 도는 우주의 본원이자 규율이다. 그렇기 때문에 그 도는 영원하다. 다시 말해 상도(常道)이다. 상도는 본래 언어를 초월하는 것이다. 그러나 말로 설명하지 않으면 어떻게 알 수 있겠는가? 아이러니이다. 노자는 어쩔 수 없이 말로 설명을 시도한다. 도를 설명하는 방편으로서 이름을 짓는데, '천지의 시초'를 '무'라 하고, '만물의 어미'를 '유'라 명명한다. 노자를 이해하는 데 가장 중요한 출발이다. 차츰 알게 되겠지만, '천지의 시초'는 하늘과 땅이 갈라지기 전의 '혼돈'을 지칭한다. 여기에서 삼라만상이 나오므로 그것은 무한한 가능성을 잉태하고 있는 가능태로서 '무'이다. 갑골문자 '무(無)'는 양손에 깃털 막대기 같은 도구를 들고 있는 사람을 본떴고, '유(有)'는 손으로 고기를 들고 있는 모습을 본떴다(참고 자료 참조). 사냥을 나가기 전에 기원의 춤을 추고 또 짐승을 잡은 뒤 고기를 들고서 기뻐 춤을 추고 있는 태곳적 인류의 모습이 떠오른다. 그것들은 원래 '사냥'이란 삶을 구성하는 행위의 양면이었다. 그들에겐 고기를 들고 있는 '유' 못지않게, 소원과 성취를 나타내는 '무'도 중요했으리라. 이상 둘째 단락이다.

상식적인 차원에서 무와 유는 양립할 수 없다. 현실 생활 속에서 있고 없음은 엄연히 구별된다. 그러나 상도의 차원에서 보면 무와 유는 하나이다. 즉 도의 양면일 뿐이다. 그래서 그것을 '상무'와 '상유'라 부른다. 도는 감각기관으로는 포착되지 않는다. 이 점에서 보면 도는 상무이다. 그러나 도의 구현인 삼라만상 속에서 그것이 본원적으로 존재하고 있음을 감지할 수 있다. 이것이 상유이다. 그러므로 상무라는 관점에서 도의 오묘한 이치를 보고자하고, 상유라는 관점에서 도가 두루 운행함을 보고자 하는 것이다. 이상 셋째 단락이다.

상유로서의 '유'와 상무로서의 '무'는 도의 양면이다. 그 본원은 하나이나 이름을 달리 할 뿐이다. '없으면서 있다' 또는 '다르면서 같다'는 식의 인식은 현실적인 차원에서는 성립하지 않는다. 오직 도의 차원에서 보면 성립한다. 전혀 다른 것이 가마득한 거리에서 보면 같은 것으로 보이듯이 말이다. 그래서 그것을 '현'이라 한다. 현(玄)이란 글자의 원의에 대해서는 아직 정설이 없지만, 갑골문을 보면 무언가 두 가지가 하나로 꼬여 있는 모습이어서, 둘이면서 하나라는 느낌을 준다. 앞면과 뒷면의 구별이 없고 좌우의 방향을 정할 수 없는 '뫼비우스의 띠'를 연상시킨다(참고자료 참조). 없음과 있음, 안과 밖이 하나인 '무엇'이 바로 도이다. 그 도에서 온갖 오묘한 현상이 나오는 법이다. 이상 넷째 단락이다.

가장 핵심적인 장이나 아직 이해하기가 쉽지 않을 터이지만 서두를 필요 없다. 읽다보면 차츰 머리가 끄덕여 질 것이다. 특히 제25장과 겹쳐서 읽어보면 노자가 설정하는 도가 무엇인지가 머릿속에 자연스럽게 그려질 것이다. 이상 논의된 바를 도표로 간단히 나타내면 다음과 같다.

↗ (常)無 — 天地之始 — 妙 ↘

(常)道 玄 = 衆妙之門

↘ (常)有 — 萬物之母 — 徼 ↗

【함께 읽을 자료】

≪**장자·소요유**≫ 아지랑이나 뿌연 먼지는 생물들이 숨으로 서로 불어대는 것이다. 그런데 하늘은 푸르고 푸를 따름이니 그것이 원래 빛깔일까? 너무 멀어서 다하는 바가 없기 때문일까? 붕(鵬)새가 아래를 내려다본다면 역시 그러하고 말리라.

≪**논어·자로**≫ 자로가 여쭈었다. "위나라 군주가 선생님을 모셔 정치를 맡기면 선생님께서는 무엇을 먼저 하시겠습니까?" 선생님이 대답하셨다. "반드시 이름을 바로 잡아야지(正名)!" 자로가 말했다. "이러셨군요. 선생님의 답답하심이! 어째서 그것부터 바로잡습니까?" 선생님이 말씀하

셨다. "촌스럽구나, 유 너란 놈은! 군자는 자신이 모르는 바에 대해서는 잠자코 있는 법이야. 이름이 바르지 않으면 말이 순조롭지 못하고, 말이 순조롭지 못하면 일이 이루어지 않고, 일이 이루어지지 않으면 예악이 일지 않고, 예악이 일지 않으면 형벌이 맞지 않게 되지. 형벌이 맞지 않으면 대중은 손발을 둘 곳이 없게 되지."

≪**시자·신명**≫ 공자가 승모(勝母)에 이르렀는데 해가 저물었으나 숙박하지 않았고, 도천(盜泉)을 지나가는데 목마르나 마시지 않았으니, 그 이름을 싫어했기 때문이다.

【참고 자료】

道(갑골문)

道(금문)

道(소전)

名(갑골문)

名(금문)

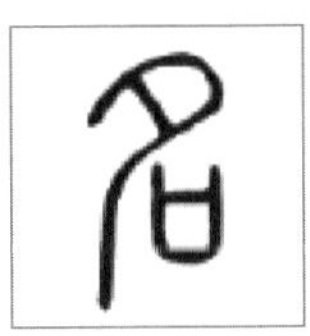

名(소전)

無(갑골문)

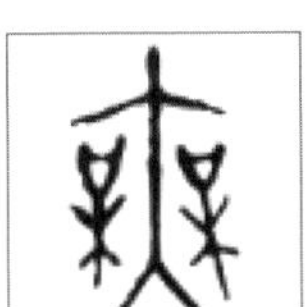

無(금문)

無(소진)

有(금문)

有(소전)

有(해서)

玄(갑골)

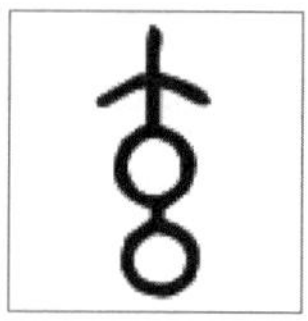
玄(소전)

뫼비우스의 띠

【스스로 써보기】

道可道非常道, 名可名非常名. 無名天地之始, 有名萬物之母. 故常無欲以觀其妙, 常有欲以觀其徼. 此兩者, 同出而異名, 同謂之玄. 玄之又玄, 衆妙之門.

제2장 유무상생(有無相生)

天下 천하	천하 사람들이
皆知美之爲美, 개지미지위미	모두 예쁨을 예쁘다 할 줄 알자,
斯惡已; 사악이	이에 미워지고 말았다.
皆知善之爲善, 개지선지위선	모두 잘함을 잘한다 할 줄 알자,
斯不善已.[1)] 사불선이	이에 못하게 되고 말았다.

故 고	그러니까
有無相生; 유무상생	'유'와 '무'는 서로 생기고,
難易相成; 난이상성	'난'과 '이'는 서로 이루네.
長短相形; 장단상형	'장'과 '단'은 서로 나타내고,
高下相傾; 고하상경	'고'와 '하'는 서로 기우네.
音聲相和; 음성상화	'음'과 '성'은 서로 어울리고,
前後相隨.[2)] 전후상수(쇄)	'전'과 '후'는 서로 따르네.

是以聖人 시이성인	이로써 성인은
處無爲之事. 처무위지사(시)	'무위'의 일을 처리하지.
行不言之敎, 행불언지교	'불언'의 가르침을 행하나니,
萬物作焉而不辭. 만물작언이불사(시)	만물이 예서 일어나되 말하지 않지.
生而不有; 생이불유	낳으나 갖지 않으며,
爲而不恃.[3)] 위이불시	하면서도 뻐기지 않지.

功成而不居. 공성이불거	공이 이루어지나 차지하지 않는다네.
夫唯不居, 부유불거	무릇 오직 차지하지 않으니,
是以不去.[4)] 시이불거	이 때문에 떠나지 않는다네.

【문장 구성】

네 단락으로 구성되어 있다. 첫 단락은 대구이고 已로 중운(重韻)하고 있다. 또 '皆'와 '斯'를 반복함으로써 두운 효과를 내고 있다. 두 번째는 6구가 모두 대구이고, 生, 成, 形, 傾로 압운하다가 和, 隨(徐禾反)로 환운하고 있다. 세 번째 단락에서 生而不有와 爲而不恃가 대구를 이루고, 事(詩紙切), 辭(去聲), 恃로 압운하고 있다. 청대 유명한 음성학자인 강유고(江有誥)는 敎(音記), 有(音以)도 운으로 보고 있다(≪老子韻讀≫). 네 번째 단락은 居, 居, 去(平聲)로 압운하고 있다.

【자구 풀이】

1) "美之爲美"는 강조를 위한 도치 문장이다. 美는 목적어, 爲美는 동사. 已는 조사로 어떠한 상황의 변화에 대한 단정이나 감탄의 어감을 나타낸다. 美는 羊과 大의 합자로, 大를 어떻게 보느냐에 따라 그 원래의 뜻이 달라진다. 양이 크다, 즉 '살지다'로 보아 '맛있다'라고 풀이 하는 학자가 있는가 하면, 大를 사지를 펴고 서있는 사람의 모습으로 여겨 양의 탈 혹은 장식을 쓰고 있는 사람(무용수나 부족장)을 가리킨다고 보기도 하는데, 이 때 의미는 '멋있다'가 된다. 여기서는 문맥상 후자를 가리키는 것으로 보인다. 어떤 특정한 기준을 내세워 美라고 규정하면서, 그 기준에 부합되지 않는 것은 당연히 惡함이 된다. 여기서 악은 누추(陋醜)하다는 뜻이다. 惡은 원래 心을 뜻으로 하고 亞를 소리로 하는 形聲 글자로, 마음속에서 욱하고 역겹게 느낀다는 의미이다. 善도 羊과 유관하다. 유목 시대 양은 모피, 고기, 젖을 공급하는 동물로, 좋은 것이자 잘하는 것이다. 현재 많이 쓰이는 '착함'이라는 뜻은 주로 유가 문헌에 보인다(함께 읽을 자료 참조). 그래서 반대를 惡이라 하지 않고 不善이라 하고 있다.

2) 難易, 長短, 高下 등은 상호 의존적인 것으로, 제1장에서 천명한 도의 유무처럼 본래 한 몸이다. 이를 일러 對待 관계라 한다. 聲은 일반적인 소리, 音은 듣기 좋게 꾸민 소리. ≪예기(禮記)·악기(樂記)≫에 "감정이 마음속에서 움직이니 소리(聲)로 나타난다. 그 소리가 무늬(文)를 이루면 이를 일러 화음(音)이라 한다."라 하고 있다.

3) 聖人은 도를 듣고(耳) 이를 구현하는(口) 지도자(제3장 참고자료 참조). '무위'는 향후 거듭 나오지만, 여기서 '爲'는 '손'과 '코끼리'를 합친 會意 글자로, 인위, 착취, 억지 등의 의미를 내포하고 있다. 焉은 於是 또는 於此의 준말로, '여기(도)에서'의 의미이다.

4) 居/去는 결국 有/無와 상응한다. 居는 반드시 去를 수반하다. 그러므로 애초에 居하지 않으면 去하지 않는 법이다.

【해설】

예나 지금이나 사람들은 차별화와 서열화를 좋아한다. 원래 하나인 것을 구태여 구별하여 서열을 매기니, 예쁨과 미움, 그리고 잘함과 못함이 생겨나게 된다. 특정한 기준을 정해놓고 그 기준에 부합하는 것을 예쁨과 잘함으로 규정하다 보니, 그 기준에 부합하지 않는 것은 죄다 미움과 못함이 되어 버리는 것이다. 단적인 예로 이른바 '미인'을 뽑는다는 대회를 보자! '미스코리아' '미스유니버스' 운운하며, '미인'을 추켜세우는 동안 얼마나 많은 사람들이 '추녀'가 되어버리는지를. 그뿐만이 아니다. 초(楚)나라의 비극적 사태가 잘 보여주듯이 심지어 생명까지 위협하니 말이다(함께 읽을 자료 참조). 그러므로 도가에서는 참된 아름다움은 인위가 가해지 않은 '진(眞)'이라고 인식한다(함께 읽을 자료 참조). 아무튼 인위적으로 차별하는 아름다움은 도의 경지에서 보면 부질없는 짓을 넘어 인류를 불행하게 만드는 나쁜 짓이다.

제1장에서 천명하였듯이 '무'와 '유'는 도의 경지에서 원래 하나이다. 그렇듯이 인간이 애써 구별하고 차등 짓는 이원적인 개념들(難/易, 長/短, 高/下, 音/聲, 前/後) 역시 도의 차원에서는 원래 하나일 뿐이다.

때문에 사회의 참된 지도자인 성인은 '무위'의 일을 처리한다. '무위'는 인위적인 구별을 초월하는, 도의 높은 경지를 가리킨다. 다음 두 구는 무위에 대한 보충 설명이다. 자신의 기준(사실 작위적인 편견)에 입각하여 차별하지 않는, '불언'의 가르침을 행하면, 여기에서 삼라만상이 다 일어나게 된다. 그렇지만 그는 자신의 공적이라고 말하거나, 군소리를 하지 않는다. '불사(不辭)'의 구체적인 내용을 다음 두 구가 다시 부연설명하고 있다. 즉 만물을 생산하되 자신의 소유라 주장하지 않고, 대중을 위하여 베풀되 잘 했다고 자랑하지 않는다.

도를 구현하는 성인이 세상의 흔한 지도자와 다른 이유를 꼭 집어 제시하고 있다. 마치 하늘과 땅이 삼라만상을 양육하면서도 이를 소유하거나 자랑하려 하지 않는 것처럼 성인은 '무위'를 실천한다. 그렇기에 하늘과 땅처럼 영원하게 된다. '무'를 알고 구현하기에 영원히 '유'한 것이다. 자리에 연연하지 않으므로 영원히 떠나지 않는 것이다.

【함께 읽을 자료】

≪**논어·태백**≫ 증자(曾子)가 말하였다. 새가 장차 죽으려고 할 적엔 그 소리가 슬프고, 사람이 장차 죽으려고 할 적엔 그 말이 착한(善) 법이다.

≪**한비자·이병**≫ 초(楚)나라 영왕(靈王)이 허리가 가는 여인을 좋아하자 나라 안에 굶어죽은 여인이 많았다.

≪**장자·산목**≫ 양자(陽子)가 송(宋)으로 가다가 주막에 묵었다. 주막의 주인에게 아내가 두 명이 있는데 한 사람은 예쁘고 한 사람은 못 생겼다(惡). 못 생긴 자는 대접을 받는데 예쁜 여자는 천대를 당하고 있었다. 양자가 그 이유를 물었다. 주막의 종업원이 대답하였다. "예쁜 여자는 스스로 예쁘다 하니 우리는 그가 예쁜 줄을 모르겠습니다. 못 생긴 여자는 스스로 못 생겼다 하나 우리는 그가 못 생긴 줄을 모르겠습니다."

≪**장자·제물론**≫ 모장(毛嬙)과 서시(西施)는 사람들이 예쁘다고 하는 바이다. 그러나 물고기가 그녀들을 보면 깊이 들어가 버리고, 새들이 보면 높이 날아가며, 사슴들이 보면 후다닥 도망가고 만다. 네 가지 가운데 누가 천하의 올바른 미색을 아는 걸까?

【참고 자료】

美(갑골)

惡(소전)

善(금문)

善(소전)

爲(갑골)

爲(소전)

【스스로 써보기】

天下皆知美之爲美, 斯惡已. 皆知善之爲善, 斯不善已. 故有無相生, 難易相成. 長短相形, 高下相傾. 音聲相和, 前後相隨. 是以聖人處無爲之事. 行不言之敎, 萬物作焉而不辭. 生而不有, 爲而不恃. 功成而不居, 夫唯不居, 是以不去.

제3장 위무위(爲無爲)

不尙賢, 불상현	잘난 자를 숭상하지 않으면,
使民不爭; 사민부쟁	대중들로 하여금 다투지 않게 만든다네.
不貴難得之貨, 불귀난득지화	얻기 어려운 재화를 귀히 여기지 않으면,
使民不爲盜; 사민불위도	대중들로 하여금 훔치지 않게 만든다네.
不見可欲, 불견가욕	욕심낼 만한 것을 내보이지 않으면,
使民心不亂.[1] 사민심불란	대중들로 하여금 마음이 어지럽지 않게 만든다네.
是以聖人之治, 시이성인지치	이 때문에 성인의 다스림은,
虛其心, 허기심	그들의 마음을 비우고,
實其腹; 실기복	그들의 배를 채운다네.
弱其志, 약기지	그들의 뜻을 약하게 하고,
强其骨. 강기골	그들의 뼈를 강하게 한다네.
常使民無知無欲.[2] 상사민무지무욕	늘 대중으로 하여금 앎이 있고 욕심이 없게 한다네.

使夫智者, 不敢爲也. 저 똑똑한 자로 하여금 감히 작위하지 못하게 하리라.
사부지자 불감위야

爲無爲, 則無不治.[3] 무위를 실천하면, 다스려지지 않음이 없으리라.
위무위 즉무불치

【문장 구성】

총 네 단락이다. 첫 단락은 의미상 짝을 이루는 세 문장으로 이루어졌다. 느슨한 대구라고 할 수 있다. 매 구의 시작이 不과 使이어서 두운 역할을 하고 있다. 두 번째 단락 중 2-5구는 대구이고, 腹, 骨, 欲으로 압운하고 있다. 세 번째 단락은 산문으로 마무리 하고 있다.

【자구 풀이】

1) 賢은 臣(포로)과 貝(조개, 화폐) 그리고 又(오른손)가 합쳐진 회의 글자(참고 자료 참조)로, 포로와 재물을 손으로 잡는다는 뜻이다. 여기에서 뜻이 확대되어 '능력이 있다', '똑똑하다'의 의미이다.

2) 心과 志는 인위적인 것, 腹과 骨은 자연적인 것이다. 心을 虛하게 하면 知가 없어지고, 志를 약하게 하면 欲이 없어진다.

3) 智가 知로 된 판본도 있다. 당시는 서로 통했다.

【해설】

능력이 있는 자를 숭상함은 그에게 높은(貴) 자리를 준다는 의미이고, 얻기 어려운 재화를 귀하게 여김은 부유(富)를 추구한다는 의미이다. 부와 귀, 이것이 일반적으로 사람들이 바라는 바인 '가욕(可欲)'이다. 부와 귀로써 사람들에게 채근하다보면 그들의 마음을 어지럽히기 마련이다. 부귀 자체는 삶의 본질, 즉 도가 아니라 수단에 불과하기 때문이다.

성인은 도를 체득하고 이를 현실에 실행하고자 하는 이상적인 지도자이다. 성인의 '성(聖)'은 귀(耳)와 입(口)로 구성되어 있는데, 귀는 도를 듣는 능력을, 입은 그것을 현실에 구현함을 상징한다(참고 자료 참조). 따라서 성인은 삶의 도구나 수단에 집착하지 않고 그 근본이자 본질을 추구한다. 마음과 뜻을 비우고 약하게 한다함은 곧 앞 문단의 부귀, 즉 '가욕'을 없앤다는 뜻이다. 그것들은 수단에 불과하다. 반면에 배와 뼈를 충실하게 한다함은 삶의 본질인 생명을 충실하게 한다는 의미이다. 삶의 본질인 생명이야말로 진정한 도의 화신이다.

위로부터 근본, 즉 도를 굳건히 따르면 속물들이 약삭빠른 꾀를 쓰지 못하게 된다. 조삼모사(朝三暮四)를 떠올려 보라(함께 읽을 자료 참조). 그러한 잔꾀가 들어설 자리가 없는 상황이 바로 '무위'가 행하여지는 상황이다. 그런 상태에 도달하면 세상은 태평성대가 되기 마련이다.

노자가 그리는 이상향을 장자는 '지덕지세(至德之世)'라 불렀는데, 그것은 원시공동체사회이자 모계사회이다(함께 읽을 자료 참조). 이 장은 제6장과 함께 읽으면 이해하는 데 도움이 된다.

【함께 읽을 자료】

≪**장자·제물론**≫ 원숭이 영감(狙公)이 상수리를 주면서 말했다. "아침에 세 개 그리고 저녁에 네 개를 주마." 뭇 원숭이들이 모두 화를 냈다. 그러자 다시 말했다. "그렇다면 아침에 네 개를 주고 저녁에 세 개를 주마." 뭇 원숭이들이 모두 기뻐했다. 명(名)에 대한 실(實)이 어긋나지 않았거늘 기쁨과 화가 작용하니, 역시 이로 인함이다.

≪**장자·천지**≫ 지덕(至德)의 세상은 똑똑한 자를 숭상하지 않고 능력자를 부리지 않는다. 통치자는 나뭇가지 같고 대중은 야생 사슴 같다. 단정하되 그것을 올바름으로 여길 줄 모르고, 서로 사랑하되 그것을 인자하다 여길 줄 모르고, 신실하되 그것을 충직하다 여길 줄 모르고, 딱 들어맞아

도 그것을 신용으로 여길 줄 모르며, 느긋이 움직여 서로 부려도 그것을 혜택으로 여길 줄 모른다. 이 때문에 행하여도 흔적이 없고, 일을 해도 전함이 없다.

≪**장자·도척**≫ 신농(神農)의 시대에는, 누우면 느긋하고 일어나면 느릿느릿했다. 대중은 자신의 어미만 알고, 자신의 아비를 알지 못했다. 들짐승과 함께 지내며, 밭을 갈아서 먹고, 옷을 짜서 입었다. 서로 해치려는 마음이 전혀 없었으니, 이야말로 지덕(至德)의 융성함이다.

【참고 자료】

=

+

+

賢(소전) 臣(금문) 貝(갑골문) 又(갑골문)

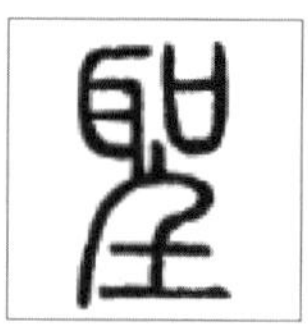

聖(갑골문) 聖(금문)

【스스로 써보기】

不尙賢, 使民不爭. 不貴難得之貨, 使民不爲盜. 不見可欲, 使民心不亂. 是以聖人之治, 虛其心, 實其腹. 弱其志, 强其骨. 常使民無知無欲. 使夫智者不敢爲也, 爲無爲則無不治.

제4장 만물지종(萬物之宗)

道沖, 도충(장)	도는 비었어라.
而用之或不盈. 이용지혹불영(양)	허나 그걸 쓰면 아마 넘치지 않으리라.
淵兮, 연혜	깊어라,
似萬物之宗.[1] 사만물지종(장)	만물의 근원 같구나.
(挫其銳, 解其紛, *좌기예 해기분(번)*	*(그 날카로움을 꺾고, 그 어지러움을 풀어라.*
和其光, 同其塵.)[2] *화기광 동기진(전)*	*그 빛을 부드럽게 하고, 그 먼지와 함께 하라.)*
湛兮, 담혜	맑고 맑아,
似或存. 사혹존(전)	아마도 있는 듯 (없는 듯).
吾不知誰之子, 오부지수지자	우리는 누구의 자식인지 모르나,
象帝之先.[3] 상제지선	하느님의 선조인 것 같구나.

【문장 구성】

총 세 단락으로 구성되어 있다. 첫 단락은 沖(音長), 盈(音陽), 宗(音臧)으로 압운하고 있다. 두 번째 단락은 4구 모두 대구이고 紛(孚焉切)과 塵(直連切)으로 압운하고 있다. 세 번째 단락은 存(音前)과 先으로 압운하고 있다.

【자구 해설】

1) 沖은 원래 물이 솟구친다는 뜻. 여기서는 盅(충)의 假借(여러 판본에 이렇게 되어 있음)로 그릇이 비어있음을 의미한다. 확대되어 空虛함. 盈의 갑골문자는 큰 용기 속에서 한 사람 혹은 두 사람이 목욕하고 있는 모습으로, 물이 가득 차서 넘침을 의미한다(참고 자료 참조). 도는 비어있는 그릇 같으나 실제로는 뭔가가 있을 뿐 아니라, 아무리 써도 넘치지 않는다. 뒤에 나오는 淵의 비유처럼 없는 듯이 보이나 실제로는 무한하기 때문에, 손을 담그든지 발을 씻든지 아무런 변화가 없는 커다란 심연과 같다. 淵은 깊은 연못, 또는 깊다.

2) 이 4구는 제56장에도 그대로 나온다. 다음 단락과 압운이 되기에 잘못 삽입(錯簡)된 것으로 보인다.

3) 象은 본래 코끼리를 본뜬 상형 글자. 코끼리. 모양. 여기서는 像과 같아 似의 의미로, '…인 듯하다'. 帝는 하늘이나 종묘(宗廟)에 제사지내기 위해 엮거나 묶은 나무를 본뜬 글자(참고 자료 참조)로, 성대하게 제사를 지내다는 뜻. 훗날에는 천제(하느님)나 제왕을 의미한다.

【해설】

없는 듯 있는 듯, 즉 '무'와 '유'를 겸하고 있는 도를 형용하고 있다. 노자가 생각하는 도는 천제나 조상신보다 앞서는 존재이다. 삼라만상은 물론

이고 신적인 존재마저도 도를 자신의 근원으로 삼는다. 제60장과 함께 읽어보면 더 잘 이해할 수 있다.

【참고 자료】

盈

“盈”是充满。《说文》:“盈,满器也。”甲骨文写作“、”。前者象人在盆(皿)中洗浴,周围水高出盆面;后者增至二人同浴,可以想见水盈情景。秦《石鼓文》写作“”,形象虽不如甲骨文直观,但仍可看出人在盆(皿)中的影子。此时尚属会意字。小篆写作“”,人形全失,已成“从皿,夃声”的形声字。秦简、汉简字形虽异,但均是在“皿”中有“人”或“止(趾)”的形状。隶书(汉《樊敏碑》)以特有的直笔方折和“蚕头雁尾”写作“”,从而成为今文。

盈의 字源. 출처: ≪漢字字源≫

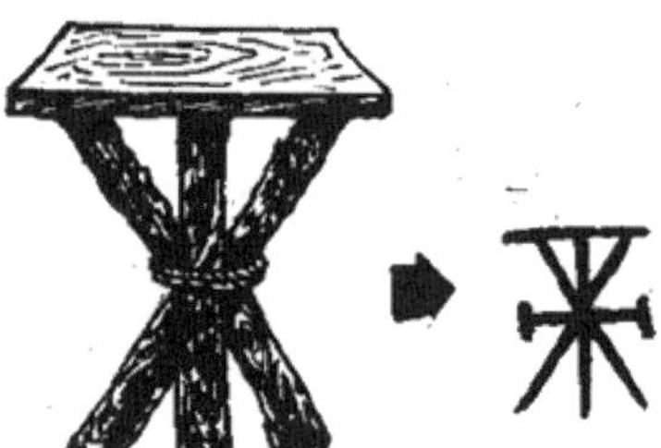

“帝”原是“禘”(音 dì)的本字。“禘”是古代的一种隆重的对上天或宗庙的祭祀仪式。甲骨卜辞有“帝于岳”、“帝下乙”等记载。字形像架几段木材作为祭台的样子。后来多假借为帝王的“帝”字。

帝(갑골문). 출처: ≪漢字字源≫

【스스로 써보기】

道沖, 而用之或不盈. 淵兮, 似萬物之宗. 挫其銳, 解其紛. 和其光, 同其塵. 湛兮, 似或存. 吾不知誰之子, 象帝之先.

제5장 천지불인(天地不仁)

天地不仁, 천지불인	천지는 인자하지 않나니,
以萬物爲芻狗. 이만물위추구	만물을 '짚 개'로 여기노라.
聖人不仁, 성인불인	성인은 인자하지 않나니,
以百姓爲芻狗.[1] 이백성위추구	백성을 '짚 개'로 여기노라.

天地之間, 천지지간	하늘과 땅 사이는,
其猶橐籥乎. 기유탁약호	아 풀무와 같구나!
虛而不屈. 허이불굴	비었고 구부러지지 않는구나.
動而愈出.[2] 동이유출	움직일수록 더욱 나오는구나.

多言數窮, 다언삭궁	말이 많으면 번번이 막히는 법이니,
不如守中.[3] 불여수중	차라리 빈 가운데를 지킴이 낫다네.

【문장 구성】

세 단락으로 구성되었다. 첫 단락은 天地가 聖人으로, 萬物이 百姓으로 바뀔 뿐 동일한 문형을 반복하고 있다. 不仁과 芻狗가 압운 역할을 하고 있다. 둘째 단락의 경우는 3-4구가 대구이고, 입성(入聲)인 籥, 屈, 出로 압운하고 있다. 셋째 단락은 窮과 中으로 압운하고 있다.

【자구 풀이】

1) 芻狗는 제사를 지내기 위해 짚으로 만든 개. 정성껏 만들지만, 제사를 지낸 뒤에는 버리거나 태워버린다. 芻는 꼴, 건초. 百姓은 온갖 성씨라는 뜻으로, 원래 성씨를 소유한 귀족이나 관리를 지칭하였지만, 이후 일반 대중을 지칭하게 되었다. 仁의 갑골문은 '人'과 '二'로 되어 있는데(참고자료 참조), 이 때 '二'는 둘이 아니라 앞 글자와 같은 것을 생략했다는 부호이다. 사람과 사람 사이에 필요로 한 '무엇'을 가리킨다.

2) 橐籥는 풀무. 풀무와 피리로 보기도 한다(王弼). 而는 역접과 순접 포괄. 其 … 乎는 아마도 …일진저!

3) 數는 자주 또는 빨리. 中은 풀무의 가운데, 그릇의 가운데, 바퀴통의 가운데로 모두 비어 있다.

【해설】

인(仁)은 유가에서 가장 중요시 여기는 덕성으로(함께 읽을 자료 참조) 기본적으로 사랑하는 마음을 가리킨다. 그런데 그것은 인간을 중심으로 하는 것일 뿐 아니라 자신을 중심으로 판단하는 것이므로 다분히 '차별'적인 것이다. 최소한 노자가 보기에 인은 차별적인 사랑이고, 주관적인 인위인 것이다. 그렇기에 도를 체득한 지도자인 성인은 '백성'을 '만물'과 동일하게 대한다. 하늘과 땅이 만물을 낳을 때는 정성껏 하지만, 그것을 자기의 소유로 여겨 연연하지 않는 것과 같다. 여기에서 노자는 비근한 예를 들고 있다. 민간에서 제사를 지낼 때 쓰는 짚으로 만든 개(참고 자료 참조)는 현대인에게는 다소 생소하겠지만, 당시 사람들에게는 친숙한 것임에 틀림없다. 짚 개는 정성껏 만들지만 역할을 다하면 미련 없이 버리는 법이다. 천지나 성인이 만물을 대하는 자세도 마찬가지이다.

하늘과 땅 사이는 비어있다. 이는 천지가 자신의 삿됨을 비웠음을 상징한다. 천지는 자신의 후손을 낳지 않는다. 만물을 낳고 기를 뿐이다. 아무런 대가도 바라지 않고서 말이다. 이러한 천지는 풀무와 같다(참고 자료 참조). 비웠으되 구부러지지 않고, 쓸수록 바람을 일으키는 풀무와 같다.

그러므로 천지를 본받아, 인간도 비워야 한다. 자신을 비우지 않고 사심으로 말을 많이 해댄다면 곤궁에 빠지기 마련이다. 하늘과 땅, 그리고 풀무의 가운데, 즉 비어 있음을 본받아야 한다.

【함께 읽을 자료】

≪**논어·위령공**≫ 선생님이 말씀하셨다. "지사(志士)와 인인(仁人)은 삶을 구하느라 인(仁)을 해치는 경우는 없고, 몸을 죽여 인을 이루는 경우는 있다."

≪**논어·안연**≫ 안연(顔淵)이 인(仁)에 대해 여쭈었다. 선생님이 대답하셨다. "자신을 이겨 예(禮)로 돌아가는 것이 인이다."

≪**맹자·진심상**≫ 맹자가 말씀하셨다. "군자는 사물에 대해서, 아끼되(愛) 인(仁)하지 않는다. 대중에 대해서는 인하되 친(親)하지 않는다. 부모를 친히 여기고 대중에 인자하다. 대중에 인자하고 사물을 아낀다."

【참고 자료】

仁(갑골문)

仁(소전)

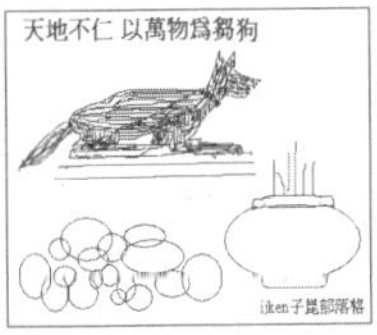

짚 개

풀무(옆)

풀무(앞)

【스스로 써보기】

天地不仁, 以萬物爲芻狗. 聖人不仁, 以百姓爲芻狗. 天地之間, 其猶橐籥乎. 虛而不屈, 動而愈出. 多言數窮, 不如守中.

제6장 현빈(玄牝)

谷神不死, 곡신불사(시)	'골짜기 신'은 죽지 않노라.
是謂玄牝.[1] 시위현빈(비)	이를 '현묘한 암컷'이라 부르노라.

玄牝之門, 현빈지문(면)	'현묘한 암컷'의 문이여,
是謂天地根. 시위천지근(견)	이를 일러 천지의 뿌리라 하네.
綿綿若存, 면면약존(전)	아득히 이어져 있는 듯 (없는 듯),
用之不勤.[2] 용지불근(건)	그걸 운용하면 다하지 않는다네.

【문장 구성】

두 단락으로 구성되었다. 첫 단락은 두 구로 死, 牝(音匕)로 압운하고 있다. 둘째 단락은 門(音眠), 根(音堅), 存, 勤(音乾)으로 압운하고 있다.

【자구 풀이】

1) 牝은 원래 동물의 암컷, 여기서는 도를 비유한다(참고 자료 참조).

2) 綿綿은 끊어질 듯 이어지는 모양. 勤은 원래 힘들다, 수고하다는 뜻. 여기서는 盡의 뜻으로, 다하다(高亨의 설).

【해설】

노자는 저 멀리 인류가 원시공동체사회를 이루고 살던 모계사회를 이상향으로 꿈꾼다. 그래서 도의 본성은 '남성성'이 아니라 '여성성'이라고 여긴다. '골짜기 신' '현묘한 암컷'은 이러한 인식을 비유적으로 나타내고 있다.

고대 중국인은 삼라만상을 하늘이 낳고 땅이 기른다고 여겼다. 그렇지만 노자는 한걸음 더 나아가 그 하늘과 땅의 근원이 바로 '현묘한 암컷', 즉 도라고 상정하고 있다. 도는 나무로 치면 뿌리에 해당하지만, 그것처럼 확실히 감각기관으로 포착할 수 있는 것이 아니다. 도를 깨친 사람만이 겨우 인지할 수 있을 정도로 간신이 이어지고 있을 뿐이다. '유'를 내포한 '무'이기 때문이다. 아이러니컬하게 '무'하기에 그것은 아무리 작용하여도 다함이 없다.

노자가 꿈꾸는 세상, 혹은 상정하는 도는 역사상 실재하였던 것일까? 다음 함께 읽은 자료는 노자의 주장이 나름 믿을 만한 근거에 입각하고 있음을 잘 보여준다. 또 이 장은 앞 제3장과 함께 읽으면 좋다.

【함께 읽을 자료】

≪**성배와 칼 The Chalice & The Blade**≫(리안 아이슬러 지음, 김경식 옮김)는 우선 인간 사회를 두 유형, 즉 지배중심(dominator) 모델과 공동협력(partnership) 모델로 나눈다. 전자를 '칼'이 상징하는 남성이 이끈다면 후자는 '성배'로 상징되는 여성이 이끄는데, 인류가 직면하고 있는 심각한 문제들의 근본 원인이 칼의 힘을 이상화하는 사회 체제에 있다고 진단한다. 이후 전개되는 내용에서 우리는 노자가 그리는 '여성성'의 원시공동체 사회와 매우 흡사한 점을 확인할 수 있다. 몇 대목만 간추려 인용해 둔다.

우리 조상들은 인간과 동물이 암컷의 몸에서 태어난다는 사실과 계절이나 달과 마찬가지로 여성의 몸도 순환한다는 사실에 근거하여 생명 잉태와 세상을 유지하는 힘을 여성성으로 간주했다. … 신석기 시대의 예술에는 여신으로 의인화된 생명체들이 상징하는 화합의 주제가 두드러진다. 여기에서 우주를 지배하는 최고 힘은 사람들에게 생명을 주고, 물질적이고 영적인 양분을 공급하며, 심지어 죽은 뒤에도 아이들을 자신의 우주적 자궁으로 다시 데려간다고 믿는 신성한 어머니다. … 바로 여성이 씨족의 우두머리로, 여 사제로, 나중에는 사회적으로 더 중요하고 비중이 큰 역할을 수행했고, 남성과 여성이 동등한 동반자 관계에서 공동선을 위해 함께 일했던 사회를 지향하고 있는 것이다. … 선사 시대에 여신 숭배에는 흥미로운 현상이 발견된다. 이를 조셉 캠벨(Joseph Cambell)이 '혼합주의'라 불렀다. 그는 여신 숭배가 다신교이면서 동시에 일신교를 뜻한다고 주장했다. 여신이 다양한 이름과 형태로 숭배 받는다는 의미에서 다신교이지만 마찬가지로 일신교이기도 하다는 것이다. 우리가 하나님을 초월적인 존재로서 믿음을 이야기 하는 것과 똑같이 여신에 대한 믿음을 이야기할 수 있다는 뜻이다. 다양한 형태, 곧 어머니, 여자 조상 혹은 창조자, 그리고 순결한 여성 혹은 처녀신 숭배와 관련 있는 여러 장소에서 발견되는 많은 상징물과 형상들이 놀랍게도 아주 많이 닮았다는 데서도 그 사실을 확인할 수 있다. … 계보가 여성을 따라 이어지고 여 사제나 씨족의 여성 우두머리가 사회적으로 중심 역할을 수행했지만, 남성 중심 사회에서 여성을 복종시키고 억압한 것처럼 여성 중심 사회에서 남성을 복종하고 억압한 증거를 찾을 수 없다.

【참고 자료】

현묘한 암컷(玄牝): 〈운남(雲南) 검천(劍川) 백족(白族)의 여음(女陰) 숭배〉

【스스로 써보기】

谷神不死, 是謂玄牝. 玄牝之門, 是謂天地根. 綿綿若存, 用之不勤.

제7장 천장지구(天長地久)

天長地久. 천장지구	하늘은 길고 땅은 오래가더라.
天地所以能長且久者, 천지소이능장차구자	하늘땅이 길고 오래갈 수 있는 까닭은,
以其不自生. 이기부자생	자신을 낳지 않기 때문이라네.
故能長生.[1)] 고능장생	그래서 오래 살 수 있다네.
是以聖人, 시이성인	이로써 성인은,
後其身, 후기신	자기 몸을 뒤로 하되,
而身先. 이신선	몸이 앞서게 된다네.
外其身, 외기신	자기 몸을 밖으로 하되,
而身存.[2)] 이신존(전)	몸이 보존된다네.
非以其無私邪. 비이기무사야	그가 사사로움이 없기 때문이 아니랴,
故能成其私.[3)] 고능성기사	그래서 자신의 사사로움을 이루누나.

【문장 구성】

세 단락으로 이루어졌다. 첫 단락은 久와 久, 生과 生으로 중운(重韻)하고 있다. 2-4구는 논리적으로 A→B→A이어서 일종의 '순환 어법'이라 부를 수 있다. 노자가 즐겨 쓴다. 둘째 단락은 先과 存(音前)으로 압운하고, 아울러 而身을 두운처럼 반복하고 있다. 셋째 단락은 私와 私로 압운하고 있다. 구의 마지막 글자가 허자(虛字)인 경우 앞 글자가 운인 경우가 많다.

【자구 풀이】

1) 天長地久는 짧지만 대구이다. 호문(互文)이므로 실제 의미는 "천지는 장구하다".

2) 後와 外는 동사로 활용한다.

3) 邪는 耶와 같다. 의문을 나타내는 조사.

【해설】

천지가 장구한 까닭은 자기 자신을 낳지 않기 때문이다. 하늘과 땅은 길고 오래간다. 사람은 어린애를 낳고, 개는 강아지를 낳지만 천지는 무엇을 낳던가?

천지를 본받아 성인은 자기 자신을 앞세우지 않는다. 자신의 이익을 위해 일하지 않기에 그의 지위는 견고하다.

두 구는 사실상 같은 말을 반복하고 있다. 천지와 성인은 '사(私)'를 버리기에 '사(私)'를 성취하고 있음을 거듭 강조하고 있다. 노자가 제시하는 '낮은' 지도자의 모습은, 공자가 제시하는 '높은' 지도자의 그것과 선명한 대조를 이룬다(함께 읽을 자료 참조).

【함께 읽을 자료】

≪**논어·태백**≫ 선생님이 말씀하셨다. "위대하시구나. 요(堯)의 임금 노릇하심이여! 우뚝 솟았구나! 오직 하늘이 크거늘, 오직 요께서 본 받으셨도다."

【스스로 써보기】

天長地久. 天地所以能長且久者, 以其不自生. 故能長生. 是以聖人後其身而身先. 外其身而身存. 非以其無私邪, 故能成其私.

제8장 상선약수(上善若水)

上善若水. 상선약수	가장 잘하는 것은 물과 같다네.
水善 수선	물은 잘하나니
利萬物而不爭, 리만물이부쟁	만물을 이롭게 하면서 다투지 않고,
處衆人之所惡. 처중인지소오	뭇사람이 싫어하는 (낮은) 곳에 처함을.
故幾於道.[1)] 고기어도	그러므로 도에 가깝다네.

居善地, 거선지	(물처럼) 잘하는 곳을 거처로 삼고,
心善淵. 심선연(인)	(물처럼) 잘하는 깊음을 마음으로 삼지.
與善仁, 여선인	(물처럼) 잘하는 어짊을 베풀고,
言善信. 언선신	(물처럼) 잘하는 믿음을 말하지.
正善治, 정선치(이)	(물처럼) 잘하는 다스림을 정치로 삼고,
事善能. 사선능(니)	(물처럼) 잘하는 능력을 일로 삼지.
動善時. 동선시	(물처럼) 잘하는 때에 움직이지.

夫唯不爭, 부유부쟁	아 그저 다투지 않기에,
故無尤.[2)] 고무우(이)	고로 허물이 없는 법이지.

【문장 구성】

두 단락으로 구성되어 있다. 첫 단락은 산문이고, 둘째 단락은 운문이다. 산문인 첫 단락을 두 번째 단락에서 운문으로 다시 풀어 읊고 있다. 둘째 단락의 3언구는 모두 대구이다. 淵(一均反), 仁, 信(平聲)으로 압운하다가, 治(音怡), 能(音尼), 時, 尤(音怡)로 환운하고 있다.

【자구 풀이】

1) 幾는 庶幾로도 쓴다. 거의 …에 가깝다.

2) 正은 政과 통한다. 夫唯…, 故(是以)…는 노자가 즐겨 쓰는 말투로, 원인과 결과를 표현한다. 대저 단지 … 하기에, 그러므로 …하다.

【해설】

첫 구절 '상선약수(上善若水)'로 너무나 유명한 장이지만, 전체적으로 문구를 해독하기가 쉽지 않다. 문맥과 자구에 대한 정확한 파악이 전제되어야 한다. 아울러 '선(善)'이 도덕적인 선함을 의미하는 것이 아니라, '잘한다'는 뜻임을 기억해 둘 필요가 있다(제2장 자구풀이 1 참조).

첫 단락은 물을 형용하고, 둘째 단락은 성인, 즉 도를 실천하는 이상적 지도자의 모습을 기술하고 있다.

가운데 7개의 삼언구(三言句)는 모두 동일한 문장 구조이다. A+善+B로 되어 있는데, A는 동사 역할을 하고, 善은 "물처럼 잘하는"이라는 의미로 다음 명사 B를 꾸며준다. 따라서 '善한 B'를 'A'로 삼는다 또는 여긴다는 식으로 번역하면 된다.

'거선지(居善地)'와 '심선연(心善淵)'의 두 구는 '처중인지소오(處衆人之所惡)', 즉 '처하(處下)'를 부연하고 있으며, '여선인(與善仁)'부터 '사선능(事善能)'까지는 '리만물(利萬物)'을, 그리고 '동선시(動善時)'는 '부쟁(不爭)'을 이어받아 설명하고 있다. 따라서 가운데 삼언구(三言句)는 물의 특성이자, 이를 본받는 성인의 덕성이다. '부유부쟁(夫唯不爭)'의 '부쟁(不爭)'은 직접적으로는 바로 앞 '선동시(動善時)'와 연계되지만, 실제로는 앞서 말한 성인의 덕성을 다 포괄한다. 뿐만 아니라 멀리 첫 단락의 '부쟁(不爭)'과 호응한다.

요컨대 노자가 보기에 물의 속성은 도를 닮았기에 '상선(上善)'인데, 이를 간단히 도표로 나타내면 다음과 같다.

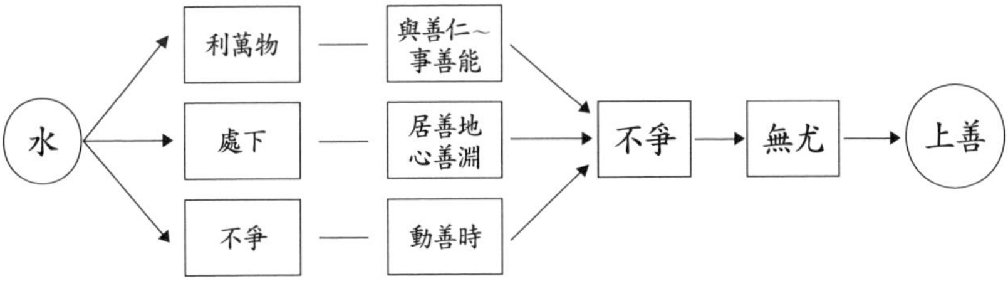

흥미롭게도 중국 사상사에서 서로 표리관계를 이루는 노장과 공맹은 물에 대한 인식에서도 똑같은 모습을 보여준다(함께 읽을 자료 참조). 물(水)은 불(火)과 반대로 겉은 부드러우나(陰) 속은 강하다(陽). 이러한 물의 특성을 감괘(坎卦)가 잘 보여주고 있는데(참고 자료 참조), 노장(老莊)은 물의 '음'적인 특성을 중시하는 반면 공맹(孔孟)은 물의 '양'적인 특성을 중시한다. 노자는 78장에서도 물의 부드러움에 대해서 강조하고 있다.

【함께 읽을 자료】

≪**장자·덕충부**≫ 사람들은 흐르는 물에 비추어보지 않고 멈추어 있는 물에 비추어본다. 오로지 멈춘 물만이 사람을 멈추게 할 수 있으니 모두가 머무는 것이다.

≪**장자·천도**≫ 물이 고요하면 수염과 눈썹까지 환하게 비춰보게 되며, 평평하면 수준기에 들어맞기에 큰 목수가 법도로 삼는다. 물이 고요해도 이처럼 환하니 하물며 사람의 정신임에랴 말할 나위 없다. 성인의 마음은 고요하도다.

≪**논어·자한**≫ 선생님께서 시냇가에서 말씀하셨다. "흘러가는 것이 이와 같구나! 밤낮을 그치지 않구나."

≪**맹자·진심상**≫ 물을 보는 데 방법이 있나니, 반드시 그 물결을 보아야 한다. 해와 달은 빛이 있어, 빛을 받아들이는 곳이라면 반드시 비추는 법이다. 그렇듯이 흐르는 물의 특성은 작은 구덩이라도 다 채우지 않으면 나아가지 않는다. 군자가 도에 뜻을 둘 적에, 무늬를 이루지 않으면 도달하지 못하는 법이다.

【참고 자료】

水(갑골문)

水(소전)

감괘(坎卦)

火(갑골문)

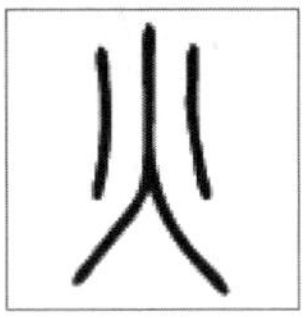

火(소전)

리괘(離卦)

【스스로 써보기】

上善若水. 水善利萬物而不爭, 處衆人之所惡, 故幾於道. 居善地, 心善淵. 與善仁, 言善信. 正善治, 事善能, 動善時. 夫唯不爭, 故無尤.

제9장 공수신퇴(功遂身退)

持而盈之, 지이영지	움켜쥐고 그걸 넘치도록 채움은,
不如其已; 불여기이	바로 그 때 그만둠만 못하리라.
揣而銳之, 췌이예지	두드려 그걸 날카롭게 한다면,
不可長保.[1)] 불가장보	오래 동안 보존할 수 없으리라.
金玉滿堂, 금옥만당	황금과 옥이 마루방에 가득차도,
莫之能守, 막지능수	그것을 (영원히) 지킬 자 없으리.
富貴而驕, 부귀이교	부하고 귀하다고 뻐겨댄다면,
自遺其咎.[2)] 자유기구	자신에게 그 허물을 끼치리.
功遂身退, 공수신퇴	공이 이루어지면 몸은 물러나야지,
天之道也.[3)] 천지도야	(이것이 바로) 하늘의 도인 것이다.

【문장 구성】

세 단락으로 구성된다. 첫 단락은 산문으로 대구를 이루고 있다. 강유고(江有誥, ?-1851)의 ≪노자운독(老子韻讀)≫에서는 已(音酉)와 保(音𢭏)가 운을 이루는 것으로 보고 있지만, 다른 용례를 확인하지 못했다. 반면 제2구와 제4구가 '不'로 시작하고 있고, 또 '持'와 '揣(朱惟切)'가 통압(通押)이 가능하므로, 첫 단락은 두운을 활용하고 있는 것으로 볼 수 있다. 둘째 단락은 첫 단락을 운문으로 다시 부연 설명하고 있다. 守와 咎가 운이다. 셋째 단락은 산문이다. 한편 강유고는 道(之幽通韻)도 압운자로 보고 있으나 받아들이기 어렵다.

【자구 풀이】

1) 盈은 가득 채워 넘치는 것. 揣는 헤아린다는 뜻으로 많이 쓰이나 여기서는 두드리다.

2) 驕는 교만하다, 무례하다. 遺는 끼치다, 전하다. 咎는 허물, 재앙.

【해설】

아마도 어릴 적에 풍선을 조금만 더 크게 하려다가 결국 터뜨린 경험이 있을 터이다. 또 연필을 끝을 더 뾰쪽하게 하려다가 부러뜨린 경험이 있을 터이다. 이런 경험을 떠올리면 첫 단락은 쉽게 이해되리라. 아마도 당시 생활 경험에서 우러나온 속담이었을 것으로 보인다.

둘째 단락은 구체적인 사례를 들어 첫 단락을 부연 설명하고 있다. 영(盈)은 만(滿)으로, 예(銳)는 교(驕)로 이어진다. 아무리 재화가 넘쳐나도, 또 아무리 사회적 지위가 높아도, 멈출 줄 모르면 지킬 수 없을 뿐만 아니라 도리어 화가 된다. 진시황(秦始皇)은 6국을 멸하면서 온갖 진기한 재화를 다 긁어모았다. 그렇게 만들어진 것이 그 유명한 아방궁(阿房宮)이다.

그리고 자신을 왕(王)이 아니라 황제(皇帝, 3皇5帝를 합친 것)로 부르도록 하면서 거들먹였다. 그것이 얼마나 갔던가? 겨우 15년 만에 진 제국은 '한갓 농노' 무리에게 멸망하였다.

왜일까? 삼라만상에 두루 통하는 '하늘의 도'를 어겼기 때문이다. 도는 공을 이룰 뿐 차지하지 않는 법이다(셋째 단락).

결론은 지족(知足)하여 지지(知止)하라는 것이다. 지나침은 미치지 못함만도 못하기(過不如不及) 때문이다. 에스키모들이 늑대를 잡을 때 다음과 같은 방법을 쓴다고 한다. 날카로운 칼에 피를 묻히고 그 위에 물을 살짝 뿌린 후 얼려서 눈밭에 세워둔다. 피 냄새를 맡은 늑대는 칼에 다가와 칼을 핥기 시작한다. 칼날이 녹기 시작하고 칼에 묻은 피를 다 핥고서도 늑대는 여전히 칼을 핥는다. 얼어있던 칼 때문에 혀의 감각을 잃은 늑대는 칼에 혀를 계속 긁어대면서 자신의 피인 줄도 모르고 핥아먹는다. 그렇게 하여 피가 흥건해지도록 핥다가 늑대는 서서히 죽어간다. 절제하지 못하고 한없이 욕심을 부리는 인간이 이와 다를 바 있을까?

지나침을 금기시하는 것은 고대 농경문화의 보편적인 전통이라 할 수 있다. 중국은 물론 전형적인 농경문화를 기반으로 하고 있다. 그렇기에 도가는 물론 유가 역시 지족을 중시한다(함께 읽을 자료 참조).

【함께 읽을 자료】

≪**맹자·공손추상**≫ 송(宋)나라 사람 중에 자신의 곡식 싹이 잘 자라지 않음을 걱정하여 그걸 뽑아준 자가 있었다. 피곤에 지쳐 돌아와 가족에게 말했다. "오늘 몹시 피곤하다. 싹이 자라는 걸 내가 도와주었다!" 그 아들이 달려가 보니, 싹은 말라버렸다. 요즘 천하에는 싹의 성장을 억지로 도와주지 않는 자가 적게 되어버렸다. 도움이 되지 않는다고 여겨 버려두는 자는 싹에 김도 매지 않는 자이고, 그것의 성장을 돕는 자는 싹을 뽑아주는 자이다. 도움이 되지 않을 뿐만 아니라 또한 그것을 해치기까지 한다.

≪**순자·유좌**≫ 공자가 노(魯)나라 환공(桓公)의 사당에 가서 기기(攲器)를 보았다. 공자가 사당지기에게 물었다. "이것은 무슨 기물인가?" 사당지기가 답했다. "이는 아마도 좌우명으로 쓰는 기물일 것입니다." 공자가 말씀하셨다. "내가 듣기에, 좌우명의 기물은 비면 기울고, 적절히 차면 똑바른데, 가득 차면 엎어진단다." 공자가 제자를 돌아보며 말씀하셨다. "거기에 물을 부어봐라." 제자가 물을 들어다 부으니, 적절하자 바르더니, 가득차자 넘어지고, 비우자 기울었다." 만사가 다 그러하니 중용을 찾아야 한다는 의미이다.

【참고 사료】

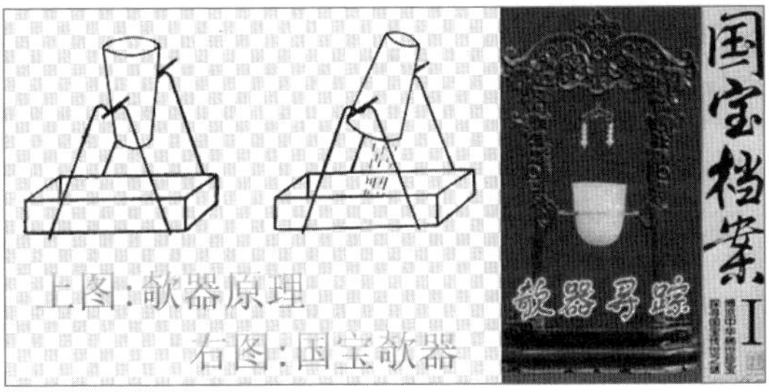

기기(攲器): 오른쪽 복원 모형. 왼쪽은 작동 원리.

【스스로 써보기】

持而盈之, 不如其已. 揣而銳之, 不可長保.
金玉滿堂, 莫之能守. 富貴而驕, 自遺其咎.
功遂身退, 天之道也.

제10장 영백포일(營魄抱一)

載 재	아!
營魄抱一, 영백포일	혼백이 '하나'를 껴안고서,
能無離乎. 능무리호	벗어나지 않을 수 있을까?
專氣致柔, 전기치유	'기'를 모으고 부드럽게 하여,
能嬰兒乎. 능영아(이)호	갓난아이가 될 수 있을까?
滌除玄覽, 척제현람	'현묘한 거울'을 씻고 털어,
能無疵乎.[1] 능무자(지)호	흠이 없게 할 수 있을까?
愛民治國, 애민치국	대중을 아끼고 나라를 다스리되,
能無爲乎. 능무위호	억지로 함이 없을 수 있을까?
天門開闔, 천문개합	'하늘의 문'이 열리고 닫힐 때,
能爲雌乎. 능위자(지)호	'여성'이 될 수 있을까?
明白四達, 명백사달	밝고 훤해 사방에 이르되,

能無知乎.[2] 아는 척 함이 없을 수 있을까?
능무지호

生之畜之, 그것들을 낳고 기르나니,
생지축지

生而不有. 낳아(길러도) 소유하지 않네.
생이불유(웨)

爲而不恃; 만들되 뻐기지 않고,
위이불시

長而不宰. 키우되 주재(主宰)하지 않네.
장이부재

是謂玄德.[3] 이를 일러 '현덕'이라 한다.
시위현덕

【문장 구성】

세 단락으로 구성되어 있다. 첫 단락은 離乎, 兒(汝移切)乎. 疵(才支切)乎로 압운하고, 두 구씩 느슨한 대구를 이루고 있다. 둘째 단락도 비슷하다. 爲乎, 雌(七支切)乎, 知乎로 압운하고, 두 구씩 짝을 이루고 있다. 또 첫 단락과 둘째 단락은 구의 서두에 '能'을 반복하고 있어 두운 역할을 한다. 셋째 단락은 제51장과 동일하여, 착간(錯簡)이라는 설도 있다. 중요한 문구여서 후렴처럼 반복한 것으로 본다. 한(漢)나라 고분 마왕퇴(馬王堆)에서 출토된 백서본(帛書本)에도 들어있다. 有(羽軌切), 恃, 宰(子里切)로 압운하고 있다.

【자구 풀이】

1) 다양한 해설이 있는 문구이다. 우선, 재(載)를 ≪초사(楚辭)≫ 〈원유(遠遊)〉 "載營魄而登遐兮.(영백을 싣고 아득히 오르다.)"에 근거하여

'싣다'라는 동사로 보기도 하나, 여기서는 취하지 않는다. ≪시경≫을 비롯한 선진 문헌에서 재(載)는 특정한 의미가 없는 허사(虛詞)로 자주 쓰인다. 발어사로 본다. 영백(營魄)은 혼백(魂魄)이다(河上公의 주). 혼백은 인체에 깃들어 있는 정신이나 영기(靈氣)로, 혼이 남성적이라면 백은 여성적인 것이다. 흡사 우리 몸에 남성 호르몬과 여성 호르몬이 있는 것과 비슷하다(함께 읽을 자료 참조). 一은 道를 비유한다(제39장 참조). 專은 한 곳으로 집중하거나 모으다. 氣는 원래 구름이 층층이 유동하는 모습을 본뜬 글자, 만물에 깃든 기운이나 에너지(참고 자료 참조). 致는 끝까지 다하다. 嬰兒는 갓난아이. 갓난아이는 숨이 고르고 단전으로 호흡을 한다. 노자는 갓난아이를 도와 가까운 모습으로 여긴다. 滌除은 세척하고 소제하다. 玄覽은 현묘한 거울, 즉 마음. 疵은 흠이나 결점.

2) 天門에 대해 여러 가지 설이 있으나, 우리 몸의 감각기관으로 본다. 예컨대 눈은 색을, 귀는 소리를 들고나게 하는 천연의 문이다.

3) 生而不有의 生은 生之畜之의 준말. 글자 수를 맞추기 위해 줄였다. 또 生은 다음의 爲로, 畜은 長으로 이어진다.

【해설】

앞 두 단락은 의문문 또는 감탄문으로 구성되어 있어, 노자의 강렬한 소망이나 희망을 느끼게 한다. 얼핏 비슷한 문형으로 비슷한 내용을 읊고 있는 듯이 보이지만 약간의 차이가 있다. 첫 단락은 내적인 것들, 유가투로 말하자면 수기(修己)에 해당되는데, 대체로 도와 합일하는 수행을 표현하고 있다. 둘째 단락은 외적인 것들, 즉 안인(安人)에 해당하는데, 대체로 도를 갖고서 외부에 대응하는 모습을 그리고 있다.

셋째 단락은 도의 모습이자, 도를 체득하고 실행하는 성인의 모습이다. '생지(生之)'는 위로는 첫 단락을 이어받고 아래로는 '위(爲)'와 연결되며, '휵지(畜之)'는 둘째 단락을 이어받고 아래 '장(長)'으로 연결된다. 도가 만물을 만들어 키우듯이 성인은 백성을 돌보지만 개인의 소유로 여기지 않는다. 그러므로 이를 일러 도를 닮은 '현묘한 덕'이라 일컫는 것이다.

【함께 읽을 자료】

≪**내관경(內觀經)**≫ 움직여서 몸을 경영하는 것을 혼(魂)이라 하고, 차분해서 몸을 진정시키는 것을 백(魄)이라 일컫는다.

【참고 자료】

氣(갑골문)

氣(금문)

氣(소전)

【스스로 써보기】

載營魄抱一, 能無離乎. 專氣致柔, 能嬰兒乎. 滌除玄覽, 能無疵乎. 愛民治國, 能無爲乎. 天門開闔, 能爲雌乎. 明白四達, 能無知乎. 生之畜之, 生而不有. 爲而不恃, 長而不宰. 是謂玄德.

제11장 무지위용(無之爲用)

三十輻共一轂, 삼십폭공일곡	서른 바퀏살이 바퀴통 하나 함께 하는데,
當其無, 有車之用.[1] 당기무 유거지용	그것의 빈 곳에, 수레의 쓸모가 있구나.
埏埴以爲器, 연식(치)이위기	찰흙을 이겨 그걸로 그릇을 빚는데,
當其無, 有器之用.[2] 당기무 유기지용	그것의 빈 곳에, 그릇의 쓸모가 있구나.
鑿戶牖以爲室, 착호유이위실	문과 창을 파서 주거지를 만드는데,
當其無, 有室之用.[3] 당기무 유실지용	그것의 빈 곳에, 집의 쓸모가 있구나.
故 고	그러므로
有之以爲利; 유지이위리	그걸 있게 하여서 이기(利器)로 삼지만,
無之以爲用.[4] 무지이위용	그것을 비게 하여서 쓸모로 삼는구나.

【문장 구성】

네 개의 단락으로 구성되어 있다. 1-3 단락은 모두 산문이고, 기본적으로 동일한 문형이 반복되고 있다. 네 번째 단락은 대구를 이루고, 구중에

'之以爲'를 반복하고 있다. 모든 문단의 마지막 글자를 用으로 맞추어서 압운 역할을 하고 있다. 또 1-3 단락은 제2구와 제3구를 모두 '當其無'과 '有'로 시작하고 있어 두운 효과를 낸다. 뿐만 아니라 첫 단락의 輻과 轂, 둘째 단락의 埴(唱志切, 去聲)과 器을 각각 구중운(句中韻)으로 볼 수 있고, 셋째 단락의 鑿과 室은 입성으로 수미운(首尾韻)이다.

【자구 풀이】

1) 輻은 바큇살, 轂은 바퀴통. 共은 둘러싸다. 當은 전치사 於와 같아, …에.

2) 埏은 이기다, 반죽하다. '선'으로도 읽는다. 埴는 찰흙, '치'로도 읽는다.

3) 鑿은 뚫다. 牖은 창. 室은 보통 방이란 뜻으로 쓰이나 여기서는 집, 주거지.

4) 之는 대명사로 앞 단락에 나오는 바퀴, 그릇, 집을 가리킨다.

【해설】

구태여 따로 설명을 하지 않아도 될 정도로 노자의 메시지가 분명하다. '비움'의 중요성을 강조하고 있다. 물론 비움은 '무위'와 통한다. 표면적으로는 노자가 '무'를 강조하고 있지만, 진정 일깨우고자 하는 것은 '무'와 '유'가 공존하는 도의 본질이다. 세상 사람들이 '유'에 지나치게 집착하기에 '무'를 특별히 강조하고 있을 뿐이다. 노자를 읽을 때 늘 유념해야 할 사항이다. 예컨대 앞 10장 "밝고 훤해 사방에 이르되, 아는 척 함이 없을 수 있을까?(明白四達, 能無知乎.)"를 보자. '무지(無知)'는 '무'에, '명백(明白)'은 '유'에 해당하는데, 여기서 '무지'에 앞서 '명백'이 전제되고 있다.

다시 본문으로 돌아가 음미해보자. 수레바퀴, 질그릇 그리고 집은 요즘 시각에서 보면 아수 범상한 일상품에 불과하지만 선사시대 인류에게는 문명화의 지표였다. 채집과 수렵을 하며 유랑하던 인류는 질그릇을 제작하여 식품을 저장하고 요리하였으며, 주거지를 건립하여 정착 생활을 함으로써 본격적인 문명의 길로 들어섰기 때문이다. 특히 바퀴는 획기적으로 교통과 운수를 수월하게 만들었던 첨단 도구였다. 아메리카 대륙의 고대 문명에 바퀴가 없었던 사실을 떠올려보자. 고대 아메리카 대륙의 문명 발전 속도가 유라시아 대륙에 크게 뒤졌던 요인 중의 하나가 바로 바퀴의 유무라 해도 과언이 아니다. 노자는 이러한 문명의 도구를 이기로 인정한다. 다만 그 이기가 기능하는 데 '무'가 결정적인 역할을 한다는 사실을 일깨워주고 있을 뿐이다. 문명이 아무리 발전하더라도 본원을 잊지 말라는 의미이다.

바퀴살이 바퀴통을 둘러싸고 있는 모습은 유명한 공자의 말을 연상시킨다. "덕으로 정치를 하면, 비유하건대 북극성이 제 자리를 차지하고 있으면 뭇 별들이 그를 둘러싸는 것과 같다.(爲政以德, 譬如北辰, 居其所而衆星共之.≪論語·爲政≫)". 뭇 별이 북극성을 향하여 둘러싸는 모습은 흡사 여러 바큇살이 바퀴통을 둘러싸고 있는 모습과 같다. 다만 차이가 있다면 유가의 경우, 그 중심에는 북극성으로 비유된 '사람'이 자리하는 반면 도가의 경우 '무'로 상징되는 '도'가 차지하고 있다.

【참고 자료】

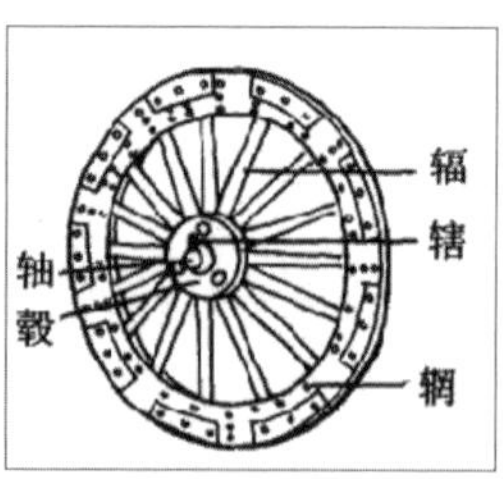

수레바퀴

질그릇 빚기

【스스로 써보기】

三十輻共一轂, 當其無, 有車之用. 埏埴以爲器, 當其無, 有器之用. 鑿戶牖以爲室, 當其無, 有室之用. 故有之以爲利, 無之以爲用.

제12장 오색목맹(五色目盲)

五色, 오색	다섯 색깔은,
令人目盲; 령인목맹(망)	사람으로 하여금 눈이 멀게 하네.
五音, 오음	다섯 소리는,
令人耳聾; 령인이농(랑)	사람으로 하여금 귀가 먹게 하네.
五味, 오미	다섯 맛은,
令人口爽.[1] 령인구상	사람으로 하여금 입이 어긋나게 하네.
馳騁畋獵, 치빙전렵	말 내몰아 사냥하는 짓은,
令人發狂. 령인발광	사람으로 하여금 미치게 하네.
難得之貨, 난득지화	얻기 어려운 재화는,
令人行妨.[2] 령인행방	사람으로 하여금 행실이 망가지게 하네.
是以聖人 시이성인	그러므로 성인은

爲腹, 배를 위하지,
위복

不爲目.[3] 눈을 위하지 않는다네.
불위목

故 그러기에
고

去彼; 저것(눈)을 떠나
고거피

取此.[4] 이것(배)을 취한다네.
취차(치)

【문장 구성】

네 단락으로 구성되어 있다. 첫 단락은 기본적으로 대구이고 盲, 聾(音郎), 爽으로 압운하고 있다. 또 매 구를 五와 令으로 시작하여 두운 역할을 한다. 둘째 단락은 대구는 아니나 의미상 짝을 이루고 있고 狂, 妨으로 압운하며, 역시 令으로 시작하여 두운 역할을 한다. 셋째 단락은 腹과 目으로 운을 밟고 있다. 넷째 단락은 彼와 此가 각운이고, 또한 去와 取를 두운으로 보아도 좋다. 문장 전체가 운문이다.

【자구 풀이】

1) 五色은 靑, 黃, 赤, 白, 黑이다. 盲은 눈이 멀다. 五音은 宮, 商, 角, 徵, 羽이다. 聾은 귀가 먹다. 五味는 酸, 苦, 甘, 辛, 鹹이다. 爽은 원래 사람이 양 겨드랑이 아래에 무언가(그릇, 또는 등불)를 들고 있는 모양을 본뜬 글자로(참고 자료 참조) 다양한 의미를 갖고 있다. 밝다, 상쾌하다 등의 뜻으로 흔히 쓰인다. 여기서는 어그러지다, 상하다. 아마도 양 겨드랑이의 물건이 균형이 맞지 않음을 의미하였던 것으로 보인다.

2) 馳騁은 말을 달리다. 畋獵은 사냥하다. 妨은 害의 뜻. 해치다, 방해하다. 令人發狂은 통행본에 令人心發狂으로 되어 있다. 의미는 다르지 않다.

3) 腹은 배로, 내면과 자연을 비유함. 目은 눈으로 외면과 인위를 비유함.

4) 彼는 눈으로 인위, 此는 배로 무위를 가리킴.

【해설】

무지개 빛깔은 몇 가지일까요? 라고 질문한다면, 아마도 많은 사람들이 일곱 가지라고 답변할 것이다. 빨주노초파남보! 과연 그럴까? 사실 이는 서양인의 인식에 불과하다. 동양에서는 오색영롱한 무지개라 하지, 칠색이 영롱하다는 표현은 없다. 그럼 무지개 빛깔은 다섯 가지인가? 혹 '무지개 색' 하나이거나 아니면 반대로 무한한 것은 아닐까?

색깔, 소리, 맛 등등 거의 모든 것을 5가지로 파악하는 것은 아마도 사람의 손가락, 나아가 대부분의 동물의 발가락이 다섯인 데서 유래한 것인지도 모른다. 아무튼 그것은 '인위'일 뿐이다. 게다가 그러한 구별은 모종의 '차별화'를 야기한다. 예컨대 노랑은 황제의 색이요, 하양은 백성의 색이라는 식이다. 백의종군(白衣從軍)이란 말을 떠올려보라. 또 궁(宮)은 임금이고, 상(商)은 신하이고, 각(角)은 백성이라는 식으로 따진다(함께 읽을 자료 참조). 노자가 지적하는 점은 바로 이 대목이다. 인간이 억지로 구별하고 규정하는 짓은 색깔, 소리, 맛의 본모습을 잃게 할 뿐만 아니라 심지어 인간의 차별화와 서열화를 초래한다. 심지어는 어마어마한 비극을 불러일으킬 수도 있다. 제 새끼를 삶아 임금에게 바쳤던 역아(易牙)의 사례가 웅변하듯이 말이다(함께 읽을 자료 참조). 그래서 그런지 모르지만 큰 제사에는 현주(玄酒; 맹물)와 태갱(太羹; 양념하지 않은 고깃국)을 올린다.

말을 거세게 몰면서 사냥하다보면 사람들은 자연 흥분하고 광분하기 쉽다. 특히 옛날에 사냥은 단순한 스포츠가 아니었다. 일종의 군사훈련이기도 하였다. 따라서 그것은 사람들에게 살기(殺氣)를 불러일으키도록 만든다. 노자가 경계하는 점이 바로 여기에 있다. 살기는 살인으로 이어지는 법! 호주를 점거한 백인들이 사냥을 즐기다가 결국 원주민을 '사냥'하는 만행을 저질렀듯이 말이다. 얻기 어렵지만 운 좋게 얻기만 하면 떼돈을 벌 수 있다면 사람들은 너나나나 할 것 없이 달려든다. 예나 지금이나 마찬가지이다. 로또에 당첨되면 '일확천금'한다. 공공기관이 벌이는 사행(射倖)행위이다. 미사여구를 동원하여 그럴싸하게 포장하지만, 그것 때문에 직접 간접적으로 패가망신한 사람들이 한둘이 아니다.

이 때문에 진정한 지도자는 '배'를 위하지 '눈'을 위하지 않는 법이다. 이 때 배는 인간의 내면이자 소박한 '무위'를 비유하고, 눈은 이와 대조적으로 외면이자 부질없는 '인위'를 비유한다.

【함께 읽을 자료】

≪**예기·악기**≫ 궁(宮)은 임금이고, 상(商)은 신하이고, 각(角)은 백성이고, 치(徵)는 일이며, 우(羽)는 사물이다. … 궁이 어지러우면 거칠어지는데 그 임금이 교만함이요, 상이 어지러우면 기울어지는데 그 신하가 망가짐이다. … .

≪**사기·제태공세가**≫ 관중(管仲)이 위중하자, 환공(桓公)이 물었다. "군신 중에 누가 재상을 맡을 수 있을까요?" 관중이 답했다. "신하를 이는 것은 주상만 못 합니다." 환공이 물었다. "역아(易牙)는 어떻습니까?" 답했다. "아들을 잡아 임금에 영합함은 사람으로 못할 짓이니, 안 됩니다."

≪**관자·군신**≫ (관중이 말했다.) 대저 역아는 요리로 주상을 섬겼습니다. 주상께서 "단지 영아를 삶은 것은 아직 먹어보지 못했다." 라고 하니, 그러자 제 큰 아들을 삶아서 주상에게 바쳤습니다.

【참고 자료】

爽(갑골문)

爽(금문)

爽(소전)

【스스로 써보기】

五色, 令人目盲. 五音, 令人耳聾. 五味, 令人口爽. 馳騁畋獵, 令人發狂. 難得之貨, 令人行妨. 是以聖人爲腹, 不爲目. 故去彼取此.

제13장 총욕약경(寵辱若驚)

寵辱若驚, 총욕약경	총애나 굴욕이나 놀랄 일 같구나.
貴大患若身.[1] 귀대환약신	큰 근심을 몸처럼 귀히 여겨라.

何謂寵辱若驚? 하위총욕약경	무얼 일러 "총애나 굴욕이나 놀랄 일 같다" 하는가?
寵爲下, 총위하	(굴욕은 물론) 총애도 낮은 것이니,
得之若驚; 득지약경	그걸 얻어도 놀랄 일 같고,
失之若驚. 실지약경	잃어도 놀랄 일 같기 때문이라.
是謂寵辱若驚.[2] 시위총욕약경	이를 일러 "총애나 굴욕이나 놀랄 일 같다" 하노라.

何謂貴大患若身? 하위귀대환약신(샌)	무얼 일러 "큰 근심을 몸처럼 귀히 여겨라" 하는가?
吾所以有大患者, 오소이유대환자	우리가 큰 근심을 갖게 되는 까닭은,
爲吾有身. 위오유신(샌)	우리에게 이 몸이 있기 때문이리라.
及吾無身, 급오무신(샌)	우리에게 이 몸이 없게 되면,
吾有何患.[3] 오유하환	우리에게 무슨 근심이 있겠는가?

故 고	그러므로
貴以身爲天下, 귀이신위천하	(참) 귀함은 몸을 천하로 여기는 것이니,
若可寄天下.; 약가기천하	(그래야) 천하를 맡길 수 있을 것 같네.
愛以身爲天下, 애이신위천하	(참) 총애는 몸을 천하로 여기는 것이니,
若可託天下.[4)] 약가탁천하	(그래야) 천하를 당부할 수 있을 것 같네.

【문장 구성】

네 단락으로 이루어졌다. 첫 단락은 두 가지 명제를 제시하고 있다. 느슨한 대구이다. 둘째 단락은 驚으로 중운하고 있으며, 셋째 단락은 身(尸連切)과 患으로 중운하고 있다. 마지막 단락은 天下로 운을 밟고, 대구를 이루고 있다. 또 구의 서두에 '若'이 중복되고, '貴'와 '愛(烏胃切)'가 운을 이루므로, 두운 역할을 한다.

【자구 풀이】

1) 寵辱은 총애와 굴욕. 患은 근심, 걱정, 병환. 貴大患若身은 상식적으로 이해하기 어려운 구절이어서, 억지로 번역하는 경우가 많다. 예컨대 명나라 사람 왕도(王道, 字 純甫)는 "마땅히 '귀신약대환'이라 하여야 하는데, 뒤집어 말하고 있으니, 행문이 기이하다. 옛 말에는 이와 같은 것이 많다(當云貴身若大患. 倒而言之, 文之奇也, 古語多類如此者.)."라 하였는데, 많은 학자들이 이에 동의하고 있다. 필자는 이에 동의하지 않는다. 문자 그대로 새겨도 아무런 문제가 없고, 게다가 노자의 본뜻에 부합한다. 불교 ≪보왕삼매경(寶王三昧經)≫에 나오는 다음 문구도 노자의 인식과 기본

적으로 동일하다. "몸에 병이 없기를 바라지 말라. 몸에 병이 없으면 탐욕이 생기기 쉽나니 그래서 성인이 말씀하시되, 병고(病苦)로써 양약(良藥)을 삼으라 하셨느니라."

2) 得之若驚와 失之若驚의 之는 寵辱을 받음.

3) 所以…者는 …의 이유. …하는 까닭.

4) 貴以身爲天下, 愛以身爲天下 역시 상식적으로 쉽게 납득하기 어려워, 무리하게 번역하는 사람이 많다. 예컨대 정세근은 "몸을 천하처럼 아끼니/사랑하니"(≪노자 도덕경 길을 얻은 삶≫)라고 번역하고, 최진석은 "자신의 몸을 천하만큼이나 귀하게 여긴다면/아낀다면"(≪노자의 목소리로 듣는 도덕경≫)이라고 풀고 있다. 제39장 "貴以賤爲本"과 "高以下爲基"와 동일한 문형이므로, 그 문형을 따라 번역해야 한다.

【해설】

첫 단락은 두 가지 명제를 제시하고 있는데, 당시 널리 알려진 격언이나 속담으로 보인다.

둘째 단락은 첫 명제인 총욕약경(寵辱若驚)에 대해 부연 설명하고 있다. 내 손으로 나를 만지면 절대로 놀라지 않는다. 그런데 남이 갑자기 나를 만지면 놀라지 않는 자가 없다. 그것은 '내'가 아닌 '남'이기 때문이다. 총애와 굴욕은 본질적으로 남이 내게 가하는 것이니, 어찌 놀랄 일이 아니랴. 혹자는 이렇게 생각할는지 모른다. "굴욕은 그렇다 치자. 허나 총애를 받으면 기뻐해야지 왜 놀라지?" 동일한 행위를 했음에도 불구하고 총애와 굴욕을 동시에 받았던 미자하(彌子瑕) 고사를 보라(함께 읽을 자료 참조). 총애가 어찌 그저 기뻐할 일이더냐? 우리 몸에 주어지는 총애가 중요한 것이 아니다. 진정 중요한 것은 우리 몸 자체이다.

셋째 단락은 두 번째 명제, 귀대환약신(貴大患若身)에 대해 부연 설명하고 있다. '환'은 정신적으로는 근심이요, 육체적으로는 병환이다. 어느 것이든지 일반적으로 귀하게 여길 바는 아니다. 일부러 그걸 원할 사람은 아무도 없고, 또 그럴 필요도 당연히 없다. 그러나 일단 내게 주어진 바라면 그 역시 내 몸의 일부로 받아들여야 한다. 이해를 돕기 위해 장자가 들려주는 우언을 보자. 지리소(支離疏)는 턱이 배꼽 아래에 있고 어깨가 이마 위에 있는 중증 장애인(곱사)이지만, 그는 그 '근심거리'인 신체적 특징을 소중히 받아들여, 바느질이나 키질 등을 하면서 여러 식구들을 부양한다. 그는 전쟁이나 큰 역사가 있어도 활개를 치고 돌아다닌다. 그는 '장애'를 몸처럼 소중이 여기는 존재이다. 대환을 자신의 몸처럼 귀하게 여기는 지리소는 육체의 제한을 초월함을 비유하고 있다. 장자는 한 걸음 더 나아가, 육체적 한계에 그치지 말고 정신적인 제한마저 초월해 보라고 우리에게 제안한다(함께 읽을 자료 참조).

몸은 곧 생명이다. 갑골문자 身은 여인이 회임하여 배가 불룩 나온 모습을 본뜨고 있다(참고 자료 참조). 따라서 身은 단순히 자신의 육체를 가리키는 게 아니다. 자신의 생명, 나아가 인간의 생명을 함의한다. 생명인 그 몸을 천하의 모든 것인 양 귀히 여기고 아낄 줄 아는 사람만이 진정 천하를 다스릴 자격이 있다. 예를 들면, 요(堯) 임금이 천자 자리를 양위하려 했던 허유(許由) 같은 인물이 바로 그러하리라(함께 읽을 자료 참조). 자격이 없는 자는 한사코 하려하고, 자격이 넘치는 자는 마다하는 아이러니를 어떻게 풀어야할까? 노자는 알고 있을까?

【함께 읽을 자료】

≪**사기·노자한비열전**≫ 옛날 미자하(彌子瑕)가 위(衛)의 군주로부터 은총을 받았다. 위나라 법에, 임금의 수레를 훔쳐 타는 자는 그 죄가 월형(刖刑)에 달했다. 얼마 후 미자하의 어머니가 위중하자, 누군가가 듣고 가서 한밤중에 알려주었다. 미자하는 임금의 수레를 사칭하여 몰고 나갔다. 군주가 듣고 잘 했다고 여기며 말했다. "효자로구나, 어머니 때문에 월형의

죄를 무릅쓰다니!" 군주와 함께 과수원에 놀러갔다. 미자하가 복숭아를 먹다가 맛있자, 남겨서 군주에게 바쳤다. 군주가 말했다. "나를 사랑하는구나, 제 입맛을 잊고 나를 생각하다니." 미자하의 얼굴이 삭으면서 은총이 식었을 때에 군주에게 죄를 지었다. 군주가 말했다. "이 놈은 일찍이 내 수레를 사칭하여 몰았고, 또 일찍이 나에게 먹다 남은 복숭아를 먹인 적이 있다." 그러므로 미자하의 행위는 처음부터 변함이 없지만, 먼저는 잘했다 칭찬받고 나중에는 죄를 짓게 된 것은, 군주의 애증의 크게 변했기 때문이다.

≪**장자·인간세**≫ 지리소(支離疏)라는 사람은 턱이 배꼽에 묻히고, 어깨가 이마보다 높고, 뒷머리가 하늘을 가리키고, 오장육부가 위에 있으며 양 허벅지가 겨드랑이인 셈이다. 바느질하고 세탁을 해서 먹고 살며, 키질을 하여 알곡을 골라내서 열 식구를 먹인다. 위에서 병사를 징집하면 지리소는 팔을 흔들고 그 사이에서 노닐며, 위에서 큰 부역을 일으키면 그는 고질병 때문에 일을 받지 않는다. 위에서 병자에게 구휼미를 주면 세 종(鍾)과 열 다발의 땔감을 받는다. 형체의 제한을 무너뜨린 자도 여전히 자신의 몸을 공양하고 천수를 다할 수 있는 법이니, 정신의 제한을 무너뜨린 자임에랴 말할 나위 있겠는가!

≪**장자·소요유**≫ 요(堯)가 허유(許由)에게 천하를 양도하고자 말했다. "일월이 떴는데 횃불을 끄지 않는다면, 빛을 비추는 것이 역시 어렵지 않겠습니까? 적시에 비가 내렸건만 여전히 물을 대고 있다면, 관개하는 것이 역시 헛수고가 아니겠습니까? 선생께서 즉위하면 천하가 절로 다스려질 터인데 제가 여전히 주재하고 있으니, 제 스스로 보기에 부족합니다. 청컨대 천하를 드리고자 합니다." 허유가 말했다. "그대가 천하를 다스리자 천하가 이미 잘 다스려지고 있다. 그런데도 내가 그대를 대신한다면, 나는 장차 명성을 위하는 것인가? 명성이란 실질의 객일 터, 나는 장차

객이 되는 것인가? 뱁새가 깊은 숲에 살아도 가지 하나를 넘지 않고, 두더지가 황하를 마셔도 배부르면 그만인 법. 돌아가시구려, 군주시여. 나는 천하를 가지고 할 것이 없소이다."

【참고 자료】

身(갑골문)

身(금문)

身(소전)

【스스로 써보기】

寵辱若驚. 貴大患若身. 何謂寵辱若驚, 寵爲下, 得之若驚, 失之若驚. 是謂寵辱若驚. 何謂貴大患若身, 吾所以有大患者, 爲吾有身. 及吾無身, 吾有何患. 故貴以身爲天下, 若可寄天下. 愛以身爲天下, 若可託天下.

제14장 무상지상(無狀之狀)

視之不見, 시지불견	그걸 보아도 보이지 않으니,
名曰夷; 명왈이	'이'라 한다네.
聞之不聽, 문지불청	그걸 들어도 들리지 않나니,
名曰希; 명왈희	'희'라 한다네.
搏之不得, 박지부득	그걸 잡아도 잡히지 않으니,
名曰微.[1)] 명왈미	'미'라 한다네.

此三者, 차삼자	이 세 가지 측면은,
不可致詰. 불가치힐	꼬치꼬치 따질 수 없어라.
故混而爲一. 고혼이위일	본디 뒤섞여 '하나'이어라.
其上不皦, 기상불교	그 위도 밝지 아니하고,
其下不昧. 기하불매(멸)	그 아래도 어둡지 않노라.
繩繩兮不可名, 승승혜불가명	끝없이 이어져 이름 부를 수 없어,

復歸於無物.[2)] 부귀어무물	'물체 없음'으로 다시 돌아가노라.
是謂無狀之狀, 시위무상지상	이를 일러 '모습 없는 모습'이요,
無物之象. 무물지상	'물체 없는 형상'이라 한다네.
是謂惚恍.[3)] 시위홀황	이를 두고 '황홀'이라 이른다네.
迎之, 영지	그걸 맞으려 해도,
不見其首. 불견기수	그 머리 볼 수 없어라.
隨之, 수지	그걸 따르려 해도
不見其後.[4)] 불견기후	그 꼬리 볼 수 없어라.
執古之道, 집고지도	태고의 도를 잡고서,
以御今之有. 이어금지유(위)	오늘의 '있음'을 부린다네.
能知古始, 능지고시	태고의 시초를 알 수 있노라니,
是謂道紀.[5)] 시위도기	이를 일러 '도의 벼리'라 한다네.

【문장 구성】

다섯 단락으로 구성되었다. 첫 단락은 정갈한 대구를 이루고 夷, 希, 微로 압운하고 있다. 또한 '名曰'을 구 서두에 반복되어 두운 역할을 하고 있다. 둘째 단락은 입성 글자인 詰, 一, 昧(莫結切), 物로 압운하고 있고, 가운데 두 구는 대구를 이루고 있다. 셋째 단락은 狀, 象, 恍으로 압운하고, 넷째 단락은 首, 後로 압운하고 있다. 마지막 단락은 총결로, 有(羽軌切), 始와 紀로 압운하고 있다.

【자구 풀이】

1) 之는 도를 가리킴. 夷는 평탄하다, 평평하다. 希는 드물다. 微는 작다. 搏은 잡다. 도는 감각기관으로 포착되지 않음을 설명하고 있다.

2) 致는 지극히, 치밀하게. 詰은 캐묻다. 故는 固와 같아서, '본디', '본래'. 그러나 글자 그대로 '그러므로'로 보아도 괜찮다. 皦는 밝다. 昧는 어둡다. 繩繩은 끝이 없는 모양. 이어져 끊어지지 않는 모양.

3) 惚恍은 쌍성으로 恍惚과 같다. 어렴풋한 모양. 압운하기 위해 도치했다.

4) 도는 둘째 단락에서 말한 上/下의 구별뿐만 아니라 前/後 구분도 없다. 전/후는 시간 개념으로 바꾸면 옛/지금.

5) 紀는 벼리. 그물의 위쪽 코를 꿰어 오므렸다 폈다 할 때 잡아당기는 줄. 古始는 제1장의 天地之始로, 제25장에 나오는 有物混成을 가리킨다. 구분과 차별이 생기기 이전의 혼돈(混沌).

【해설】

우리는 감각기관에 의지하여 삼라만상을 인식한다. 그러나 도는 감각기관을 초월하는 본원적인 것이므로, 볼 수도 들을 수도 잡을 수도 없다.

이러한 세 감각적인 측면에서 우리는 도를 꼬치꼬치 캐물을 수가 없다. 왜냐하면 본디 그것은 '하나', 즉 혼돈이기 때문이다. 보통 사물의 위는 밝고 아래는 어두운 법이다. 책상을 떠올려 보면 쉽게 이해가 될 것이다. 그런데 도는 이러한 위/아래 구분이 없다. '통'이다. 공간의 제한을 받지 않는다는 의미이다. 끝이 없어 가마득하여 무엇이 있는지조차 알 수 없다. 감각적으로는 '무'인 그 곳, 바로 도로 삼라만상이 다 귀의하는 바이다.

이처럼 도는 일상적인 공간을 초월하여 존재하기에, 또 삼라만상을 다 포용하고 있기 때문에 특정한 사물이나 모습으로 형용할 수가 없다. 그것은 '황홀'한 존재이다.

뿐만 아니라 도는 전/후의 구분도 없다. 전/후는 시간적 차원이다. 인위적인 것들은 공간은 물론 시간적으로도 제한을 받는다. 사람이 세운 규칙이나 가치관이 지역이 다름에 따라 달라지는 이유이다. 같은 공간일지라도 시간에 따라 인위의 것들은 바뀐다. 예컨대 한 때 절대 진리인 양 군림하였던 남존여비(男尊女卑) 또는 부창부수(夫唱婦隨)라는 '도'를 생각해 보라. 얼마나 허망한 주장인가? 도는 그러나 시간에 따라 변하는 게 아니다. 그러니 앞/뒤 구분이 없다.

그러므로 우리는 태고의 도, 즉 태고의 시초인 '황홀'을 아는 게 중요하다. 그것이야말로 공간과 시간의 제한을 받지 않는, 도 가운데 도이기 때문이다. '황홀'은 쌍성으로 있는 듯 없는 듯 어렴풋한 모습을 형용하는데, 하나로 섞여 나눌 수 없다는 점에서 '혼돈'과 통한다. 혼돈은 첩운(疊韻)으로 역시 의태어이다.

장자에 의하면, 먼 옛날에 한 복판에 혼돈(混沌)이란 제(帝)가 살고 있었다. 그는 얼굴이 달걀 같아 이목구비의 감각기관이 없었다. 그렇기에 그는 도와 함께 노닐 수 있는 존재였지만, 호사가인 남해와 북해의 신이 얼굴에 하루에 하나씩 일곱 개의 구멍을 뚫어준 덕분(?)에 죽고 말았다. 인류는 이렇게 해서 황홀한 혼돈의 도를 잃게 된 것이다. 한편 ≪산해경≫에는 면목(面目)이 없는 대신 육족사익(六足四翼)을 갖고 있는 신, 혼돈(渾敦)이 나온다. 쓰는 글자가 다르지만, 역시 첩운으로 동일한 신을 가리킨다.

【함께 읽을 자료】

≪**장자·응제왕**≫ 남해의 신은 촐랑이 숙(儵)이고 북해의 신은 덜렁이 홀(忽)이며 중앙의 신은 두루뭉술한 혼돈(混沌)이었다. 숙과 홀은 자주 혼돈의 땅에서 자주 만났다. 혼돈이 그들을 아주 잘 대접해주었다. 숙과 홀이 혼돈의 덕에 보답하고자 상의했다. "사람들은 모두 일곱 구멍이 있어 보고 듣고 먹고 숨 쉬는데, 이 양반 홀로 없으니 시험 삼아 뚫어주자." 하루에 한 구멍씩 파주었는데, 일곱 날이 되자 혼돈은 죽고 말았다.

≪**산해경·서산경**≫ 또 서쪽 350리이면 천산(天山)이라 한다. 금과 옥이 많고 푸른 웅황이 있으며, 영수(英水)가 여기서 발원하여 서남쪽으로 흘러 탕곡(湯谷)으로 들어간다. 여기에 신이 있는데, 그 모습은 누런 주머니 같고, 단화(丹火)처럼 붉으며, 다리가 여섯이고 날개가 넷이다. 혼돈(渾敦)으로 얼굴이 없다.

【찬고 자료】

혼돈(渾敦) piterest.com

【스스로 써보기】

視之不見, 名曰夷. 聞之不聽, 名曰希. 搏之不得, 名曰微. 此三者, 不可致詰, 故混而爲一. 其上不皦, 其下不昧. 繩繩兮不可名, 復歸於無物. 是謂無狀之狀, 無物之象, 是謂惚恍. 迎之, 不見其首. 隨之, 不見其後. 執古之道, 以御今之有. 能知古始, 是謂道紀.

제15장 선위도자(善爲道者)

古之善爲道者, 고지선위도자	옛날 도를 잘 실행하는 사람은,
微妙玄通. 미묘현통	미묘하고 가마득히 통하누나.
深不可識. 심불가식	깊어서 알아볼 수가 없지.
夫唯不可識, 부유불가식	대저 오식 알 수 없나니,
故强爲之容.[1] 고강위지용	고로 억지로 그 모습을 그려보리라.

豫兮, 若冬涉川. 예혜 약동섭천	머뭇머뭇, 겨울철 시내를 건너 듯.
猶兮, 若畏四隣. 유혜 약외사린(련)	조심조심, 사방 이웃을 두려워하는 듯.
儼兮, 其若客. 엄혜 기약객	의젓하여라, 아 손님인 듯.
渙兮, 若氷之將釋. 환혜 약빙지장석	풀리는구나, 마치 얼음이 녹는 듯.
敦兮, 其若樸. 돈혜 기약박	도탑구나, 아 통나무인 듯.
曠兮, 其若谷. 광혜 기약곡	휑하구나, 아 골짜기인 듯.
混兮, 其若濁.[2] 혼혜 기약탁	뒤섞이는구나, 아 흐린 물인 듯.

孰能濁以靜之徐清. 숙능탁이정지서청	누가 흐렸다 그걸 고요히 해서 천천히 맑아질 수 있을까?
孰能安以動之徐生. 숙능안이동지서생	누가 차분하다 그걸 움직여 천천히 생기게 할 수 있을까?
保此道者, 보차도자	이 도를 간직한 사람은,
不欲盈. 불욕영	넘도록 채우기 원치 않노라.
夫唯不盈, 부유불영	대저 오직 넘게 채우지 않으니,
故能蔽而新成.3) 고능폐이신성	고로 낡아서 새로 이룰 수 있노라.

【문장 구성】

세 단락으로 나누어 볼 수 있다. 첫 단락은 通과 容, 識과 識으로 압운하고 있다. abba 형식이다. 둘째 단락은 기본적으로 동일한 문형의 문구가 연이어 반복되고 있다. 川과 鄰(音連)에서 客, 釋, 樸, 谷, 濁으로 환운하고 있다. 셋째 단락은 淸, 生, 盈, 盈, 成으로 운을 밟고 있다.

【자구 풀이】

1) 微妙는 뜻이 유심하여 보통을 뛰어넘다. 玄通은 가마득히 통하다. 强은 강제로, 억지로.

2) 豫는 원래 코끼리의 일종이고, 猶는 玃(큰 원숭이 확)의 한 종류, 또는 어미 원숭이로 모두 신중하고 조심스런 동물이다(참고 자료 참조). 머뭇거리며 결정하지 못하는 모습을 猶豫라 한다. 儼은 의젓하여 경거망동을 하지 않음. 渙은 흩어지다. 敦은 도탑다. 曠은 비다, 훤하다.

3) 蔽(가릴 폐)는 敝(해질 폐)의 가차.

【해설】

옛날에 도를 잘 실행하는 자라 하였으니, 지금은 보기 드물거나 없다는 것을 암시한다. 아무튼 도를 체득하고 실행하는 자가 바로 성인인데 그는 도를 닮았기에 쉽게 파악하기가 어렵다. 혹은 개념적으로 설명하는 것이 어렵다. 단지 비유적으로 형용할 수 있을 뿐이다.

한 편의 시처럼 노자가 읊고 있는 성인의 모습은 신중하고 관대하고 후덕하고 겸허하고 포용적인데, 어쩌면 상고시기 여성 제사장을 모델로 하고 있는지도 모른다. 특히 빔, 계곡 등은 노자가 즐겨 사용하는 여성성의 상징이자 도의 상징이다. 이러한 인식의 근저에는, 강력한 리더십을 요구하는 유목문화와 달리, 씨앗을 뿌리고 기본적으로 자연에 맡겨 기다리는 농경문화가 자리하고 있다.

셋째 단락의 처음 2구는 앞 단락의 '흐린 물(濁)'을 이어받고 있는데, 서양 철학자 하이데거(Martin Heidegger, 1889-1976)가 유독 좋아해서 자신의 연구실에 장식용으로 걸어놓았다고 하는 구절이다. 노자의 핵심적인 사유를 보여주고 있다. 도의 기제(機制)를 동(動)에서 정(靜)으로, 정(靜)에서 동(動)으로 순환하는 것으로 파악하고 있다. 마치 사계절의 운행을 기다리는 농부의 모습을 떠올리게 한다.

【참고 자료】

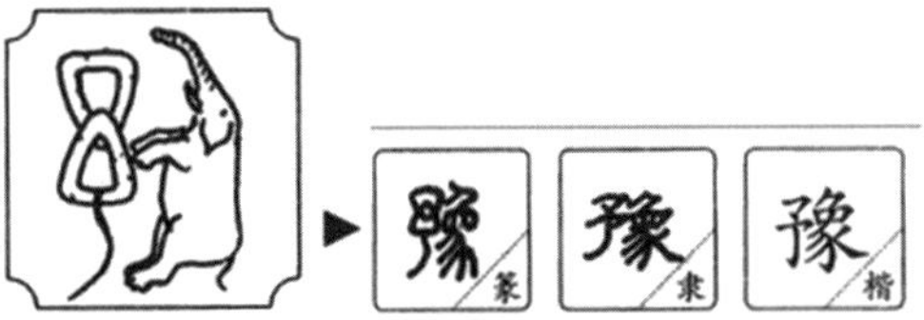

출처: ≪漢字字源≫

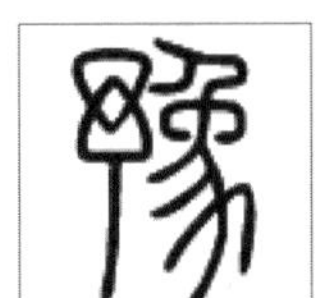

豫(소전)

猶(갑골문)

猶(갑골문)

猶(소전)

【스스로 써보기】

古之善爲道者, 微妙玄通, 深不可識. 夫唯不可識, 故强爲之容. 豫兮若冬涉川. 猶兮若畏四隣. 儼兮其若客. 渙兮若氷之將釋. 敦兮其若樸. 曠兮其若谷. 混兮其若濁. 孰能濁以靜之徐淸. 孰能安以動之徐生. 保此道者, 不欲盈. 夫唯不盈, 故能蔽而新成.

제16장 허정(虛靜)

致虛極, 치허극	'허(비움)'에 이름이 극진하여라.
守靜篤. 수정독	'정(고요함)'을 지킴이 돈독하여라.
萬物竝作, 만물병작	만물이 아울러 일어나되,
吾以觀其復.[1)] 오이관기복	우리는 이로써 그 돌아삼을 보리라.
夫物芸芸, 부물운운	대저 만물이 무성하되,
各復歸其根. 각복귀기근(군)	각기 제 뿌리로 돌아가는구나.
歸根曰靜, 귀근왈정	뿌리로 돌아가니 '정'이라 하고,
是謂復命.[2)] 시위복명	이를 일러 '복명'이라 부른다네.
復命曰常, 복명왈상	명으로 돌아가니 '상(영원함)'이라 하고,
知常曰明. 지상왈명(망)	영원함을 아니 '명(밝음)'이라 하느니라.
不知常, 부지상	영원함을 알지 못하면,
妄作凶.[3)] 망작흉(황)	망령되게 흉을 일으키노라.

知常容, 지상용	영원함을 알면 받아들이고,
容乃公. 용내공	받아들이면 바로 공평해지네,
公乃全, 공내전	공평해지면 바로 온전하고.
全乃天. 전내천	온전해지면 바로 하늘이라.
天乃道, 천내도	하늘이면 바로 도이고,
道乃久. 도내구(기)	도이면 바로 장구하나니,
沒身不殆.[4)] 몰신불태	몸이 없어지도록 위태롭지 않다네.

【문장 구성】

네 단락으로 나누어진다. 첫 단락은 입성자인 極, 篤, 作, 復으로 압운하고 있다. 둘째 단락은 芸과 根에서 靜과 命으로 환운하고 있다. 셋째 단락은 常, 明(謨郞切), 常, 凶(虛王切)으로 압운하고 있다. 넷째 단락은 容과 公에서, 全과 天으로, 다시 久(擧里切)와 殆로 환운하고 있다. 또 끝말잇기를 하고 있다.

【자구 풀이】

1) 虛는 마음을 비우는 것, 靜은 몸을 고요히 하는 것. 장자(莊子)는 이를 좌망(坐忘)이라 했다. 전치사 以 뒤에는 虛와 靜이 생략되어 있다.

2) 芸芸은 무성한 모양. 어지러운 모양. 命은 口와 令이 합쳐진 會意 글자로 원래 구두로 하는 명령을 가리킨다. 여기서는 도의 명령이다. 復命은

명령을 집행한 뒤 보고하는 것.

3) 妄은 함부로, 망령되다.

4) 왕필의 판본에는 王으로 되어 있다. 그런데 "無所不周普"라고 주를 달고 있어, 의미가 부합되지 않는다. "두루 하지 않는 바가 없다"라는 주는 王보다는 全에 잘 맞는다. 원래 全이었는데 필사 과정에서 획이 빠지면서 잘못된 것으로 본다(勞健의 설).

【해설】

깊은 산 속에서 도를 닦고 있는 수행자의 모습이 떠오른다. 마음과 몸을 완전히 비우고 고요하게 함은 장자가 말하는 좌망(坐忘)과 같은 의미이다(함께 읽을 자료 참조). 마음을 비우는 '허(虛)'는 '망(忘)'과, 몸을 차분히 하는 '정(靜)'은 '좌(坐)'와 각각 통한다. 온갖 잡념과 인위적 행동을 끊어버리면 현상 너머에 있는 본원이 보이게 된다. 만물이 돌아가는 곳, 그곳이 바로 도이다.

본원을 잊지 않는 것! 만사를 이해하고 대하는 출발점이다. 봄여름 무성하던 초목들도 가을이면 시들어 죽는다. 다 뿌리가 있는 땅으로 돌아간다. 그러나 없어지는 것이 아니다. '씨'로 돌아가는 것일 뿐이다. 즉 출발로 돌아가는 것이니, 마치 명령을 받든 신하가 임무를 수행한 다음 임금에게 돌아가 보고하는 것 같다. 본원으로 돌아감은 새로운 출발을 준비함이니, 변치 않고 영원할 수 있다(常). 초목이 성장하기만 하고 돌아갈 줄 모른다면 영원할 수 있겠는가? 이를 아는 것이 진정으로 사리에 밝은 것이다(明). 그 이치를 알지 못하면 경거망동하게 되어 흉한 일을 저지르게 마련이다.

영원한 '상'을 알게 되면 여러 현상을 순순하게 받아들이게 된다(容). 받아들이게 되면 공평해진다(公). 공평하면 온전해지는데(全), 그러면 곧 하늘이 된다(天). 제5장에서 "천지불인(天地不仁)"이라 했듯이 말이다. 하늘이 그러한 것은 도를 본받음(제25장 天法道)이니, 우리가 하늘이 된다면 그것은 바로 도와 합일한다는 의미이다. 다시 말해 천인합일(天人合一)의 경지에 드는 것이니, 자연스레 육체가 소멸되도록 위태로울 일이 없게 된다. 도의 경지를 나들이(出入)할 뿐이다. 나오면 삶(生)이요 들어가면 죽음(死)이 되는 것이다(제50장 참조). 이상을 간단히 정리하여 도표로 나타내면 다음과 같다.

歸根(靜) → 復命(常) → 知常(明) → 容 → 公 → 全 → 天 → 道 → 沒身不殆

【함께 읽을 자료】

≪**장자· 대종사**≫ 안회(顔回)가 말했다. "회 저는 늘었습니다." 중니(仲尼)가 답했다. "무엇을 말하는 게냐?" "저는 예악(禮樂)을 잊게 되었습니다." "좋구나, 그래도 아직 멀었다." 뒷날 다시 만났다. "저는 늘었습니다." "무엇을 말하는 게냐?" "인의(仁義)를 잊게 되었습니다." "좋구나, 그래도 아직 멀었다." 뒷날 다시 만났다. "저는 늘었습니다." "무엇을 말하는 게냐?" "저는 앉아 잊게 되었습니다(坐忘)." 중니가 공손히 말했다. "무엇을 일러 앉아 잊는다 하지요?" 안회가 답했다. "사지를 떨어뜨리고 총명을 내몰아내서, 육신을 떠나고 지식을 여의니, 크게 통함(大通 = 大道)과 같아졌습니다. 이를 좌망이라 합니다." 중니가 말했다. "같아지면 사사로이 좋아함이 없게 되고, 바뀌면 고정 관념이 없게 되지요. 그대가 과연 저보다 낫구려! 공구 제가 그대의 뒤를 따르도록 하겠습니다."

【스스로 써보기】

致虛極, 守靜篤. 萬物竝作, 吾以觀其復.
夫物芸芸, 各復歸其根. 歸根曰靜, 是謂復
命. 復命曰常, 知常曰明. 不知常, 妄作凶.
知常容, 容乃公. 公乃全, 全乃天. 天乃道,
道乃久. 沒身不殆.

제17장 아자연(我自然)

太上, 태상	최상은,
不知有之. 부지유(웨)지	그가 있는 줄도 모른다네.
其次, 기차	그 다음은,
親而譽之. 친이예(우)지	그를 가까이 하며 기린다네.
其次, 기차	그 다음은,
畏之, 외지	그를 두려워한다네.
其次, 기차	그 다음은,
侮之.[1] 모(무)지	그를 업신여긴다네.
故 고	그러니까
信不足焉, 신부족언	(위에) 믿음이 족하지 않으면,
有不信焉. 유불신언	(밑에) 불신이 생기게 되는 법.
悠兮其貴言. 유혜기귀언	느긋하여라 그가 말을 아낌이여.

功成事遂, 공이 이루어지고 일이 다 되어도,
공성사수

百姓皆謂我自然.[2)] 백성은 말하리라 "나 스스로 그러하다"고.
백성개위아자연

【문장 구성】

두 단락으로 구성되었다. 첫 단락은 모두 마지막 글자가 之이고 이외에 有(羽軌切)와 畏, 그리고 譽(羊茹切)와 侮(罔甫切)가 서로 운을 이루고 있다. abcbabcb 형식이다. 둘째 단락은 焉, 焉, 言, 然으로 압운하고 있다.

【자구 풀이】

1) 太上은 최상 또는 태고. 복고주의 성향이 강한 고대 중국에서 태고는 곧 최상과 통한다. 不知는 下知로 된 판본도 있다. "아래에서 그가 있는 줄을 알 따름이다."는 의미가 된다. 마지막 구에서 백성들이 "나 스스로 그러하다." 고 여기고 있으므로 不知가 의미상 더 적절하다.

2) 焉은 於此를 줄인 말로 여기에, 이것에 대해서. 앞의 焉은 통치자에게, 뒤의 것은 백성에게.

【해설】

첫 단락은 네 가지 형태의 세상을 제시하고 있다. 가장 이상적인 세상에서부터 가장 부정적인 세상까지이다. 쉽게 말하자면, 임금이 있는지조차 모르는 세상이 가장 좋고 다음은 임금을 알고서 좋아하는 세상, 그 다음은 임금을 알되 무서워하는 세상 그리고 가장 나쁜 것은 임금을 알되 업신여기는 세상이다.

둘째 단락의 처음 2구는 앞 단락의 가장 부정적인 세상과 연계된다. 임금으로 대표되는 사회 지도자에게 믿을 만한 구석이 보이지 않기 때문에,

무슨 말을 하여도 백성들이 믿지 않고 업신여기고 마는 것이다. 그런 국가나 사회는 망하지 않는 게 이상하다. 이 점은 공자(孔子)도 지적한 바이다(함께 읽을 자료 참조). 다음 3구는 이상적인 세상을 묘사하고 있다. 임금이 도를 본받아 말을 아끼고 은연중에 백성을 돌보므로, 백성들은 그들 스스로 힘으로 잘 사는 줄 안다. 임금의 존재조차 잊은 채로 태평성대를 누리고 있는 것이다. 요순(堯舜) 시절에 〈격양가(擊壤歌)〉를 불러 태평성세를 구가했던 늙은이처럼(함께 읽을 자료 참조).

【함께 읽을 자료】

≪**논어·안연**≫ 자공(子貢)이 정치에 대해 물었다. 선생님께서 말씀하셨다. "식량을 충분히 할 것, 병력을 충분히 할 것, 대중이 군주를 믿는 것이지." 자공이 여쭈었다. "필히 어쩔 수 없어 빼야한다면 이 세 가지 가운데 무엇을 먼저 해야 합니까?" 대답하셨다. "병력을 충분히 하는 것이지." 자공이 여쭈었다. "필히 어쩔 수 없어 빼야한다면 이 두 가지 가운데 무엇을 먼저 해야 합니까?" 답하셨다. "식량을 빼야지. 예부터 모두 한번은 죽게 마련이다. 대중에게 믿음이 없다면 존립할 수가 없지."

〈격양가〉

日出而作,	해 뜨면 일하고,
日入而息.	해 지면 쉰다네.
鑿井而飮,	우물 파서 마시고,
耕田而食.	밭 갈아 먹는다네.
帝力于我何有哉.	제왕의 힘이야 내게 무엇이 있으랴!

【스스로 써보기】

太上, 不知有之. 其次, 親而譽之. 其次, 畏之. 其次, 侮之. 故信不足焉, 有不信焉. 悠兮其貴言. 功成事遂, 百姓皆謂我自然.

제18장 대도폐(大道廢)

大道廢, 대도폐	큰 도가 무너지자,
有仁義; 유인의	'인' '의'가 있게 되었지.
智慧出, 지혜출	지혜가 나오자,
有大僞.[1)] 유대위	큰 작위가 있게 되었지.
六親不和, 육친불화	육친이 옥신각신 불화하자,
有孝慈; 유효자	효도와 자애가 있게 되었지.
國家昏亂, 국가혼란	나라가 어둡고 어지러우니,
有忠臣.[2)] 유충신	충신이 있게 되었지.

【문장 구성】

두 단락으로 나눌 수 있다. 첫 단락은 1-2구와 3-4구가 각각 대구를 이루고, 둘째 단락 역시 1-2구와 3-4구가 각각 대구를 이루지만, 압운은 하지 않고 있다. 대신 각 짝수 구에서 모두 '有'로 시작하고 있어 두운(頭韻) 역할을 하고 있다.

【자구 풀이】

1) 僞는 人과 爲가 합쳐진 글자로, 인위, 작위.

2) 六親은 부모, 형제, 부부. 孝慈는 忠臣과 대를 이루어야 하므로, 孝子의 잘못이라는 설도 있다.

【해설】

첫 단락이 추상적 기술이라면 둘째 단락은 구체적 사례이다. 큰 도가 없어진다는 것과 자질구레한 지혜가 나온다는 것은 동일한 의미이다. 인과 의가 바로 큰 작위이다.

둘째 단락의 효자(孝慈)는 앞의 인과, 충신은 의와 연결된다. 인(효자)과 의(충신)는 근본적인 해결책이 못된다. 단지 일종의 미봉책에 불과하다. 그것은 마치 말라가는 곳에서 물고기가 숨과 침으로 서로 적셔주는 것과 같다. 역시 큰물에 물고기가 노닐도록 해주어야 한다(함께 읽을 자료 참조). 큰물은 물론 도(道)이다. 인과 의는 숨결이나 침에 지나지 않는다.

【함께 읽을 자료】

≪**장자·대종사**≫ 샘이 말라 물고기들이 서로 함께 뭍에 있게 되면, 서로 습기로써 불어주고 침으로써 적셔준다. 그러나 강호에서 서로의 존재를 잊고 사는 것만 못하다. 요(堯)를 칭찬하고 걸(桀)을 비난하기 보다는 차라리 둘 다 잊고 道로 동화하는 것만 못하다.

【스스로 써보기】

大道廢, 有仁義. 智慧出, 有大僞. 六親不和, 有孝慈. 國家昏亂, 有忠臣.

제19장 현소포박(見素抱樸)

絶聖棄智, 절성기지	총명을 끊고 지혜를 버리면,
民利百倍. 민리백배	대중의 이로움은 백 곱이 되리라.
絶仁棄義, 절인기의	'인'을 끊고 '의'를 버리면,
民復孝慈. 민복효자(지)	대중은 효도와 자애로 돌아가리라.
絶巧棄利, 절교기리	기교를 끊고 잇속을 버리면,
盜賊無有.[1)] 도적무유(웨)	도적이 존재함이 없으리라.

此三者, 차삼자	이 세 가지는,
以爲文不足, 이위문부족	(그걸로) 꾸며댄들 족하지 않는 법.
故令有所屬. 고령유소속	고로 귀속될 바를 갖도록 하리라.
見素抱樸. 현소포박	'흰 깁'을 보이고 '통나무'를 껴안아라.
少私寡欲.[2)] 소사과욕	삿됨을 줄이고 욕심을 덜도록 하라.

【문장 구성】

크게 둘로 나누어진다. 첫 단락은 2구씩 짝을 이루며 智, 倍, 義, 慈, 利, 有(羽軌切)로 매 구 압운하고 있다. 또 홀수 구는 '絶'과 '棄'가 반복되고 있어 두운과 구중운 역할을 한다. 둘째 단락은 足, 屬, 樸, 欲으로 운을 달고 있다.

【자구 풀이】

1) 聖은 귀와 입이 합쳐진 글자로, 귀로 잘 듣고 입으로 말을 잘함을 나타낸다(제3장 참고 자료 참조). 사리에 통달하다는 뜻인데, 여기서는 부정적인 의미로 쓰여서, 조삼모사(朝三暮四) 식의 얄팍한 똑똑함을 가리킨다(제3장 참조).

2) 文은 사람 몸에 한 문신을 본뜬 글자로(참고 자료 참조), 원래 무늬라는 뜻이다. 다음의 素와 樸과 대조된다. 장식, 법령조문, 예절의식, 文物 등 다양한 의미로 쓰인다. 素와 樸은 도를 비유한다. 屬은 속하다, 귀속하다.

【해설】

바로 앞 제18장과 일맥상통하는 내용이다. 첫 단락은 기본적으로 동일한 문형이 세 번 반복되고 있다. 絶A棄B는 絶棄AB와 같은데, 모두 '도로 돌아감'을 우회적으로 표현하고 있다. 성(聖)과 지(智), 인(仁)과 의(義), 교(巧)와 리(利)는 다 인위로써 근본적인 도와 거리가 있다. 뒤로 갈수록 더욱 작위적인 것이고, 모두 작위적인 수단이나 도구에 지나지 않는다. 그러므로 본원으로 돌아가기 위해서는 이들을 멀리해야 한다. 그래야 도로 돌아갈 여지가 생기기 때문이다.

둘째 단락은 앞을 이어 구체적인 방안을 제시한다. 세 가지는 성(聖)과

지(智), 인(仁)과 의(義), 교(巧)와 리(利)를 가리킨다. 이것들은 사회의 규범이나 문물제도로 삼기에는 충분치 않다. 미봉책에 불과한 것이다. 역시 근본으로 돌아가야 하는데, 귀속할 바는 바로 '흰 깁'과 '통나무'로 비유된 도이다. 삿됨과 욕심을 줄이고 덜어내야 한다.

자격 미달의 통치자가 자신과 자신이 속한 집단의 기득권을 누리기 위한 방편으로써 허울 좋은 성(聖)과 지(智) 따위를 내세운다면 이야말로 최악의 나락으로 떨어지는 지름길이다. 장자는 도척(盜跖) 우화로써 이를 잘 지적한 바 있다(함께 읽을 자료 참조).

【함께 읽을 자료】

≪**장자·거협**≫ 도척의 제자가 도척에게 물었다. "도둑질에도 도가 있습니까?" 도척이 답했다. "어디를 간들 도가 없더냐! 대저 집안에 감추고 있는 것을 멋대로 맞춰내니 성(聖)이다. 들어감이 먼저임은 용(勇)이요, 나옴이 늦음은 의(義)이다. 가부를 앎은 지(知)요, 나눔이 균등함은 인(仁)이다. 이 다섯 가지가 갖추어지지 않고서 큰 도둑이 되는 경우란 천하에 있어본 적이 없다."

【참고 자료】

文(갑골문)

文(갑골문)

文(금문)

文(금문)

【스스로 써보기】

絶聖棄智, 民利百倍. 絶仁棄義, 民復孝慈.
絶巧棄利, 盜賊無有. 此三者, 以爲文不足.
故令有所屬. 見素抱樸, 少私寡欲.

제20장 절학무우(絶學無憂)

絶學, 배워 따라 함을 끊으면
절학

無憂.[1] 근심을 없게 하리로다.
무우

唯之與阿, '예'와 '응'은,
유지여아

相去幾何. 그 차이가 얼마나 될까?
상거기하

美之與惡, '예쁨'과 '미움'은,
미지여악

相去若何. 그 차이가 어떠하던가?
상거약하

人之所畏, 남들이 두려워하는 것이면,
인지소외

不可不畏.[2] 두려워하지 않을 수 없는 걸까?
불가불외

荒兮其未央哉. 황당하여라 아 그치지 않구나!
황혜기미앙재

衆人熙熙, 뭇 사람들은 희희낙락,
중인희희

如享太牢, 큰 잔치를 누리는 듯,
여향태뢰(로)

如春登臺. 봄날 누각에 오르는 듯.
여춘등대

我獨泊兮, 　　나 홀로 담담할지니,
아독박혜

其未兆, 　　아 아무런 조짐 없구나,
기미조

如嬰兒之未孩.[3) 　　갓난아이가 웃을 줄 모르듯.
여영아지미해

儽儽兮, 　　나른하여라,
래래혜

若無所歸. 　　돌아갈 곳 없는 것처럼.
약무소귀

衆人皆有餘, 　　뭇 사람들 다 넘쳐나거늘,
중인개유여

而我獨若遺.[4) 　　난 홀로 잃어버린 듯 (부족하네).
이아독약유(위)

我愚人之心也哉, 　　난 바보의 마음이니니,
아우인지심야재

沌沌兮. 　　흐리멍덩하구나.
돈돈혜

俗人昭昭, 　　속인은 반짝반짝,
속인소소

我獨昏昏. 　　난 홀로 어두어둑.
아독혼혼

俗人察察, 　　속인은 또렷하거늘,
속인찰찰

我獨悶悶.[5) 　　난 홀로 갑갑하구나.
아독민민

澹兮其若海. 담혜기약해	(나는) 차분하구나, 아 바다처럼.
飂兮若無止. 료혜약무지	(남은) 휙휙 부는구나, 그치지 않을 듯.
衆人皆有以, 중인개유이	뭇 사람들 다 그럴싸하게 할 것 있거늘,
我獨頑且鄙. 아독완차비	난 홀로 답답하고 촌스럽구나.
我獨異於人, 아독이어인	난 홀로 남과 다르나니,
而貴食母.[6)] 이귀사모(미)	'먹여주는 어미'를 귀히 여기노라.

【문장 구성】

일곱 단락으로 나누어 볼 수 있다. 첫 단락은 노자가 즐겨 쓰는 4자 성어 형태의 문구이며, 대구이다. 둘째 단락은 阿, 何, 何로 압운하다가 畏, 畏로 운을 바꾸고 있다. 셋째 단락은 운이 매우 복잡하다. 우선 哉(音玆), 熙(許其切), 臺(徒其反), 孩(胡其反)가 운이고, 牢(音勞)와 兆가 운이다. aababa 형식이다. 넷째 단락은 歸와 遺(以追切)로, 다섯째 단락은 沌, 昏, 悶으로 운을 달고 있다. 마지막 여섯째 단락은 海, 止, 以, 鄙, 母(母婢切)로 압운하고 있다.

【자구 풀이】

1) 學은 세속적 학식을 가리킨다. 원래 남을 따라 흉내내다는 뜻이 있다. 고사 한단학보(邯鄲學步)가 좋은 예다(함께 읽을 자료 참조). 이 문구는 앞 19장 말미에 속한다는 주장도 있다.

2) 唯와 阿는 공손한 대답(예)과 거만한 대꾸(응), 결국 귀천을 나타냄.

美와 惡는 아름다움과 추함. 제2장 참조.

3) 荒은 원래 풀이 무성한 모양. 여기서는 넓은 모양, 황당한 모양. 央은 다하다. 熙熙는 화락한 모양. 享은 누리다. 太牢는 소, 양, 돼지를 갖춘 큰 잔치. 牢는 가축우리. 泊은 담담하고 차분한 모양. 兆는 갑골 점을 칠 때, 갈라지는 균열을 본뜬 글자. 조짐. 孩는 갓난아이가 엄마를 알아보고 방긋방긋 웃다.

4) 儽는 게으르다. 儽儽는 피곤한 모양. 게으른 모양.

5) 沌沌은 어두운 모양. 昭昭는 밝은 모양, 빛나는 모양. 昏昏은 어두운 모양. 察察은 살피고 살펴 또렷한 모양. 悶悶은 흐릿한 모양. 갑갑한 모양.

6) 澹은 차분하다, 고요하다. 飂는 높이 부는 바람. 有以는 …할 것이 있다. 그럴만한 이유나 하고자 하는 일이 있다. 頑은 완고하다, 우직하다. 鄙의 원의는 주나라 행정단위, 시골. 여기서는 고루하다, 촌스럽다. 食母는 제42장 敎父와 대를 이루는 말. '여성성'을 중시하는 노자가 도를 비유하기 위해 사용함.

【해설】

이 장은 이례적으로 길지만, 노자가 던지는 메시지를 파악하는 데 그다지 어렵지 않다. 수미가 호응하며 문장의 핵심을 잘 보여주고 있기 때문이다. 세상 사람들이 하는 대로 따라 하지 않으면 근심을 없앨 수 있다는 서두의 명제와 마지막 '먹여주는 어미'를 귀하게 여긴다는 결론이 서로 연계됨을 염두에 두고 중간에 다채롭게 들고 있는 사례를 음미해보면 쉽게 이해가 된다.

노자는 세상 속인들과 다른 자신의 모습을 다양하게 보여주고 있는데, 이는 제15장, 도를 잘 실행하는 자의 형상과 일맥상통한다. 차분하고, 두루뭉술하며, 무엇인지 좀 부족한 듯하지만, 가슴 깊이 도를 품고 있는 '나'의 모습은 촐랑대며 잰체하는 속인들과 선명한 대조를 이룬다. 장자의 표현을 빌리자면 속인이 '삵(狸狌)'이라면 '나'는 '야크(犛牛)'인 셈이다(함께 읽을 자료 참조).

【함께 읽을 자료】

≪**장자·추수**≫ 또한 그대는 홀로 듣지 못했는가? 저 수릉(壽陵)의 젊은이가 한단(邯鄲)에서 걸음걸이를 따라했던(學) 것을. (조나라 수도의) 멋진 걸음걸이를 배우지도 못하고, 또 자신의 걸음걸이마저 잃어버려서, 아예 기어서 돌아왔을 따름이라네.

≪**장자·소요유**≫ 장자가 말했다. "그대는 홀로 삵을 보지 못했는가? 몸을 낮춰 숨어서 노니는 동물을 기다리고, 동으로 서로 팔딱거리며 높고 낮은 곳을 피하지 않다가 결국 덫에 걸리고 그물에 죽는 것을. 이제 대저 '야크' 소는 그 크기가 하늘가 구름과 같네. 이 녀석은 큼(도)을 구현할 수 있지만 쥐 한 마리 잡을 수 없다네."

【스스로 써보기】

絶學無憂. 唯之與阿, 相去幾何. 美之與惡, 相去若何. 人之所畏, 不可不畏. 荒兮其未央哉. 衆人熙熙, 如享太牢, 如春登臺. 我獨泊兮其未兆, 如嬰兒之未孩. 儽儽兮若無所歸. 衆人皆有餘, 而我獨若遺. 我愚人之心也哉, 沌沌兮. 俗人昭昭, 我獨昏昏.

俗人察察, 我獨悶悶. 澹兮其若海, 飂兮若無止. 衆人皆有以, 我獨頑且鄙. 我獨異於人, 而貴食母.

제21장 도지위물(道之爲物)

孔德之容, 공덕지용	큰 덕의 모습이여,
惟道是從.[1] 유도시종	오직 도를 따를 뿐.
道之爲物, 도지위물	도의 됨됨이여,
惟恍惟惚. 유황유홀	어른어른 있는 듯 없는 듯.
惚兮恍兮, 홀혜황혜	어른어른 없는 듯 있는 듯,
其中有象. 기중유상	그 속에 만상이 있다네.
恍兮惚兮, 황혜홀혜	어른어른 있는 듯 없는 듯,
其中有物.[2] 기중유물	그 속에 만물이 있다네.
窈兮冥兮, 요혜명혜	그윽하고 아득한데,
其中有精. 기중유정	그 속에 정기가 있다네.
其精甚眞, 기정심진	그 정기 심히 참되니,
其中有信.[3] 기중유신	그 속에 미더움이 있다네.

自今及古, 자금급고(구)	지금부터 태고까지,
其名不去, 기명불거(구)	그 이름 떠나지 않으니,
以閱衆甫. 이열중보(부)	그걸로 '여러 시작'을 본다네.
吾何以知衆甫之狀哉, 오하이지중보지상재	우리가 무엇으로 여러 시작의 모습을 알까?
以此.[4)] 이차	이것(도)으로 한다네.

【문장 구성】

네 단락으로 나누어진다. 첫 단락은 容, 從으로 압운하고 있다. 둘째 단락은 物과 惚에서, 恍과 象으로, 다시 惚과 物로 환운하고 있다. aabbaa 형식이다. 2구와 3구는 끝말잇기로 연결하고 있다. 또 3-4구와 5-6구는 대구이다. 셋째 단락은 冥, 精에서 眞, 身으로 환운하고, 2구와 3구가 끝말잇기로 연결되며, 두 구씩 대구를 이룬다. 넷째 단락은 古(古暮切), 去(丘據切), 甫(匪父切)로 운을 밟고 있다. 마지막 2구는 산구(散句)이다. 전체적으로는 '순환어법'을 활용하고 있다.

【자구 풀이】

1) 孔는 大. 德은 道의 구현. 大德은 無形이다.

2) 爲物은 사물로서의 됨됨이. 성격이나 특성 등을 나타낸다. 惟은 오직, 오로지. 여기서는 의미 없는 조사로 보아도 좋다. 恍惚은 쌍성으로 의태어. 따라서 순서가 바뀌어도 상관없다. 있는 듯 없는 듯 하는 모양.

3) 窈는 그윽하다. 冥은 어둡다. 窈冥은 형체를 알아볼 수 없다는 뜻.

精의 원의는 정제한 쌀(精米), 여기서는 만물의 핵심을 이루는 精氣. 眞은 솥에서 무엇인가를 떠먹는 모습을 본뜬 글자로 원래 맛있는 음식이나 특별한 탕약을 지칭하였던 것으로 보인다(참고 자료 참조). 후에는 인위가 가해지지 않은 천연 상태, 본원, 본질 등을 가리키는 도가 특유의 용어로 쓰였다. ≪논어≫와 ≪맹자≫에는 그 용례가 나오지 않는다.

4) 自今及古는 통행본에 自古及今으로 되어 있다. 압운을 고려하여 백서본을 따랐다. 其名은 常名, 즉 도. 衆甫는 여러 사물의 시초. 甫의 갑골문은 밭에 난 싹을 본뜸(참고 자료 참조).

【해설】

만물은 다양하다. 그 다양한 만물의 모습을 다 합치면 그것이 바로 '큰 덕'이다. 그 큰 덕은 '무형(無形)'인데, 이는 바로 도를 따르기 때문이다.

도의 모습은 우리의 감각 기관을 넘어선다. 그래서 있는 듯 없는 듯 '황홀'하다. 마치 꽃씨 속에 파란 잎이 하늘거리고 빨가니 꽃도 피어있고 노란 나비 떼도 숨어있다고 노래한 동시처럼(함께 읽을 자료 참조), 그 '황홀' 안에 잠재적 양태로서 만상과 만물이 들어있다.

도는 그윽하고 아득하여 볼 수도 들을 수도 만질 수도 없다(제14장). 그러나 그 안에는 삼라만상의 핵심인 정기(精氣)가 들어있다. 그 정기는 인위가 전혀 섞이지 않은 참(眞)이어서, 시공간을 초월하여 변함이 없다. 그러므로 우리는 언제나 믿을 수가 있다.

보통 인간이 만든 규율이나 제도 등은 시대가 바뀌면 그 타당성을 잃기 마련이다. 그러나 도라는 상명(常名)은 지금이나 옛날이나 한결같다. 그러므로 여러 만물의 근원을 알고자 하면 당연히 상명인 그 도에 근거하여야 한다.

궁극적 실재 또는 본원을 알고자 하는 것은 인류의 공통적인 속성이라 할 수 있다. 노자는 이를 '황홀'로 표현하고 있는데, 사실 이러한 인식은 노자에 국한되지 않는다. 샤먼이 추구하는 엑스터시, 불교의 만다라가 표현하고 있는 우주의 진리, 이슬람 수피파의 세마 춤이 보여주는 황홀경은 모두 노자의 '황홀'과 일맥상통한다.

【함께 읽을 자료】

〈**꽃씨**〉 (초등학교 3년 교과서에 실린 동시)

꽃씨 속에는 파란 잎이 하늘거린다.
꽃씨 속에는 빨가니 꽃도 피어있고
꽃씨 속에는 노란 나비 떼도 숨어있다.

【참고 자료】

眞의 유래. 출처: ≪漢字源流字典≫

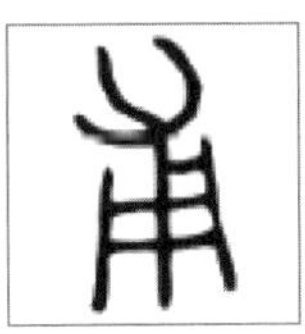
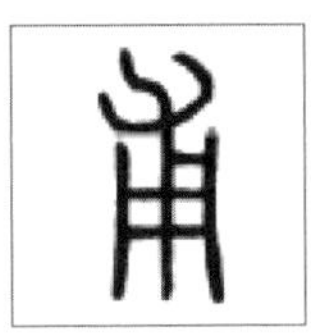

甫(갑골문) 甫(금문) 甫(소전)

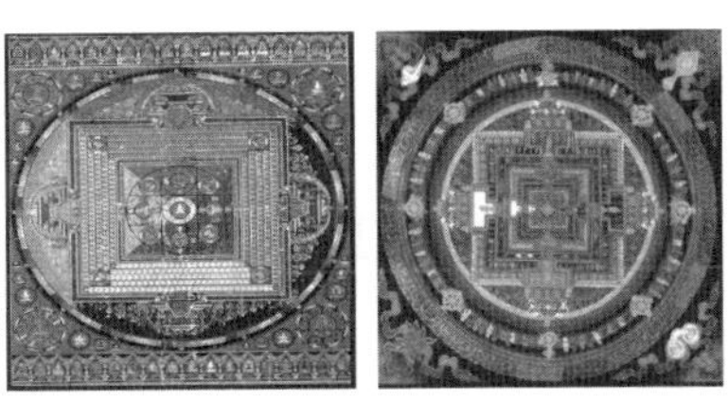

불교의 만다라

이슬람교 수피파의 세마 춤. 출처: 연합뉴스

【스스로 써보기】

孔德之容, 惟道是從. 道之爲物, 惟恍惟惚. 惚兮恍兮, 其中有象. 恍兮惚兮, 其中有物. 窈兮冥兮, 其中有精. 其精甚眞, 其中有信. 自今及古, 其名不去. 以閱衆甫. 吾何以知衆甫之狀哉, 以此.

제22장 곡즉전(曲則全)

曲則全, 곡즉전 — 굽히니 고스란하고,

枉則直. 왕즉직 — 구부리니 반듯해지네.

窪則盈, 와즉영 — 우묵하니 차 넘치고,

敝則新.[1] 폐즉신 — 해시니 새로워신다네.

少則得, 소즉득 — 적게 하면 얻게 되고,

多則惑. 다즉혹 — 많게 하면 헷갈린다네.

是以聖人 시이성인 — 이 때문에 성인은

抱一爲天下式.[2] 포일위천하식 — '하나'를 안고 천하의 법식이 되네.

不自見, 故明. 부자현 고명(망) — 자신을 드러내지 아니하니, 고로 환하네.

不自是, 故彰, 부자시 고창 — 자신을 옳다 아니하니, 고로 빛난다네.

不自伐, 故有功, 부자벌 고유공(광) — 자신을 자랑하지 아니하니, 고로 공이 있네.

不自矜, 故長.[3] 부자긍 고장 — 자신을 뻐기지 아니하니, 고로 오래간다네.

夫唯不爭, 대저 오직 다투지 아니하니,
부유부쟁

故天下莫能與之爭.[4] 고로 하늘 아래 그와 다툴 자 없도다.
고천하막능여지쟁

古之所謂曲則全者, 옛날 이른바 "굽히니 고스란하다" 함이,
고지소위곡즉전자

豈虛言哉. 어찌 빈말이랴!
기허언재

誠全而歸之.[5] 참으로 고스란하여 그것으로 돌아간다네.
성전이귀지

【문장 구성】

다섯 단락으로 나누어 볼 수 있다. 첫 단락은 '옛 말'을 인용하고 있는데, 압운은 하지 않고 대구로 이루어져 있다. 둘째 단락은 得, 惑, 式으로 압운하고 있으며, 처음 두 구는 대구이다. 셋째 단락 네 구는 전체적으로 동일한 문형(대구)이고, 明(謨郎切), 彰, 功(音光), 長으로 압운하고 있다. 또 처음을 不自로 시작하여 두운 역할을 한다. 넷째 단락은 爭으로 중운하고 있다. 마지막 단락은 자유로운 산문이다.

【자구 풀이】

1) 窪은 웅덩이, 여기서는 우묵하다. 敝는 해지다, 부서지다.

2) 少와 多는 여기서는 동사로 쓰인다. 少는 앞의 曲/枉/窪/敝를, 多는 全/直/盈/新을 받고 있다. 一은 도를 가리킨다. 제39장 참조.

3) 伐의 원의는 창으로 사람의 머리를 베다(참고 자료 참조). 여기서는 (적의 머리를 많이 벴다고) 자랑하다. 矜은 뻐기다, 긍지를 갖다.

4) 不爭은 앞 단락의 不自見/是/伐/矜을 포괄하여 받고 있다.

5) 歸는 왔던 곳으로 돌아가다. 之는 '一' 또는 도를 가리킨다.

【해설】

노자는 옛말을 즐겨 인용한다. 첫 단락 네 구는 모두 비슷한 내용의 속담이다. 얼핏 모순되는 것 같지만 다 실생활 경험에서 우러나온 말이다. 곡(曲)은 대나무나 버드나무로 엮은 광주리 같은 기물에서 그 일부를 본뜬 글자(참고자료 참조)이다. 재료를 적당히 구부려야 온전한 광주리가 탄생한다. 왕(枉)은 나무의 속성을 표현하는 글자이다. 나무는 하늘을 향해 곧게 자라는 것처럼 보이지만, 가지들은 휘거나 비스듬하게 뻗어있다. 굽은 가지들 덕분에 줄기가 반듯할 수 있다. 농경사회에서 빗물은 한 방울이 아쉬울 정도로 소중하다. 그런데 평평하거나 불룩 솟은 땅에는 그 물을 받을 수가 없다. 구덩이에 물이 차는 법이다. 마지막의 경우, "한 알의 밀알이 땅에 떨어져 죽지 아니하면 한 알 그대로 있고 죽으면 많은 열매를 맺느니라." 라는 성경의 문구가 떠오르지 않는가? 원래 씨앗이 썩는 것과 새싹이 나는 것은 한 가지이다. 이상의 속담은 노자가 늘 강조하는 대대(待對) 관계를 지적하고 있다.

그런데 사람들은 이를 망각하고 한 면만을 보고 있으니까 문제다. 다짜고짜로 多(全/直/盈/新)를 외곬으로 추구하는데, 이는 '무'와 '유' 또는 '여성성'과 '남성성'이 '하나'임을 망각하는 행위이다. 시속을 따라 하지 않고, 少(曲/枉/窪/敝)로 고개를 돌려보면 비로소 도의 세계가 보이게 된다.

노자는 다시 실생활에서 구체적인 실례를 든다. 不自見(是/伐/矜)은 모두 소(少)에 해당한다. 소(少)를 실천하면 明(彰/有功/長)해지는데 이것이 바로 '득(得)'이다. 만약 앞의 행위에서 '불(不)'을 없애고(自見/是/伐/矜), 그 '불'을 뒤의 결과에 붙이면(不明/彰/有功/長), 한마디로 이는 '혹(惑)'이 된다. 노자는 다음 제24장에서도 이러한 사실을 거듭 설명하고 있다.

得	惑
不自見 → 明	自見 → 不明
不自矜 → 彰	自矜 → 不彰
不自伐 → 有功	自伐 → 不有功
不自矜 → 長	自矜 → 不長

'소(少)'를 다른 말로 바꾸면 '부쟁(不爭)'이 된다. 내가 다투려들지 않는다면 누가 나와 다툴 수 있겠는가? 이것이 바로 도의 경지이다. 그러므로 옛말이 하나도 헛된 게 없다. 서두에서 제기한 속담을 명심하면 우리는 진실로 온전해져 도의 경지로 돌아가게 된다.

이처럼 노자는 유연한 사고를 강조하고 있다. 이 점은 유가와 극명한 대조를 이룬다. 예컨대 맹자는 '한 자를 구부려 여덟 자를 곧게 하자(枉尺而直尋)'는 제자의 제의를 단호하게 거절한다(함께 읽을 자료 참조). 아무리 적어도 굽은 것은 굽은 것이어서 원칙에 어긋나기 때문이다.

【함께 읽을 자료】

≪**맹자·등문공하**≫ 진대(陳代)가 말했다. "제후를 만나지 않는 것이 응당 소심한 듯합니다. 이제 한 번 만나서, 그가 큰 사람이면 왕도(王道)로써 하고, 작으면 패도(覇道)로써 하십시오. 또 옛 기록에 이르기를, '한 자를 구부려 여덟 자를 곧게 한다(枉尺而直尋).'라 하였으니, 응당 해 볼만 한 듯합니다." 맹자가 답했다. "옛날 제(齊) 경공(景公)이 사냥할 적에, 깃발(旌)로써 사냥터지기를 불렀는데 오지 않자 장차 그를 죽이려했다. '지사(志士)는 죽어 골짜기에 버려지는 다짐을 잊지 않고, 용사는 머리를 잃을 각오를 잊지 않는다.' 이렇게 말씀하신 공자(孔子)는 무엇을 높이 사신 것이겠는가? 올바른 부름이 아니기에 가지 않음을 취하신 것이다. 만약에 올바른 부름을 기다리지 않고 간다면 무슨 꼴이겠느냐? 대저 '한 자를 구

부려 여덟 자를 곧게 한다.'는 이익을 갖고서 말하는 것이다. 이익으로 한다면, '여덟 자를 구부려 한 자를 곧게 하나' 이롭다면 역시 할 수 있는 것이냐?

【참고 자료】

伐(갑골문)

伐(금문)

伐(소전)

曲 글자의 유래. 출처: ≪漢字源流字典≫

【스스로 써보기】

曲則全, 枉則直. 窪則盈, 敝則新. 少則得, 多則惑. 是以聖人, 抱一爲天下式. 不自見, 故明. 不自是, 故彰. 不自伐, 故有功. 不自矜, 故長. 夫唯不爭, 故天下莫能與之爭. 古之所謂曲則全者, 豈虛言哉. 誠全而歸之.

제23장 희언자연(希言自然)

希言, 희언	말을 적게 하면,
自然.[1] 자연	절로 그러하리라.
故 고	그러니까
飄風不終朝, 표풍부종조	회오리는 나절을 다하지 않고,
驟雨不終日. 취우부종일	소낙비는 하루를 다하지 않네.
孰爲此者, 숙위차자	누구인가 이것들을 일으키는 것은?
天地. 천지	바로 천지이니라.
天地尙不能久, 천지상불능구	천지도 여전히 오래갈 수 없거늘,
而況於人乎[2] 이황어인호	하물며 사람에 있어서임에랴!
故 고	그러니까
從事於道者, 종사어도자	도를 따라 일삼는 자는,

同於道; 동어도	도와 같아지리.
德者, 덕자	'덕'을 따라 일삼는 자는,
同於德; 동어덕	'덕'과 같아지리.
失者, 실자	'실'을 따라 일삼는 자는,
同於失.[3] 동어실	'실'과 같아지리.

同於道者, 동어도자	도와 같아지는 사람은,
道亦樂得之; 도역락득지	도도 그를 얻음을 즐거워하리.
同於德者, 동어덕자	덕과 같아지는 사람은,
德亦樂得之; 덕역락득지	덕도 그를 얻음을 즐거워하리.
同於失者, 동어실자	'실'과 같아지는 사람은,
失亦樂得之.[4] 실역락득지	'실'도 그와 만남을 즐거워하리.

信不足焉, 신부족언	(윗사람에게) 믿음이 부족하면,
有不信焉.[5] 유불신언	(아래에) 믿지 못함이 생겨나리라.

【문장 구성】

첫 단락은 言과 然으로 압운하고 있다. 둘째 단락은 산문이다. 셋째 단락은 동일한 문형이 세 차례 반복되고, 道와 道, 德과 德, 失과 失로 중운하고 있다. 넷째 단락은 得之로, 다섯째 단락은 焉으로 중운하고 있다.

【자구 풀이】

1) 希言은 통치자가 쓸데없는 말을 삼가다. 제5장 "말을 많이 하면 자주 막히게 된다(多言數窮)."와 대비를 이룬다.

2) 況於…乎는 하물며 …임에랴! 말할 나위가 없다는 의미.

3) 德者와 失者 앞에는 '從事於'가 생략되어 있다. 또 德者는 도를 구현함을, 失者는 도를 구현하지 못함을 의미한다.

4) 得은 얻다, 발견하다, 만나다.

5) 제17장의 문구와 같다.

【해설】

수미 호응하고 있다. 압운도 동일하다. 윗사람이 말을 줄이고, 진실한 행동을 선행하면 아랫사람들은 절로 따르게 된다(첫 단락). 반대로 허튼 소리를 남발하다보면 믿음이 부족하게 되어 결국 백성들이 믿지 않게 된다(마지막 단락).

경우에 따라서는 화도 내고 꾸짖을 수도 있을 터이다. 그러나 그것이 잦거나 커서는 안 된다. 천지도 때로는 사나운 비바람을 몰아치지만 결코 오래가지 않는다. 하물며 천지에 비할 바 못되는 하찮은 인간임에랴(둘째 단락)!

천지가 하는 바가 바로 도이다. 그 도를 따르다 보면 도와 같아지게 마련이다. 반대로 도를 잃은 짓에 종사하다보면 같은 지경에 이르고 만다.

근묵자흑(近墨者黑)이라 했듯이 말이다(셋째 단락).

≪주역≫에서 말하듯이, 삼라만상은 동성상응(同聲相應)하고 동기상구(同氣相求)하는 법이다(함께 읽을 자료 참조). 사람이 도와 덕과 같아지면, 이제는 도와 덕이 찾아와 함께 하고자 한다. 물론 그 역도 성립함은 당연지사이다(넷째 단락).

【함께 읽을 자료】

≪**주역·건괘**≫ 구오(九五)에 "날으는 용이 하늘에 있으니 대인을 만남이 이롭다"고 한 말은 무슨 뜻입니까? 공자가 말했다. "같은 소리는 서로 호응하고(同聲相應), 같은 기운은 서로 찾는다(同氣相求). 물은 습한 데로 흐르고 불은 마른 데로 나가며, 구름은 용을 따르고 바람은 호랑이를 따른다. 성인이 일어나니 만물이 우러러본다. 하늘에 근거하는 것은 위로 친하고 땅에 근거하는 것은 아래로 친하니, 각기 자신의 부류를 따른다."

【스스로 써보기】

希言, 自然. 故飄風不終朝, 驟雨不終日. 孰爲此者, 天地. 天地尙不能久, 而況於人乎. 故從事於道者, 同於道. 德者, 同於德. 失者, 同於失. 同於道者, 道亦樂得之. 同於德者, 德亦樂得之. 同於失者, 失亦樂得之. 信不足焉, 有不信焉.

제24장 기자불립(企者不立)

企者不立, 기자불립	까치발 하는 이는 (오래) 서지 못하고,
跨者不行.[1)] 과자불행(항)	가랑이 벌리는 이 (멀리) 가지 못하네.
自見者不明. 자현자불명(망)	저를 드러내는 이는 밝지 못하리라.
自是者不彰. 자시자불창	저를 옳다하는 이는 빛나지 못하리라.
自伐者無功, 자벌자무공(강)	저를 자랑하는 이는 공이 없으리라.
自矜者不長.[2)] 자긍자부장	저를 뻐기는 이는 오래가지 못하리라.
其在道也, 기재도야	그것들은 도에 있어서,
曰餘食贅行.[3)] 왈여식췌행(항)	음식찌꺼기요 군더더기 짓이네.
物或惡之, 물혹오지	만물이 아마 싫어할지니,
故有道者不處.[4)] 고유도자불처	고로 도를 지닌 이는 처하지 않으리.

【문장 구성】

네 단락으로 나누어 볼 수 있다. 첫 단락부터 셋째 단락까지 일운도저(一韻到底)하고 있다. 行(音杭), 明(謨郎切), 彰, 功(音光), 長, 行이 운이다. 또한 첫 단락과 둘째 단락은 각각 대구를 이루고 있다. 또 둘째 단락은 모두 自○者로 시작하고 있다. 넷째 단락은 惡(烏故切), 處(昌據切)로 압운하고 있다.

【자구 풀이】

1) 企는 발뒤꿈치를 들고 서있는 사람을 본뜬 글자로(참고 자료 참조), 여기서는 까치발로 서다. 참고로 펭귄을 기아(企鵝)라 한다. 跨는 足과 夸를 합친 글자, 夸는 소리를 나타내면서 아울러 과장하다는 의미도 갖는다. 가랑이를 크게 벌리고 걷다.

2) 제22장에 비슷한 내용의 문구가 있다. "不自見故明."가 "自見者不明"로 바뀌고 있는데 서로 표리 관계를 이루고 있다.

3) 贅는 몸에 나는 혹. 쓸모없는 물건을 비유한다.

4) 物은 我의 상대 개념으로, 만물과 사람을 다 가리킬 수 있다.

【해설】

당시 사람들에게 익숙한 속담을 인용하여 말문을 열고 있다. 좀 더 멀리 보려고 까치발을 하는 사람은 오래 서 있을 수 없고, 좀 더 크게 내딛으려고 가랑이를 벌리는 자는 멀리 걸을 수가 없다. 모두 자신을 과시함을 비유한다.

'自○者' 문형을 취하고 있는 4구는 모두 자신을 과시하는 것들이다. 자신을 내세우면 내세울수록 외면당하기 일쑤이다. 세상에 잘난 체하는 꼴을 좋아하는 사람은 없는 법이다.

그러므로 자신을 내세우는 행위는 도의 입장에서 보면 그야말로 부질없는 짓이다. 자기 자신은 혼자서 만족할지언정 그를 좋아하는 이가 없기 마련이다. 도를 지닌 자라면 여기에 몸을 둘 리가 없다.

【참고자료】

企(갑골문)

企(금문)

企(소전)

【스스로 써보기】

企者不立, 跨者不行. 自見者不明, 自是者不彰, 自伐者無功, 自矜者不長. 其在道也, 曰餘食贅行. 物或惡之, 故有道者不處.

제25장 도법자연(道法自然)

有物混成. 유물혼성	무언가 있는데 섞여 이루어졌네.
先天地生.[1)] 선천지생	하늘과 땅의 생성보다 앞선다네.
寂兮寥兮, 적혜요혜	들리지 않고 보이지 않나니,
獨立而不改. 독립이불개	홀로 서서 변하지 않네.
周行而不殆, 주행이불태	두루 운행하며 쉬지 않나니,
可以爲天下母.[2)] 가이위천하모(미)	이로써 천하의 어미가 될 수 있네.
吾不知其名, 오부지기명	우리는 그 이름을 모르니,
字之曰道, 자지왈도	별명을 붙여 도라 하거니와,
强爲之名曰大. 강위지명왈대	억지로 그 이름 지으면 '큰 것'이리.
大曰逝, 대왈서	커지니 떠나간다 한다네.
逝曰遠, 서왈원(완)	가게 되니 멀어진다 한다네.
遠曰反.[3)] 원왈반	멀어지니 돌아온다 한다네.

故 고	그러므로
道大, 도대	도가 크고,
天大, 천대	하늘이 크고,
地大, 지대	땅이 크고,
王亦大.[4)] 왕역대	왕 또한 크네.

域中有四大, 역중유사대	강역 안에 네 가지 큼이 있나니,
而王居其一焉. 이왕거기일언	왕은 그 하나를 차지할 뿐이네.
人法地, 인법지	사람은 땅을 본받고,
地法天, 지법천	땅은 하늘을 본받고.
天法道, 천법도	하늘은 도를 본받고,
道法自然.[5)] 도법자연	도는 '스스로 그러함'을 본받네.

【문장 구성】

다섯 단락으로 구성되어 있다. 첫 단락은 成, 生으로 압운하고 있다. 둘째 단락은 改, 殆, 母(母婢切)로 압운하고 있다. 셋째 단락은 기본적으로 산문이지만, 遠, 反을 압운으로 보아도 좋다. 또 大→大, 逝→逝, 遠→遠

으로 끝말잇기를 하고 있다. 한편 강유고는 道(徒以反)는 둘째 단락의 母등과 운을 이루고, 大(徒列反)와 逝(時列反)이 운을 이룬다고 밝히고 있으나, 다른 용례가 확인되지 않아 취하지 않는다. 넷째 단락은 大를 네 차례나 중운하고 있다. 다섯째 단락은 焉, 天, 然으로 압운으로 하고, 地→地, 天→天, 道→道로 끝말잇기를 하고 있다.

【자구 풀이】

1) 先天地生은 "천지에 앞서 생겼다"로 끊어 읽을 수도 있다. 그러나 뒤 "獨立而不改" 문구와 부합하지 않는다. 즉 도는 생멸(生滅)하는 존재가 아니라 시공간을 넘어 있는 '궁극'이기 때문이다.

2) 周行은 빠짐없이 운행하다, 또는 순환 운행하다. 殆는 怠의 가차로, 쉬다 또는 멈추다.

3) 字는 이름 대신에 쓰는 별명. 曰은 접속사 而나 則으로 보기도 한다.

4) 王은 人의 잘못으로 보는 사람이 많으나, 그냥 사람의 대표 혹은 신과 인간의 매개자 정도로 보아도 좋다.

5) 域은 강역, 疆界. 여기서는 범주.

【해설】

노자 81장 중 도를 비교적 자세히 설명하고 있어 매우 중요한 장이다. 첫 단락에서 도를 '물(物)'로 파악하고 있는데, 천지 창조 이전에 존재하고, 무언가 섞여 있다는 점에서 반고(盤古) 신화에 나오는 '혼돈(混沌)'과 매우 유사하다(함께 읽을 자료 참조).

둘째 단락에서는 도의 양면성을 설명하고 있다. 제1장과 밀접하게 연계되므로 함께 읽으면 이해하는 데 큰 도움이 된다. 1-2구는 제1장의 "'무'는 천지의 시초를 이르네(無, 名天地之始.)." "영원한 무, 이로써 그 오묘함을 보리라(常無, 欲以觀其妙.).”와 연계되어, 도의 ‘무’ 측면을 설명하고 있다. 한편 3-4구는 “‘유’는 만물의 어미를 이르네.(有, 名萬物之母.)”, “영원한 유, 이로써 그 운행함을 보리라.(常有, 欲以觀其徼).”와 연계되어, 도의 ‘유’ 측면을 설명하고 있다. 요컨대 도는 ‘무’이면서도 ‘유’인, 궁극적인 본원이자 절대적 존재인 셈이다.

제1장		제25장
無 - 天地之始 - 妙	=	寂寥 - 獨立
有 - 萬物之母 - 徼	=	周行 - 天下母

도는 원래 이름이 없다. 이름은 사람이 붙이는 것이기에 삼라만상 이전에 스스로 존재하는 도에 이름이 있을 리가 없다. 사람들이 ‘도(道)’라 별명을 지어준 것에 불과하다. 아마도 만물이 이로 말미암기 때문에 길이라 부른 것이리라. 한편 노자는 ‘그것’이 “들리지도 보이지도 않는 것”이지만 “두루 운행하므로” “큰 것”이라고 애써 이름을 지었다. 특성에 맞게 작명을 한 셈이다. 그리고 또 곰곰이 살펴본 결과, 커지면서 “가는 것”이고, 가면서 “멀어지는 것”이며, 멀어지면서 “돌아오는 것”이라 파악했다. 아마도 이러한 인식은 농경의 경험에서 비롯한 것으로 보인다. 식물의 성장과정을 떠올려 보라. 땅에 묻힌 씨앗이 발아하여 싹이 나면서 성장하니 ‘대(大)’요, 줄기가 뻗어가면서 커져가니 ‘서(逝)’요, 커지면서 원래의 모습과 멀어지니 ‘원(遠)’이요, 그러나 꽃이 지고 열매가 떨어지면 다시 씨앗으로 돌아가니 ‘반(反)’이다.

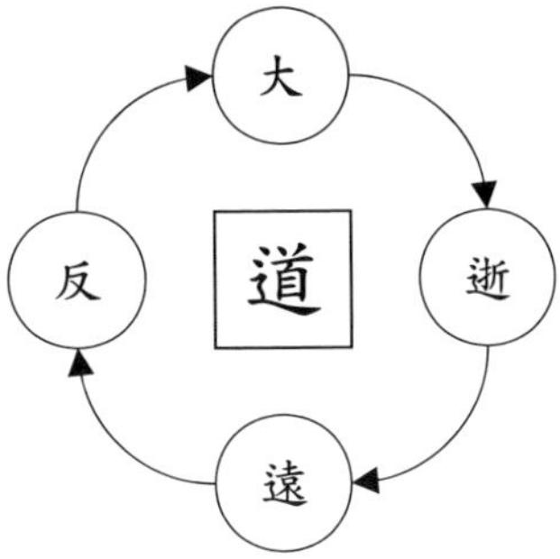

도는 이처럼 '운동'하는데, 그러한 운동 과정을 대표하는 것이 '대(大)'이다. 하늘도 도의 구현이므로 운동한다. 뿐만 아니라 땅도, 왕(인간)도 도처럼 운동을 한다. 그러므로 모두 '대(大)'라 부를 수 있다. 이 단락에서는 도에서 사람으로 가는 과정을 설명하고 있는데, 이는 도의 '원(遠)'에 해당한다. 어쩌면 사람은 도에서 가장 '멀다(遠)'고 할 수 있다. 그러나 한편으로는 가장 가까울 수도 있다. 왜냐하면 도의 운동은 "멀어질수록 가까워지는" 현묘한 것이 때문이다. 사람은 땅을 본받고, 땅은 하늘을 본받고, 하늘은 도를 본받는다고 했으니, 이는 도의 운행 중 '돌아감(反)'이다.

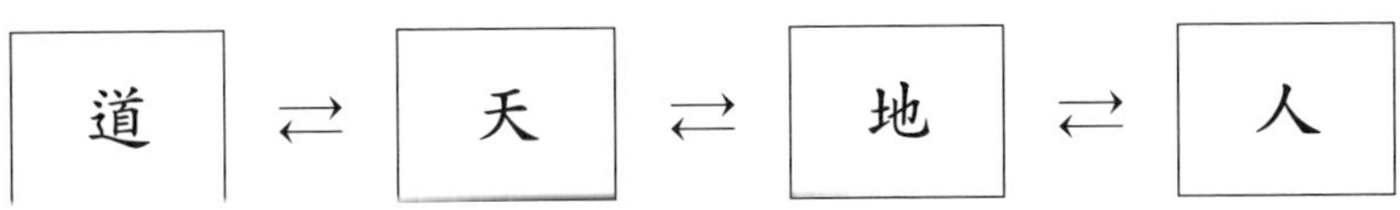

(→ 遠 / ← 反)

노자가 보기에 도는 유일자이자 절대자이다. 그러나 기독교나 이슬람교에서 말하는 '하나님'과는 다르다. 그것은 '저절로 그러한' 모종의 섭리이거나, 천지개벽 이전에 자재(自在)하는 "섞여 있는" 무엇일 뿐이다. 또한 노자의 이러한 인식은 얼핏 모순으로 보일지도 모른다. '섭리'는 비물질인 반면 '무엇'은 물질이기 때문이다. 그러나 이것은 노자 인식의 핵심과 일치한다. '섭리'가 '무'라면 '무엇'은 '유'에 상응한다. 유무가 하나인 것이 바로 도의 경지이다.

【함께 읽을 자료】

서정(徐整), ≪**삼오역기(三五歷紀)**≫ 천지는 달걀처럼 혼돈이었는데 반고(盤古)가 그 안에서 태어났다. 만 팔천 년이 되자 하늘과 땅이 개벽하여 양청(陽淸)은 하늘이 되고 음탁(陰濁)은 땅이 되었다. 반고는 그 안에서 하루에 아홉 번 변신하는데, 하늘보다 신통하고 땅보다 성스러웠다. 하늘은 날마다 한 길씩 높아지고 땅은 날마다 한 길씩 두터워지며 반고도 날마다 한 길씩 자랐다. 이렇게 만 팔천 년이 되자, 하늘의 수는 높음을 다하고 땅의 수는 깊음을 다하며 반고는 자람을 다했다. 훗날 비로소 삼황이 있게 되었다.

서정(徐整), ≪**오운역년기(五運歷年記)**≫ 천기(天氣)가 혼돈하더니 싹이 시작되어 마침내 하늘과 땅이 나누어졌다. … 맨 처음 반고(盤古)가 태어났는데 곧 죽을 무렵 몸이 변했다. 호흡은 바람과 구름이 되고, 소리는 번개와 우레가 되고, 왼쪽 눈은 태양으로, 오른쪽 눈은 달이 되고, 사지와 오체는 사방과 오악이 되고, 혈액은 강이 되고, 힘줄은 지맥이 되고, 살은 밭이 되고, 머리털은 별이 되고, 피부털은 초목이 되고, 이와 뼈는 쇠와 돌이 되고, 정수는 주옥이 되고, 땀은 비가 되고, 몸에 있던 여러 벌레는 바람에 감화하여 백성이 되었다.

【스스로 써보기】

有物混成, 先天地生. 寂兮寥兮, 獨立而不改. 周行而不殆, 可以爲天下母. 吾不知其名, 字之曰道, 强爲之名曰大. 大曰逝, 逝曰遠, 遠曰反. 故道大, 天大, 地大, 王亦大. 域中有四大, 而王居其一焉. 人法地, 地法天, 天法道, 道法自然.

제26장 중위경근(重爲輕根)

重爲輕根; 중위경근	무거움은 가벼움의 뿌리이거니와,
靜爲躁君. 정위조군	차분함은 촐랑댐의 임금이어라.
是以聖人 시이성인	이 때문에 성인은
終日行, 종일행(항)	하루 종일 길을 가도,
不離輜重. 불리치중(장)	짐수레를 떠나지 않는다네.
雖有榮觀, 수유영관	비록 성대한 볼거리 있어도,
燕處超然.[1)] 연처초연	편하게 머물며 초연하다네.

奈何萬乘之主, 내하만승지주	어찌하여 만승의 군주이거늘,
而以身輕天下. 이이신경천하(후)	몸을 천하에 가벼이 굴 것인가?
輕則失臣; 경즉실신	가벼우면 신하를 잃거니와,
躁則失君.[2)] 조즉실군	촐랑대면 왕위를 잃거늘.

【문장 구성】

두 단락으로 구성되었다. 첫 단락은 根과 君에서 行과 重(直良切)으로, 다시 觀과 然으로 환운하고 있다. 둘째 단락은 主와 下(後五切)에서 臣과 君으로 환운하고 있다. 또 전체적으로는 처음 2구와 마지막 2구는 각각 대구이고 운도 같아 서로 수미호응 한다. 根과 君은 文部이고, 臣은 眞部인데 통압(通押)하고 있다(강유고 설).

【자구 풀이】

1) 躁은 성급하다, 조급하다. 輜는 짐수레. 重은 무거운 것. 輜重은 짐수레에 실린 무거운 행장. 榮觀은 성대한 볼거리. 성대한 경치. 燕은 편안하다. 處는 멈추다. 처신하다. 거처하다. 雖有榮觀 2구는 제20장 "衆人, … 如春登臺. 我獨泊兮."와 동일한 내용이다.

2) 萬乘은 만 대의 수레를 보유한 군주. 주나라 제도. 輕은 경박하다, 경솔하게 굴다. 臣은 本이나 根으로 된 판본도 있다. 문맥과 압운의 측면에서 볼 때 臣이 적절하다.

【해설】

이 장은 내용으로도 크게 양분된다. 첫 단락은 '중(重)'하고 '정(靜)'한 이상적인 성인을 설명하고, 둘째 단락은 '경(輕)'하고 '조(躁)'한 요즘의 군주를 기술하고 있다.

나무 끝가지나 잎은 가볍지만 뿌리는 무겁다. 신하는 바삐 뛰어다니지만 군주는 의젓하게 자리를 지키는 법이다. 그러므로 도를 따르는 지도자인 성인은 언제나 신중하고 함부로 행동하지 않는다.

그런데 세속 현실의 군주들은 그렇지가 않다. 역대로 경거망동하다가 나라를 망친 폭군이 비일비재하다. 주지육림(酒池肉林)에 빠져나올 줄 몰랐던 걸주(桀紂)가 대표적인 예일 터이지만, 주나라 유왕(幽王)도 뒤지지 않았다. 포사(褒姒)의 웃음을 사기 위해 거짓 봉화 장난질마저 하다가 결국 신하도 잃고 왕위도 잃었으니 말이다(함께 읽을 자료 참조).

【함께 읽을 자료】

≪**사기·주본기(周本紀)**≫ 포사(褒姒)는 웃는 걸 좋아하지 않았다. 유왕(幽王)이 만방으로 그녀가 웃기를 바랐지만 여전히 웃지 않았다. 유왕이 봉화불과 큰북을 만들게 하였다. 적이 쳐들어오면 봉화를 드는 것이어서 제후들이 모두 달려왔다. 와보니 적이 없었다. 포사가 이에 크게 웃었다. 유왕이 그 웃음에 기뻐서 여러 차례 봉화를 들게 했다. 그 뒤에는 모두들 믿지 않게 되고, 제후들도 점점 오지 않았다. … 신후(申侯)가 노하여, 증(繒)과 서이(西夷) 견융(犬戎)과 더불어 유왕을 쳤다. 유왕이 봉화를 들어 구원병을 모았지만 오지 않았다. 마침내 여산(驪山) 아래에서 유왕을 죽였다.

【스스로 써보기】

重爲輕根, 靜爲躁君. 是以聖人終日行, 不離輜重. 雖有榮觀, 燕處超然. 奈何萬乘之主, 而以身輕天下. 輕則失臣, 躁則失君.

제27장 습명(襲明)

善行無轍迹; 잘 가는 자는 바퀴자국이 없네.
선행무철적

善言無瑕謫; 잘 하는 말은 흠 트집이 없네.
선언무하적

善數不用籌策.[1] 잘 하는 셈은 산가지를 쓰지 않네.
선수불용주책

善閉無關楗, 잘 닫는 자는 빗장이 없는데,
선폐무관건

而不可開; 열 수 없다네.
이불가개

善結無繩約, 잘 묶는 자는 밧줄이 없는데
선결무승약

而不可解.[2] 풀 수 없다네.
이불가해

是以聖人 이 때문에 성인은
시이성인

常善救人, 늘 사람을 잘 구하는지라,
상선구인

故無棄人. 고로 사람을 버림이 없네.
고무기인

常善救物, 늘 만물을 잘 구하는지라,
상선구물

故無棄物. 고로 물건을 버림이 없네.
고무기물

是謂襲明.[3] 이를 일러 '습명'이라 하지.
시위습명

故 그러므로
고

善人者, 잘하는 사람은
선인자

不善人之師. 잘하지 못하는 사람의 스승이네.
불선인지사(시)

不善人者, 잘하지 못하는 사람은
불선인자

善人之資. 잘하는 사람의 바탕이라네.
선인지자(지)

不貴其師, 그 스승을 귀히 여기지 않고,
불귀기사(시)

不愛其資, 그 바탕을 아끼지 않는다면,
불애기자(지)

雖智大迷. 비록 똑똑해도 크게 헷갈림이네.
수지대미

是謂要妙.[4] 이를 일러 '요묘'라 하지.
시위요묘

【문장 구성】

네 단락으로 이루어졌다. 첫 단락은 迹, 謫, 策으로 압운하고 기본적으로 대구이다. 또 모두 善으로 시작하고 있어 두운 역할을 한다. 둘째 단락 역시 대구이고 開와 解로 압운하고 있다. 또 善과 而로 시작하고 있어 두운 역할을 한다. 셋째 단락은 人과 物로 각각 중운하고 있고, 역시 대구이다. 또 是, 善, 故가 두운 역할을 한다. 넷째 단락은 師, 資, 師, 資, 迷로 압운하고 역시 전체적으로 대구를 이루고 있다. 또 善과 不이 두운 역할을 한다.

【자구 풀이】

1) 轍迹은 바퀴자국과 발자취. 瑕謫은 옥의 티와 꾸지람. 籌策은 계산을 할 때 쓰는 산가지.

2) 關은 빗장, 楗도 문빗장. 繩約은 새끼와 밧줄.

3) 襲의 원의는 重衣, 여기서는 인습(因襲)하다, 계승하다.

4) 要妙는 중요하고 오묘하다.

【해설】

잘 가는 자는 흔적이 없는 법이다. 수레든 도보든 억지로 길을 가지 않기 때문이다. 말을 잘하는 자는 말을 아끼므로(제23장 希言自然) 흠잡을 바가 없는 법이다. 계산을 잘하는 자는 자기 몫을 챙기려하지 않는다. 그러니 산가지가 필요하겠는가? 나누어 줌으로써 더 많이 갖는 경지이니 구태여 꼬치꼬치 계산할 일이 없다.

문을 닫는 빗장이든 물건을 묶는 밧줄이든, 그것만 해결하면 열리고 풀리게 된다. 인위는 인위로 풀면 그만이다. 만약에 자연의 도로 닫고 묶었다면 누가 풀 수 있겠는가? 다 '무위'를 설명하고 있다.

성인은 '무위'를 행하기 때문에 사람과 만물을 '차별'하지 않는다. 잘 하면 잘 하는 대로, 못하면 못하는 대로 다 감싸준다. 이를 일러 '습명'이라 한다. 이 때 '명(明)'은 제16장 "영원함을 아니 명이라 한다(知常曰明)."의 명으로, '영원함', 즉 도를 아는 것이다. 그러므로 '습명'은 도를 앎을 계승한다는 의미이다.

성인이 보기에, 잘함(善)과 잘하지 못함(不善)은 대대(待對) 관계일 뿐이다. 마치 도의 '무'와 '유'가 둘이면서 하나이듯이 말이다. 그렇기에 성인은 잘하는 자를 귀하게 여기는 데 그치지 않고 잘하지 못하는 자 역시 아끼는 법이다. 그렇지 않다면, 비록 세속적인 것들을 아무리 잘 알고 똑똑하다고 해도 이는 도를 모르는 것이니 크게 미혹에 빠진 것이다. 어쩌면 똑똑할수록 더욱 헷갈리고 있는지도 모른다. 그러니 이것이야말로 중요하고 오묘한 이치라 하겠다.

【스스로 써보기】

善行無轍迹, 善言無瑕謫, 善數不用籌策. 善閉無關楗, 而不可開. 善結無繩約, 而不可解. 是以聖人常善救人, 故無棄人. 常善救物, 故無棄物. 是謂襲明. 故善人者, 不善人之師. 不善人者, 善人之資. 不貴其師, 不愛其資, 雖智大迷, 是謂要妙.

제28장 대제불할(大制不割)

知其雄, 지기웅	그 남성다움을 알고서,
守其雌, 수기자(치)	그 여성스러움을 지키니,
爲天下谿. 위천하계	천하의 계곡이 된다네.
爲天下谿, 위천하계	천하의 계곡이 되니,
常德不離, 상덕불리	영원한 덕이 떠나지 않아,
復歸於嬰兒.[1] 복귀어영아(이)	갓난아이로 돌아간다네.

知其白, 지기백	그 흼을 알되,
守其黑, 수기흑	그 검음을 지키니,
爲天下式. 위천하식	천하의 법식이 되누나.
爲天下式, 위천하식	천하의 법식이 되니,
常德不忒, 상덕불특	영원한 덕이 어긋나지 않아,
復歸於無極.[2] 복귀어무극	'무극'으로 돌아가누나.

知其榮, 지기영	그 영화를 알되,
守其辱, 수기욕	그 굴욕을 지키니,
爲天下谷. 위천하곡	천하의 골짜기가 되리라.
爲天下谷, 위천하곡	천하의 골짜기가 되니,
常德乃足, 상덕내족	영원한 덕이 충족하여,
復歸於樸.[3] 복귀어박	'통나무'로 돌아가리라.
樸散則爲器. 박산즉위기	통나무가 흩어지면 '그릇'이 된다.
聖人用之, 성인용지	성인이 그 통나무를 쓰면,
則爲官長. 즉위관장	온갖 관리의 수장이 된다.
故大制不割.[4] 고대제불할	고로 '대제'는 자르지 않는다.

【문장 구성】

첫 단락은 雌(七移切), 谿, 谿, 離, 兒(汝移切)로 압운하고 있다. 둘째 단락은 白, 黑, 式, 式, 忒, 極으로, 셋째 단락은 辱, 谷, 谷, 足, 樸으로 압운하고 있다. 1-3단락은 운자만이 각 단락마다 바뀌고 나머지는 동일하다. 이러한 장법(章法)은 ≪시경≫에서 쉽게 찾아 볼 수 있다. 마지막 단락은 산문으로 마무리하고 있다.

【자구 풀이】

1) 제6장 "谷神不死, 是謂玄牝."과 제10장 "能嬰兒乎."와 연관된다.

2) 黑은 玄과 통함. 忒은 변하다. 無極은 끝이 없음, 도를 비유한다.

3) 제15장 "曠兮, 其若谷."과 통한다.

4) 制는 製와 원래 동일한 단어. 훗날 분화되어 制는 주로 추상적인 것에, 製는 구체적인 것에 쓰인다. 大制는 큰 만듦.

【해설】

앞 세 단락은 사실상 동일한 내용을 읊고 있으므로, 이렇게 요약할 수 있다. 웅/백/영(雄/白/榮)을 알되 자/흑/욕(雌/黑/辱)을 지키면 천하의 계/식/곡(谿/式/谷)이 된다. 그러면 영원한 덕이 불리/불특/내족(不離/不忒/乃足)하여 영아/무극/박(嬰兒/無極/樸)으로 돌아가게 된다. '남성성'을 알되 '여성성'을 지키면 천하의 귀의처나 법식이 된다. 또 그러면 영원한 덕을 견지하게 되어 도로 귀의하게 된다. 일종의 '순환 어법'을 보여주고 있다.

통나무를 잘라내서 그릇을 만드는 법이다. 그런데 성인은 특정한 그릇이 되어서는 안 된다. '통나무'로서의 자신의 정체성을 견지해야 하는 것이다. 특정한 그릇이 되면 특정한 용도에 국한되듯이, 성인이 특정한 인재가 되면 특정한 집단이나 계층의 대변자로 전락하고 만다.

특정한 그릇에 국한되면 안 된다는 생각은 공자의 말, "군자는 특정 그릇 노릇하지 않는다(君子不器)."를 떠올리게 한다. 얼핏 노자의 말과 같아 보인다. 그러나 '여성성'과 '계곡의 낮음'을 선호하는 노자의 유연한 사유와 달리, 유가는 전반적으로 '남성성'을 강조하고 '계곡의 낮음'을 혐오한다(함께 읽을 자료 참조).

【함께 읽을 자료】

≪논어·위정≫ 군자는 특정 그릇 노릇하지 않는다.

≪논어·양화≫ 공자께서 말씀하셨다. "단지 여자와 소인은 돌보기가 어렵다. 가까이 하면 불손하고, 멀리하면 원망하기 때문이다."

≪논어·양화≫ 자공(子貢)이 말했다. "주(紂)의 선하지 못함이 이토록 심하지는 않았을 것이다. 이 때문에 군자는 하류에 거하는 걸 싫어하나니, 천하의 나쁜 점이 다 여기에 모여들기 때문이다."

【스스로 써보기】

知其雄, 守其雌, 爲天下谿. 爲天下谿, 常德不離, 復歸於嬰兒. 知其白, 守其黑, 爲天下式. 爲天下式, 常德不忒, 復歸於無極. 知其榮, 守其辱, 爲天下谷. 爲天下谷, 常德乃足, 復歸於樸. 樸散則爲器. 聖人用之, 則爲官長. 故大制不割.

제29장 천하신기(天下神器)

將欲取天下而爲之,
장욕취천하이위지
장차 천하를 취하여 거기에 억지로 하려는데,

吾見其不得已.
오견기부득이
우리 보기에 그것은 불가능하리라.

天下神器,
천하신기
천하는 신성한 기물이니,

不可爲也.
불가위야
억지로 할 수 없는 게다.

爲者敗之.
위자패지
억지로 하면 그걸 망가뜨리리라.

執者失之.[1]
집자실지
움켜잡으려면 그걸 잃으리라.

故物,
고물
그러니까 만물은,

或行或隨,
혹행혹수(쉬)
때로는 앞서가고 때로는 뒤따른다네.

或歔或吹,
혹허혹취
때로는 '호'하고 때로는 '후'한다네.

或强或羸,
혹강혹리
때로는 강하고 때로는 여리게 하네.

或載或隳.[2]
혹재혹휴(휘)
때로는 싣고 때로는 떨어뜨린다네.

是以聖人, 시이성인	때문에 성인은
去甚. 거심	심함을 버리누나.
去奢, 거사	지나침을 버리고,
去泰.[3)] 거태	너무함을 버리네.

【문장 구성】

세 단락으로 구성하고 있다. 첫 단락은 산문이다. 5-6구는 대구이다. 둘째 단락은 隨(旬爲切), 吹, 羸, 隳(許規切)로 압운하고 있다. 전체적으로 대구를 이루고 있다. 셋째 단락은 전체적으로 대구이고, 去를 반복하여 두운 역할을 한다.

【자구 풀이】

1) 取는 손(又)과 귀(耳)가 합쳐진 회의(會意) 글자다(참고자료 참조). 원래 고대 전쟁에서 적의 수급을 베거나 왼쪽 귀를 잘라 전공을 따지는 데서 유래했다. 爲는 여기서는 손으로 코끼리 코를 잡고 부리듯이 억지로 시킨다는 뜻. 已는 기본적으로 矣와 동일하여 決定과 더불어 완성/실현을 나타내는 조사이다. 전국시대 쓰이기 시작하여 동한 때 자취를 감추었다. (曹銀晶, ≪"也"、"矣"、"已"的功能及其演變≫, 북경대학교 박사학위논문, 2013). 敗는 부수다, 깨뜨리다.

2) 故는 여러 판본에서 夫로 되어있다. 或…或…은 때로는 … 때로는 …, 혹은 … 혹은 …, 어떤 것은 …어떤 것은 …. 歔는 噓와 같아 천천히 숨을 불어 따뜻하게 하다, 吹는 빠르게 숨을 불어 차갑게 하다. 羸은 여리

다. 隳는 무너뜨리다. 떨어뜨리다.

3) 奢는 사치하다, 여기서는 과분하다, 과장하다. 泰는 보통 평안하다, 태평하다는 뜻이나 여기서는 사치하다, 교만하다, 극심하다. 사실상 甚, 奢, 泰는 유사한 의미로 쓰이고 있다.

【해설】

노자가 살던 당시 중국은 부국강병을 기치로 제후국들이 다투고 있었다. 모두 천하의 주인이 되겠다는 야심을 품고서 억지짓거리를 해대고 있는 것이다. 그래서 노자는 경고한다. 천하는 탈취하는 게 아니라, 귀의하는 것이라고. 천하는 신성한 기물이니 인위로 억지 부릴 일이 아니다. 도를 따라야 하는 것이다. 도란 어떤 것일까?

노자는 운문으로써 여러 사례를 든다. 한없는 길을 걷다보면 그림자가 앞서기도 하고 뒤따르기도 한다. 그렇듯이 앞서기도 하고 뒤서기도 하는 게 도이다. 아이가 손이 시리면 '호' 해주고, 아이가 뜨거운 것을 잘못 만지면 '후' 불어준다. 그것이 도이다. 아프리카 초원의 '누' 같은 초식 동물을 보라. 갓 태어난 새끼는 몸을 가눌 수 없을 정도로 여리지만, 불과 나절이 되기 전에 벌떡 일어날 정도로 강해진다. 강함과 부드러움이 공존하는 게 도이다. 나무에 열매가 영원히 달려 있다면 새 세대가 탄생할 수가 없다. 메타세쿼이아가 겨우내 열매를 달고 있다가 봄이 되면 땅에 내려놓듯이 때로는 실어주고 때로는 내려주는 게 자연의 섭리이다.

두 번째 단락을 꼼꼼히 읽어보면 재미있는 점이 발견된다. 강한 '남성성'과 연한 '여성성'을 아우르는 것이 도인데, 행/취/강/휴(行/吹/强/隳)가 '남성성'이라면 수/허/리/재(隨/歔/羸/載)는 '여성성'이다. 노자가 이를 나열하는 방식을 보자. 行(남)/隨(여) → 歔(여)/吹(남) → 强(남)/羸(여) → 載(여)/隳(남)로 음양이 갈마들고 있다. ≪주역·계사상전(繫辭上傳)≫의 "한번 음하고 한번 양함을 일컬어 도라 한다(一陰一陽之謂道)."는 구절을 떠올리게 하는데, 농경문화에 뿌리를 둔 원형적 인식이라 하겠다.

이 때문에 성인은 극단을 경계한다. 지나친 것은 언제나 도에 어긋나는 법이다. 여기서 지나친 것은 첫 단락의 취(取), 위(爲), 집(執)을 가리킨다.

【참고자료】

取(갑골문)

取(금문)

取(소전)

【스스로 써보기】

將欲取天下而爲之, 吾見其不得已. 天下神器, 不可爲也. 爲者敗之, 執者失之. 故物, 或行或隨, 或歔或吹, 或强或羸, 或載或隳. 是以聖人去甚, 去奢, 去泰.

제30장 부도조이(不道早已)

以道佐人主者,
이도좌인주자
도를 갖고서 군주를 돕는 사람은,

不以兵强天下,
불이병강천하
무기로써 천하에 강압하지 않나니,

其事好還.
기사호환
그 일은 되갚기 좋아하기 때문.

師之所處,
사지소처
군대가 머물렀던 곳은,

荊棘生焉.
형극생언
가시덤불이 자라니라.

大軍之後,
대군지후
큰 군사 행위 뒤에는,

必有凶年.[1]
필유흉년
반드시 흉년이 든다네.

善者有果而已.
선자유과이이
잘 하는 자는 열매를 맺고 관둔다네.

不敢以取强.
불감이취강
감히 그걸로 강함을 취하지 않네.

果而勿矜,
과이물긍
열매를 맺되 뻐기지 말고,

果而勿伐,
과이물벌
열매를 맺되 자랑하지 말고,

果而勿驕,
과이물교
열매를 맺되 우쭐대지 말라.

果而不得已. 과이부득이	열매를 맺되 어쩔 수 없음이네.
果而不强.[2)] 과이불강	열매를 맺되 강압하지 않는다네.
物壯則老, 물장즉노	만물은 굳세면 늙게 되는 법이니,
是謂不道. 시위부도	이를 일러 도답지 못함이라 하네.
不道早已.[3)] 부도조이	도답지 못하면 일찌감치 끝장이지.

【문장 구성】

세 단락으로 구성되었다. 첫 단락은 還, 焉, 年으로 압운하고 있다. 둘째 단락은 已, 强으로 시작하여 已, 强으로 맺고 있으며, 압운하지 않은 가운데 부분은 果而勿(不)로 시작하고 있는데 일종의 두운(頭韻)이라 할 수 있다. 셋째 단락은 老와 道로 압운한 다음, 不道로써 끝말잇기를 하여 매듭짓고 있다. 강유고는 已(晉酉)도 운으로 보고 있다.

【자구 풀이】

1) 人主는 人君, 군주. 師는 고대 중국 군대의 편제 단위, 2500명.

2) 果는 나무에 열매가 달린 모습을 본뜬 글자(참고자료 참조), 여기서는 열매를 맺다.

3) 不道는 非道로 된 판본도 있다. "도가 아니다"라는 뜻으로 의미 상 약간의 차이가 있다. 已는 동사로, 止의 뜻.

【해설】

역시 전쟁을 비판하고 있다. 인류 역사상 '좋은' 전쟁이 있을까? 특히 노자 당시 중국은 공식적으로는 하나의 나라였다. 주(周)라는 종주국에 속한 제후국들이기 때문에, 전쟁은 일종의 '집안싸움'인 셈이다.

부득이하게 전쟁이 일어날 수는 있다. 그러나 그것으로 부국강병을 추구해서는 안 된다. 왜냐하면 전쟁 뒤에는 반드시 흉년이 들기 때문이다. 농경에 종사해야 할 노동력을 빼앗는 탓도 있겠지만, 무엇보다도 군대와 전쟁의 살기(殺氣)로 가시덤불이 자라나는 법이다.

그러므로 부득이할 경우 전쟁을 하되, 소기의 열매를 거두는 데 만족해야 한다. 그 열매는 무엇일까? 그것은 바로 '정(征)'이다. 가서(行) 잘못을 바로 잡는(正) 것이다.

부드럽던 초목도 늙어 가면 뻣뻣하게 굳세어지지 않던가? 전쟁으로 강국이 되고자 하면 바로 그런 꼴이 된다.

【참고 자료】

果(갑골문)

果 (금문)

과(소전)

【스스로 써보기】

以道佐人主者, 不以兵强天下, 其事好還.
師之所處, 荊棘生焉. 大軍之後, 必有凶年.

善者有果而已, 不敢以取强. 果而勿矜, 果而勿伐, 果而勿驕, 果而不得已, 果而不强. 物壯則老, 是謂不道. 不道早已.

제31장 병자불상(兵者不祥)

夫兵者不祥之器, 부병자불상지기	대저 병기는 상서롭지 못한 기물인지라,
物或惡之. 물혹오지	만물이 아마 싫어하리라.
故有道者不處. 고유도자불처	고로 도를 지닌 자는 처하지 않느니라.
君子居則貴左; 군자거즉귀좌	군자는 평소 지낼 적엔 왼쪽을 귀히 여기나,
用兵則貴右.[1)] 용병즉귀우(여)	병기를 사용할 적엔 오른쪽을 귀히 여기누나.

兵者不祥之器, 병자불상지기	병기는 상서롭지 못한 기물이지,
非君子之器. 비군자지기	군자의 기물이 아니라네.
不得已而用之, 부득이이용지	부득이하여 그것을 쓰나니,
恬淡爲上. 념담위상	담담함이 최상이라.
勝而不美, 승이불미	이겨도 찬미하지 않거니와,
而美之者, 이미지자	그런데 이것을 찬미한다면,
是樂殺人. 시락살인	이는 사람 죽이기를 좋아함이라.

夫樂殺人者, 부락살인자	대저 살인을 좋아하는 자라면,
則不可以得志於天下矣.[2)] 즉불가이득지어천하의	천하에 뜻을 펼치지 못하게 되리라.

吉事尙左, 길사상좌	길한 일에는 왼쪽을 높이고,
凶事尙右. 흉사상우(여)	흉한 일에는 오른쪽을 높이네.
偏將軍居左, 편장군거좌	부사령관이 왼쪽에 자리하고,
上將軍居右. 상장군거우(여)	총사령관은 오른쪽에 자리함은,
言以喪禮處之. 언이상례처지	상례로써 이에 대처함을 뜻하네.
殺人之衆, 살인지중	사람을 죽임이 많기에,
以悲哀泣之, 이비애리지	비애로써 이에 임하니,
戰勝以喪禮處之.[3)] 전승이상례처지	싸워 이겨도 상례로써 대처하네.

【문장 구성】

세 단락으로 구성되었다. 첫 단락은 惡, 處, 右(演女切)로 압운하고, 4-5구는 대구이다. 둘째 단락은 산문이다. 셋째 단락은 右, 右, 處(之), 處(之)로 압운하고, 1-4구는 대구이다.

【자구 풀이】

1) 處는 상주하다. 상용수단으로 쓰다.

2) 恬은 욕심이 없는 모양.

4) 上將軍은 고대 중국의 武將의 직위. 총사령관. 偏將軍은 부사령관. 泣은 원래 '울 읍'이나, 여기서는 涖나 莅의 가차. 임하다.

【해설】

역시 전쟁을 비판하는 장이다. 첫 단락으로 화두를 제기한 다음, 둘째와 셋째 단락에서 이를 부연설명하고 있다.

병기를 좋아하는 자는 없다. 사람뿐 아니라 만물이 싫어한다. 그러므로 병기는 상서로운 기물이 아니니, 도를 지닌 자의 상용 수단이 되어서는 안 된다. 부득이한 경우에 쓰되, 그것은 어디까지나 임시방편에 그쳐야 한다. 그러므로 일반적인 상황에서는 왼쪽을 중시하나 병기를 써야하는 상황에서는 오른쪽을 중시하는 것이다.

둘째 단락은 첫 단락의 앞 1-3구를 이어받아 구체적인 설명을 가하고 있다. 병기는 상서롭지 못한 물건이니, "욕심 없는 담담함"으로 대처하여야 한다. 만약 승리를 부풀려 찬미한다면 그것은 살인을 좋아하는 꼴이 되고 만다. 그런 사람은 천하의 주역이 되어서는 안 된다. "사람 죽이기를 즐기지 않는 자"가 천하를 통일할 것이라는 맹자(孟子)의 주장과 통한다(함께 읽을 자료 참조).

셋째 단락은 첫 단락의 제4-5구를 구체적으로 보충 설명하고 있다. '길사(吉事)'와 '흉사(凶事)'는 우리말의 '경사(慶事)'와 '애사(哀事)'에 해당한다. 전쟁은 애사이므로 오른쪽을 중시한다. 그렇기에 총사령관이 오른쪽에 처하고 부사령관이 왼쪽을 처한다. 우리나라 조선시대 경우 좌의정이 우의정보다 상위였듯이, 일반적인 경우라면 왼쪽이 높아야 당연하지만, 전쟁은 흉사의 하나이므로 상례로써 대하는 것이다(참고자료 참조).

【함께 읽을 자료】

≪**맹자·양혜왕상**≫ 맹자가 양(梁)의 양왕(襄王)을 만나고 나와 사람들에게 말했다. "멀리 바라보니 군주답지 않고, 가까이 다가가니 경외할 바를 보지 못했다. 갑자기 물었다. '천하는 어디로 정착될까요?' 내가 대답했다. '하나로 정착될 것입니다.' '누가 하나로 만들지요?' 대답했다. '사람 죽이기를 좋아하지 않는 자가 천하를 하나로 할 수 있을 것입니다.'"

【참고 자료】

노자 당시 왼쪽을 높이는 관습은 중원의 것이 아니라 초(楚)나라의 것이라는 설이 있다. 왜냐하면 주나라, 진나라, 한나라(西漢) 때에는 오른쪽을 높였기 때문이다. 예컨대 황족이나 귀족을 칭하여 '우척(右戚)'이라 하고, 세족과 대가를 칭하여 '우족(右族)' 또는 '우성(右姓)'이라 했다. 동한(東漢)부터 수당과 송나라를 거치면서 점차 '좌존우비(左尊右卑)'의 제도가 형성되었다. 몽고족이 원을 건립한 이후에는 이러한 구제를 바꾸어 오른쪽을 높이도록 규정하였다. 당시 우승상(右丞相)이 좌승상(左丞相) 위에 자리했다. 주원장(朱元璋)이 명나라를 세운 뒤, 옛 제도를 복원하여 왼쪽을 높이도록 했다. 이후 청나라도 이를 따랐다.

【스스로 써보기】

夫兵者, 不祥之器, 物或惡之. 故有道者不處. 君子居則貴左, 用兵則貴右. 兵者不祥之器, 非君子之器, 不得已而用之, 恬淡爲上. 勝而不美, 而美之者, 是樂殺人. 夫樂殺人者, 則不可以得志於天下矣. 吉事尙左, 凶事尙右. 偏將軍居左, 上將軍居右. 言以喪禮處之. 殺人之衆, 以悲哀泣之, 戰勝以喪禮處之.

제32장 도상무명(道常無名)

道常無名樸, 도상무명박	도는 늘 이름 없는 '통나무'이어서,
雖小, 수소	비록 작으나,
天下莫能臣. 천하막능신	천하에 그를 능히 신하 삼을 자 없노라.
侯王若能守之, 후왕약능수지	군주가 만약 그것을 지킬 수 있다면,
萬物將自賓. 만물장자빈	만물이 장차 스스로 복종하리로다.
天地相合, 천지상합	하늘과 땅이 서로 화합하여,
以降甘露, 이강감로	단 이슬을 내릴 것이요,
民莫之令而自均.[1] 민막지령이자균(긴)	대중은 시키지 않아도 절로 고르게 되리라.
始制有名, 시제유명	당초 마름질하면 이름이 생기는 법,
名亦旣有. 명역기유(웨)	이름 또한 이미 있게 되었도다.
夫亦將知止. 부역장지지	대저 또한 멈출 줄 알아야 하리라.
知止, 지지	멈출 줄 알아야,

可以不殆.　　　　　　　이로써 위태롭지 않을 수 있네.
가이불태

譬道之在天下,　　　　　비유컨대 도가 천하에 있음은,
비도지재천하

猶川谷之於江海.[2)]　　시내 계곡과 강 바다의 관계 같도다.
유천곡지어강해(희)

【문장 구성】

두 단락으로 이루어졌다. 첫 단락은 臣, 賓, 均(眞部)으로 압운하고 있다. 강유고는 名, 臣, 賓, 均, 名(둘째 단락)을 압운(眞耕通韻)으로 보고 있지만, 받아들이기 어렵다. 둘째 단락은 有(羽軌切), 止, 殆, 海(音喜)로 운을 밟고 있다.

【자구 풀이】

1) 樸을 다음 구로 연결시키기도 하지만, 제37장에 "無名之樸"이란 말이 나오므로 적절하지 않다. 侯王은 제후와 천자. 여기서는 군주를 범칭한다. 왕필 본에는 臣 뒤에 也가 있지만, 없어도 괜찮다. 賓의 원의는 손님, 여기서는 복종하다. "萬物將自賓"은 다음 문구로 연결되는데, 萬物은 天地와 民으로, 自賓은 降甘露와 自均으로 이어진다.

2) 制는 원래 製와 하나였는데 훗날 분화되어, 制는 추상적인 것의 제작에, 製는 구체적 사물의 제조에 주로 쓰이게 되었다. 여기서는 두 가지 의미를 다 내포한다. 즉, 통나무를 잘라 기물을 만든다는 뜻과 문물제도를 제정한다는 뜻을 동시에 나타낸다. '之在'는 '之於'와 같아, '…과 …의 관계는'의 뜻으로 두 가지 사항을 비교할 때 쓰는 문형이다. 다만 여기서 노자의 독특한 어투에 주의할 필요가 있다. 흔히 A1과 B1의 관계는 A2와 B2의 관계와 같다 식으로 쓰지만, 노자는 A1(道)과 B1(天下)의 관계는

B2(川谷)와 A2(江海)의 관계와 같다는 식으로 쓰고 있다. 이 역시 노자가 즐겨 쓰는 '순환어법'이라고 할 수 있다.

【해설】

도는 언제나 고정된 이름이 없다. 마치 책상, 걸상, 그릇 등으로 가공되기 전의 '통나무'와 같은 것이다. 그럴싸한 이름, 즉 지위가 없으니 하찮은 존재인 듯하지만, 온 천하에 그를 신하처럼 부릴 자가 없다. 한 국가의 통치자가 그 도를 지킬 수 있다면 '천하 만물'은 절로 '순종'하게 된다. '천하 만물'은 다음 구절의 '천지와 백성'으로 이어지고, '순종'함은 '감로를 내리고 절로 균등해지는 것'으로 이어진다.

통나무를 재단하여 기물을 만들면 이름이 생기듯이, 국가나 사회를 다스리다 보면 자연히 각종 이름(제도와 명분)이 생기기 마련이다. 이 때 조심해야 할 점은 그 이름에 집착하거나, 한없이 또 다른 이름을 만드는 우를 범하지 않아야 한다. 대체로 그러한 이름들은 통치자에게는 우호적이고, 일반인에게는 '억압 기제'로 작용하기 쉽기 때문이다. 예컨대 정치가 정치를 위한다면, 근본을 망각하는 것이리라. 자연의 운행이 순조롭고 백성이 절로 균등하게 잘 사는 것, 그 것이야말로 궁극적 근본이고, 정치는 단지 수단이나 방편일 뿐이다. 정치 자체가 목표가 되어서는 안 되고, 그 근본으로 돌아가야 한다. 돌아가기 위해서는 일방적으로 앞으로 나가는 행보를 멈춰야 한다. 수많은 시내와 계곡물이 큰 강과 바다로 흘러들 듯이, 온 천하만사는 도(道)로 귀의하여야 한다.

【스스로 써보기】

道常無名樸. 雖小, 天下莫能臣. 侯王若能守之, 萬物將自賓. 天地相合, 以降甘露, 民莫之令而自均. 始制有名, 名亦旣有, 夫亦將知止. 知止, 可以不殆. 譬道之在天下, 猶川谷之於江海.

제33장 사이불망(死而不亡)

知人者智; 지인자지	남을 아는 자는 지혜롭고,
自知者明. 자지자명(망)	자신을 아는 자는 밝으니라.
勝人者有力, 승인자유력	남을 이기는 자는 힘이 있거니와,
自勝者强.[1] 자승자강	저를 이기는 자가 참 굳셈이니라.
知足者富. 지족자부(비)	만족을 아는 자는 넉넉해지느니라.
强行者有志.[2] 강행자유지	굳세게 행하는 자는 참 뜻이 있노라.
不失其所者久. 불실기소자구	올바른 곳을 잃지 않는 자는 장구하리라.
死而不亡者壽.[3] 사이불망자수	죽어도 없어지지 않는 사람은 장수하리라.

【문장 구성】

세 단락으로 구성된다. 첫 단락은 明(謨郎切)과 强으로 압운하고 2구씩 대구를 이루고 있다. 둘째 단락은 富(方備反)와 志로 압운하고 의미상 대구이다. 셋째 단락은 久와 壽로 운을 밟고 있다.

【자구 풀이】

1) 强은 ≪노자≫에서 문맥에 따라 상반 또는 대조적인 의미로 쓰이는데, 여기서는 제52장 "守柔曰强"처럼 특정한 의미로 쓰이고 있다.

2) 知足者는 自知者를, 强行者는 自勝者를 각각 이어받는다.

3) 其所는 올바른 곳, 여기서는 '知足'과 '强行'을 받는다. 만족을 알고, 자신을 이겨 도로 돌아가는 삶을 가리킨다. 死而不亡은 백서본에는 死而不忘으로 되어 있다. 후자의 경우, 보통 죽어도 그의 공적이 잊히지 않는다, 즉 사이불후(死而不朽)로 이해한다(함께 읽을 자료 참조). 그러나 노자는 출생입사(出生入死 제50장)로 생사를 파악하고 있으니, 육신은 죽어도 그의 정기는 도와 일체가 되어 없어지지 않다는 의미로 봄이 타당하다. 이러한 추론을 장자의 화봉인(華封人) 우화가 뒷받침해준다(함께 읽을 자료 참조).

【해설】

노자는 대인 관계보다도 자아 성찰과 수양을 더 중시한다. 그래서 남을 알기보다는 나를 아는 것이 진정 밝은 자요, 남을 이기기보다는 자신을 이기는 것이 참뜻이 있는 자라고 하고 있다. 자신을 아는 자는 만족을 알게 되고, 그러면 넉넉해진다. 자신을 안다함은 무엇인가? 도가 내 안에 있다는 것, 또는 나 자신이 도의 구현이라는 사실을 앎이다. 내가 도임을 안다면 자연 만족하게 되리라. 자신을 이기는 자는 굳세어 참 뜻을 갖게 된다. 자신을 이긴다함은 또 무엇일까? 도에서 벗어나는 욕심을 이김이다(제37장 참조). 부질없는 욕심을 극복하면 자연 올바른 뜻을 견지하게 되리라. 이러한 올바른 태도를 잃지 않으면 장구하게 된다. 언젠가는 죽어 비록 육신이 없어지더라도 정기가 사라지지 않고 도로 돌아간다면, 혹은 유가의 주장처럼 그 명성이 잊히지 않는다면 이것이 바로 진정한 장수인 것이다.

【함께 읽을 자료】

≪**좌전 양공24**≫ (진나라의 범선자가) 물었다. "고인이 말하기를, '죽어도 썩지 않는다(死而不朽).'는 무엇을 일컫습니까?" … 목숙(穆叔)이 답했다. "… '최상에는 덕을 세움이 있고, 차상에는 공을 세움이 있고, 그 다음에는 말을 세움이 있어', 비록 오래되지만 없어지지 않나니, 이를 일러 불후라 합니다."

≪**장자·천지**≫ 요(堯)가 화산(華山)을 둘러보았다. … 요가 답했다. "아들이 많으면 두려울 일이 많아지고, 부유하면 일이 많아지며, 장수하면 욕볼 일이 많아지는 법이요. 이 세 가지는 덕을 키우는 것이 아니니, 고로 사양합니다." 봉인(封人, 관직 명)이 말했다. "애초에 나는 당신을 성인으로 여겼는데, 이제 보니 그저 군자 정도군요. 하늘이 만민을 낳을 적에 반드시 그에게 직책을 주나니, 아들이 많으나 그들에게 직책을 준다면 무슨 두려울 일이 있겠소? 부유하지만 사람들로 하여금 나누도록 한다면 무슨 할 일이 있겠소? 대저 성인은 메추리처럼 살고 아기 새처럼 먹으며, 새처럼 다녀 드러냄이 없는 법이요. 천하에 도가 있으면 만물과 더불어 번창하고, 천하에 도가 없으면 덕을 닦아 한가로움을 이룬다오. 이렇게 천 년이 되어 세상이 싫증나면, 떠나서 위로 올라가니, 저 흰 구름을 타고 상제의 고장에 이른다오. 세 가지 걱정거리가 닥치지도 않고, 몸에는 늘 재앙이 없을 터이니, 무슨 욕될 일이 있겠소!"

【스스로 써보기】

知人者智, 自知者明. 勝人者有力, 自勝者强. 知足者富, 强行者有志. 不失其所者久, 死而不亡者壽.

제34장 공성불유(功成不有)

大道氾兮, 대도범혜	큰 도는 넘쳐흐르니,
其可左右. 기가좌우(웨)	아 왼쪽 오른쪽 (어디나) 갈 수 있다네.
萬物恃之以生而不辭, 만물시지이생이불사	만물이 이에 힘입어 살되 말하지 않고,
功成而不有.[1] 공성이불유(웨)	공이 이루어진들 소유하지 않는나네.
衣養萬物而不爲主, 의양만물이불위주	만물을 입히고 공양하되 주인이 되지 않으니,
(常無欲, 상무욕)	(늘 욕심이 없으므로,)
可名於小. 가명어소	'작음'으로 이름 지어질 수 있다네.
萬物歸焉而不爲主, 만물귀언이불위주	만물이 이에 귀의하나 주인이 되지 않으니,
可名爲大.[2] 가명위대	'큼'이라 이름 지어 부를 수 있다네.
以其終不自爲大, 이기종부자위대	그는 끝내 스스로 크다 아니하니,
故能成其大.[3] 고능성기대	고로 그 큼을 이룰 수 있다네.

【문장 구성】

세 단락으로 구성되어 있다, 첫 단락은 右(音以)와 有(羽軌切)로 압운하고 있다. 한편 강유고는 辭를 去聲 之部로 보고 운으로 인정하고 있다. 다른 용례를 확인하지 못해 유보한다. 두 번째 단락은 압운이 없다. 의미상 짝을 이루고 있다. 세 번째 단락은 大와 大로 중운하고 있다.

【자구 풀이】

1) 恃는 믿다. 辭는 말하다가 원의로, 간섭하다 또는 군소리하다 등으로 번역할 수 있다.

2) 판본에 따라 차이가 많이 나는 부분이다. 1-3구는 앞 단락의 萬物恃之以生而不辭를 부연 설명하고, 4-5구는 功成而不有를 부연 설명하고 있다. 또 두 대목이 본래 대구를 이루었던 것으로 보이므로, "衣養萬物而常無欲, … 萬物歸焉而不爲主, …"이거나, "衣養萬物而不爲主, … 萬物歸焉而常無欲, …"이었던 것으로 생각한다. 필자는 앞의 것을 취하고 싶다. 可名於小와 可名爲大에서 於와 爲는 각기 수동과 능동의 어감을 표현한다.

3) 其는 이 장 처음에 나오는 大道를 가리킨다. 또 그것을 구현하는 성인으로 봐도 좋다.

【해설】

홍수가 나면 물이 사방으로 넘쳐나듯이 큰 도의 운행은 어디나 빠짐없이 작용한다. 그래서 삼라만상이 모두 그것에 의지해서 살아가지만 도는 아무 말이 없다. 또 위대한 공을 이루지만 소유하려고 하지 않는다.

둘째 단락은 판본에 따라 차이가 있어 논란이 많지만, 핵심은 만물을 입히고 먹이는 것과 만물이 귀의하는 것의 차이에 있다. 유가 식으로 말하자면 전자는 육체적으로 생업에 종사하여 사람을 공양하는 것이니

'소인(小人)'의 일이다. 그래서 억지로 '소(小)'에 의해 명명되어질 수 있다. 후자는 만물이 다 여기로 귀의하는 것이니 이는 '대인(大人)'의 몫이다. 그러므로 '대(大)'라고 명명할 수 있다.

그렇지만 대도는 스스로 자신을 크다고 한 적이 없다. 그래서 자신의 위대함을 이룰 수 있는 것이다. 진정한 사회 지도자가 본받아야 할 덕목이다.

【스스로 써보기】

大道氾兮, 其可左右. 萬物恃之以生而不辭, 功成而不有. 衣養萬物而不爲主, 常無欲, 可名於小. 萬物歸焉而不爲主, 可名爲大. 以其終不自爲大, 故能成其大.

제35장 대상(大象)

執大象, 집대상	'큰 형상'인 도를 잡으면,
天下往. 천하왕	온 천하가 찾아가리라.
往而不害, 왕이불해	찾아가는데 방해하지 않으니,
安平泰.[1] 안평태	이에 평온하고 태평하리라.
樂與餌, 악여이	멋진 음악과 맛난 음식은,
過客止. 과객지	지나는 손을 멈추게 하련만.
道之出口, 도지출구	도가 입에서 나오는 것은,
淡乎其無味. 담호기무미	담담하여 아 아무 맛이 없도다.
視之不足見, 시지부족견	그걸 보아도 보기에 족하지 않고,
聽之不足聞, 청지부족문	그걸 들어도 듣기에 족하지 않도다.
用之不足旣.[2] 용지부족기	(허나) 그걸 써도 다할 수 없도다.

【문장 구성】

크게 두 단락으로 나뉜다. 첫 단락은 4구인데, 다시 象과 往에서, 害와 泰로 환운하고 있다. 둘째 단락은 餌, 止, 味, 旣로 압운하고 있다.

【자구 풀이】

1) 大象은 제41장에서 "큰 형상은 모습이 없다(大象無形)."라 했듯이 도를 비유한다. 往은 정해진 목적지로 가다. 害는 막다, 방해하다. 安은 접속사로 乃와 같다. 平泰는 泰平, 운을 맞추기 위해 도치했다.

2) 樂은 멋진 음악. 옛날 음악은 종합예술이었으므로 실제로는 歌舞와 같다. 뒤 視之와 聽之의 之는 가무로서의 음악을 가리킨다. 餌는 떡, 여기서는 음식. 不足의 기본적인 뜻은 충분치 않다. 이외에 '…할 수 없다', '… 할 필요가 없다', '… 할 가치가 없다' 등으로 번역할 수 있다. 旣는 卽의 반대로 마치다. 다하다. 갑골문을 보면 음식 그릇을 등지는 모습과 바라보는 모습을 각각 본뜨고 있다(참고자료 참조).

【해설】

예를 들어 보자. 동그라미를 좋아하는 나라가 있다고 치자. 이런 나라에 세모, 네모, 마름모, 육각형이 찾아온다면 어떻게 될까? 당연히 차별받고 배척되리라. 그렇기에 도는 '무형'인 '대상(大象)'인 것이다. 물론 도를 실천하는 성인도 이 '대상'을 견지한다. 그 곳에는 어떠한 모양도 배척받지 않는다. 다 자신의 정체성을 존중받으며 평온하고 태평해진다.

둘째 단락은 '대상'을 설명한다. 멋진 음악과 맛난 음식은 지나가는 나그네의 발길을 멈추게 한다. 그러나 도는 멋있지도 않고 맛있지도 않으니, '무형', 즉 '대상'이다. 그렇기에 대부분 사람들이 무심코 지나쳐 버릴 터이지만, 알고 보면 이보다 더 소중한 것은 없다. 마치 우리가 늘 마시고 숨

쉬는 물과 공기와 같다. 아무런 맛도 멋도 없지 않는가? 만약 그것들이 무형, 즉 대상이 아니라 특정한 맛과 멋이 있다면, 아 생각만 해도 끔찍하다. 제아무리 좋아도 물리기 마련인 법이다.

【참고 자료】

旣(갑골문)

旣(금문)

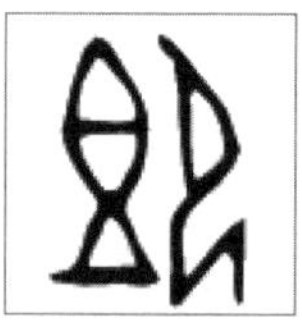
卽(갑골문)

卽(금문)

【스스로 써보기】

執大象, 天下往. 往而不害, 安平泰. 樂與餌, 過客止. 道之出口, 淡乎其無味. 視之不足見, 聽之不足聞, 用之不足旣.

제36장 미명(微明)

將欲翕之, 장욕흡지	장차 그것을 접으려 하니,
必固張之. 필고장지	필히 본래 그것을 펼치누나.
將欲弱之, 장욕약지	장차 그것을 약하게 하려니,
必固强之. 필고강지	필히 본래 그걸 강하게 하누나.
將欲廢之, 장욕폐지	장차 그것을 무너뜨리려 하니,
必固興之. 필고흥(향)지	필히 본래 그것을 일으키누나.
將欲取之, 장욕취지	장차 그것을 뺏으려 하니,
必固與之. 필고여지	필히 본래 그것을 주누나.
是謂微明. 시위미명(망)	이를 일러 '미명'이라 하노라.
柔弱勝剛强.[1] 유약승강강	부드럽고 약함이 딱딱하고 굳셈을 이기노라.

魚不可脫於淵, 어불가탈어연	물고기는 연못을 벗어날 수 없다네.
國之利器, 국지리기	(그처럼) 나라의 '이기'일랑,

不可以示人.[2] 사람에게 쉬 보여서는 안 되네.
불가이시인(연)

【문장 구성】

두 단락으로 구성되었다. 첫 단락은 張, 强, 興(音香), 明, 强으로 압운하고, 중간 2구는 取, 與로 압운하고 있다. 또 1-8구는 모두 之로 끝나고, 처음은 將과 必로 시작하여 두운 역할을 한다. 둘째 단락은 淵과 人(音然)으로 압운하고 있다.

【자구 풀이】

1) 翕은 합하다. 必은 반드시, 固는 본래. 일부러. 확실히. 取는 통행본에 奪로 되어 있지만, ≪韓非子·喩老≫에 인용된 문구에 따라 고쳤다. 微明은 미세하면서도 명백함. '微'는 제14장에서 "잡아도 잡히지 않으니, '미'라 한다네(搏之不得, 名曰微)."라 했고, '明'은 제52장에서 "작음을 보는 것을 '명'이라 한다(見小曰明)"라 하고 있으니, 일차적으로는 감각적으로 포착할 수 없지만 명백한 이치라는 의미이다. 또한 '微'와 '明' 자체가 待對관계를 나타내기도 한다.

2) 利器는 이로운 기물. 구체적으로 무엇을 가리키는 지에 대해 여러 가지 설이 있다. 권력, 각종 제도, 규제, 무기 등등을 포괄한다.

【해설】

남미 안데스 산맥의 콘도르를 상상해보자. 날개를 활짝 펼치고(張) 창공을 활강하는 거대한 콘도르! 그 자유로운 비상은 그야말로 선망의 대상이다. 그러나 콘도르는 이 순간 먹이를 찾아 치열하게 헤매고 있을 뿐, 그가 진정 하고 싶은 것은 빨리 날개를 접는 일(翕)이리라. 또 밤톨을 예로 들어보자. 밤은 두껍고 딱딱한 껍질을 갖고 있다. 만약 그 껍질의 강(强)함이 영구적인 것이라면 밤나무는 어떻게 될까? 아마 지구상에서 사라져 없어졌을 것이다. 껍질이 약(弱)해지기에 새 생명으로 거듭 날 수 있는 법이다. 그러고 보면, 새는 날개를 접기 위해 먼저 펼쳤고, 씨앗은 약해져 새싹을 돋기 위해 먼저 강했던 것이라 하겠다.

이처럼 온갖 사물은 곰곰이 들여다보면 '여성성'과 '남성성'을 아울러 갖고 있다. 보통 사람들은 '남성성'에만 주목하지만 기실 세계를 이끌어가는 힘은 '여성성'이다. 여성적인 약함이 남성적인 강함을 결국 이긴다는 것이 노자의 생각이다. 즉 '유약(柔弱)'이 '강강(剛强)'을 이기는 법인데, 이는 '미묘하면서도 분명한 이치(微明)'이다. 본문에서 흡/약/폐/취(翕/弱/廢/取)는 '유약'한 '여성성'을, 장/강/흥/여(張/强/興/與)는 '강강'한 '남성성'을 비유한다.

그러나 일반적으로 세상 사람들은 펼치고 강하게 하는 '남성성'이 사회 발전의 원동력이라고 믿는다. 노자의 시대, 최대 화두였던 부국강병이 바로 대표적인 예일 것이다. 하지만 노자는 경고한다. 그것이 발전의 조짐이 아니라 멸망의 조짐임을. 왜냐하면 '유약'이 '강강'을 이기는 것이 자연의 섭리이기 때문이다.

물고기가 물을 떠나면 죽는다. 물, 즉 연못은 '유약'을 상징한다. 유약을 떠나면 물고기는 죽는다. 물고기는 수렵채취 시절부터 인류가 안전하고 쉽게 얻을 수 있는 식량이었으니, 소중한 것이었다. 그것이 유약 속에 있어야 하듯이, 인간이 만든 각종 기물이나 제도 역시 물고기처럼 유약함 속에 숨겨져 있어야 한다. 보이지 않게 기능해야 한다(제17장 太上, 不知有之. 참조). 이런 관점에서 보면 정치의 발전을 위한다고 목소리만 키우는 정치가나 경제의 발전을 위한다고 목청을 높이는 경제가가 바로 연못을 떠난 물고기이다. 국가와 사회에 별 도움이 되지 못하거니와, 결국 자신마저 망치게 된다. '미명(微明)'인 도에 어긋나기 때문이다. 제34장에서 지적했듯이 진정한 사회적 지도자는 자신을 '크다'고 하지 않는 법이다.

【스스로 써보기】

將欲翕之, 必固張之. 將欲弱之, 必固强之. 將欲廢之, 必固興之. 將欲取之, 必固與之. 是謂微明. 柔弱勝剛强. 魚不可脫於淵, 國之利器, 不可以示人.

제37장 도상무위(道常無爲)

道常無爲, 도상무위	도는 늘 억지로 함이 없지만,
而無不爲. 이무불위	하지 않음이 없도다.
侯王若能守之, 후왕약능수지	군주가 이를 지킬 수 있다면,
萬物將自化.[1)] 만물장자화(회)	만물이 장차 절로 변화하리라.
化而欲作, 화이욕작	만물이 변화하되 욕심이 일어나면,
吾將鎭之以無名之樸. 오장진지이무명지박	우린 장차 '무명'의 통나무로 이를 누르리라.
鎭之以無名之樸, 진지이무명지박	'무명'의 통나무로 이를 누르리니,
夫亦將不欲. 부장불욕	대저 또한 장차 욕심 내지 않노라.
不欲以靜, 불욕이정	욕심 내지 않음으로써 차분하면,
天下將自定. 천하장자정	천하가 장차 절로 안정되리라.

【문장 구성】

세 단락으로 구성되었다. 첫 단락은 爲, 爲, 化(音回)로 압운하고 있다. 둘째 단락은 입성인 作, 樸, 樸, 欲으로 운을 달고 있고, 또한 '첫 구(A)하면 둘째 구(B)하다'가 다음 3-4구에서는 반대로 'B하니 A하다'로 바뀌고 있다. 이 역시 일종의 순환어법이다. 셋째 단락은 靜과 定이 운이다.

【자구 풀이】

1) 化는 敎化, 感化의 의미. 바람직한 방향으로 변화하다.

2) 作은 일어나다, 발생하다. 鎭은 누르다, 진압하다. 無名之樸은 도를 비유.

3) 定은 正으로 된 판본도 있다. 의미는 다 잘 통한다.

【해설】

노자의 일관된 믿음이다. "무위이무불위(無爲而無不爲)!" 도에 대한 믿음을 이보다 더 잘 표현하기 어려울 것이다. 일종의 종교적 신앙이라 불러도 좋을 듯하다. 이러한 도를 통치자가 구현하면 삼라만상이 절로 자생자화(自生自化)하게 된다.

일이 순조롭게 진행되면 사람들은 욕심을 내기 일쑤이다. 그러나 욕심은 금물이다. 진시황(秦始皇)처럼 한 없이 욕심을 부린다면 그 결과는 비참하다. 그래서 노자는 다시 도를 따랐던 초심으로 돌아가라고 권한다. 자식 덕을 보기위해 자식을 키우는 게 아니듯이 말이다.

노자는 거듭 강조한다. 도처럼 욕심 부리지 않고 하다보면 천하는 절로 잘되는 법이다. 소박한 논리이지만 음미하여야 옳다. 사실 억지로 하지 않는 '무위'는 도가의 전유물만은 아니다. 그것은 전형적인 농경문화적인 사유방식이어서 유가도 크게 다를 바가 없다. 예컨대, 유가에서 사표로 여겼던, 순(舜) 임금도 바로 '무위'의 통치자였다(함께 읽을 자료 참조). 윗물이 맑으면 아랫물은 절로 맑아진다. 맹자의 지적처럼 윗사람이 좋아하면 아랫사람은 더하는 법이기 때문이다(함께 읽을 자료 참조). 통치자가 '불욕(不欲)'하면 아래 사람들은 절로 '자정(自定)'하게 된다.

【함께 읽을 자료】

≪**논어·위영공**≫ 공자께서 말씀하셨다. "무위하면서 다스린 이는 아마도 순 임금일진저! 대저 무엇을 하셨던가? 자신을 공경히 한 채로 바로 남쪽을 향하였을 뿐이다."

≪**맹자·등문공상**≫ 위에서 좋아하는 것이 있으면, 아래에서 반드시 더하는 자가 있게 된다.

【스스로 써보기】

道常無爲, 而無不爲. 侯王若能守之, 萬物將自化. 化而欲作, 吾將鎭之以無名之樸. 鎭之以無名之樸, 夫將無欲. 不欲以靜, 天下將自定.

德經

덕경

제38장 상덕부덕(上德不德)

上德不德, 상덕부덕	상등의 덕은 덕으로 여기지 않으니,
是以有德; 시이유덕	이로써 덕이 있다네.
下德不失德, 하덕불실덕	하등의 덕은 덕을 잃지 않으려 하니,
是以無德.[1)] 시이무덕	이로써 덕이 없다네.

上德, 상덕	상등의 덕은
無爲而無以爲; 무위이무이위	억지로 함이 없고 그것으로 하고자 함이 없다네.
下德, 하덕	하등의 덕은
無爲而有以爲; 무위이유이위	억지로 함이 없지만 그것으로 하고자 함이 있다네.
上仁, 상인	상등의 인은
爲之而無以爲; 위지이무이위	그걸 억지로 하지만 그것으로 하고자 함이 없다네.
上義, 상의	상등의 의는
爲之而有以爲.[2)] 위지이유이위	그걸 억지로 하는데 그것으로 하고자 함이 있다네.

上禮, 상예	상등의 예는
爲之而莫之應, 위지이막지응	그걸 억지로 하는데 응답이 없으면,
則攘臂而扔之.[3)] 즉양비이잉(응)지	팔을 걷고 잡아당긴다네.
故 고	그러므로
失道而後德; 실도이후덕	도를 잃은 뒤에 덕이고,
失德而後仁; 실덕이후인	덕을 잃은 뒤에 인이고,
失仁而後義; 실인이후의	인을 잃은 뒤에 의이고,
失義而後禮.[4)] 실의이후예	의를 잃은 뒤에 예이네.
夫禮者, 부예자	대저 예라는 것은,
忠信之薄, 충신지박	진심과 믿음의 얄팍함이요,
而亂之首. 이난지수(시)	어지러움의 머리라.
前識者, 전식자	앞서 아는 척하는 것은,
道之華, 도지화	도의 '꽃(허상)'이요,
而愚之始.[5)] 이우지시	어리석음의 시초라.

是以大丈夫, 시이대장부	이 때문에 대장부는
處其厚, 처기후	그 두터움에 처하지,
不居其薄; 불거기박	그 얄팍함에 머물지 않으며,
處其實, 처기실	그 '열매'에 처하지,
不居其華.[6] 불거기화	그 '꽃'에 머물지 않는다네.

故 고	그러므로
去彼 거피	저걸 버리고
取此.[7] 취차(치)	이걸 취한다네.

【문장 구성】

일곱 단락으로 구성되어 있다. 첫 단락 4구는 두 개의 대구이고, 德으로 중운하고 있다. 구 가운데 德 역시 구중운이고, 서두에 是以는 두운 역할을 한다. 둘째 단락 역시 네 개의 대구로 이루어지고 爲로 중운하고 있다. 구 가운데 爲 역시 구중운이고, 처음 無爲와 爲之는 두운 역할을 한다. 셋째 단락은 應과 扔으로 압운하고 있다. 넷째 단락은 압운하지 않았다. "失○而後△" 구형이 반복되는데, 앞 구의 △를 이어받아 다음 구가 시작한다. 끝말잇기 형식이다. 失은 두운 역할을 하고 있다. 다섯째 단락은 者와 者, 그리고 首(音始)와 始로 압운하고, 또 而가 두운 역할을 한다. 여섯째 단락은 대구를 활용하고, 또 處와 不이 두운 역할을 하고 있다. 마지막 단락은 彼와 此(雌氏切)가 구중운이다.

【자구 풀이】

1) 不德은 덕으로 생각하지 않다. 덕이라고 여기지 않다. "덕이 아니다"는 뜻의 非德과 차이가 있다.

2) 無以와 有以는 …할 것이 없다(있다). …할 수가 없다(있다).

3) 攘은 물리치다. 여기서는 (팔소매를) 걷다. 扔은 당기다.

4) 失道而後德는 도를 잃게 된 후 미봉책으로 덕을 따지게 된다는 뜻. 이하 세 구도 동일한 문형이다.

5) 前識은 사안에 앞서서 행하고 이치에 앞서서 움직이는 것(先物行先理動之謂前識. ≪韓非子·解老≫). 前은 앞서다, 혹은 앞세우다. 識은 지식이 있음을 내보이다. 알다. 아는 체 하다.

6) 彼는 薄과 華, 此는 厚와 實을 가리킴.

【해설】

덕은 도의 구현이다. 상덕은 덕을 의식하지 않는 반면, 하덕은 덕을 의식하고 잃지 않으려고 한다. 그렇기에 상덕은 도에 가까우나 하덕은 이미 도의 특성을 일부 상실하고 만다. 인위가 섞여들었기에 하덕은 도의 직접적인 구현으로서의 덕이 더 이상 아니다. 그렇기에 순수한 덕이 없게 된다.

상덕과 하덕은 무위, 즉 억지로 하지 않는다는 점에서 외견상 같다. 그러나 상덕의 경우는 무위 자체가 수단이자 목적인 반면, 하덕의 경우는 무위는 수단이고 그것으로 하고자 하는 바가 따로 있다. 때문에 첫 단락에서 덕이 없다고 했던 것이다. 유가에서는 인(仁)과 의(義)를 중시하지만,

이것들은 이미 무위를 벗어난 '유위'이다. 상등의 인과 의일지라도 '유위'인 이상 도와 덕과 비견될 수 없다. 다만 사적인 의도가 없는 '상인(上仁)'은 나은 편이다. '상의(上義)'처럼 따로 하고자 함이 없기 때문이다. 하등의 인과 하등의 의는 새삼 말할 필요조차 없다.

인과 의가 추상적 덕목으로 사람들에게 권장하는 데 그친다면, 예는 구체적인 규범을 인위적으로 설정하여 적극 강요한다. 이런 점에서 예는 상등일지라도 '스스로 그러한(自然)' 도와 본질적으로 성격을 달리 한다. 억지로 팔을 걷어 부치고 나서서 잡아 당겨 강제하기 때문이다. 상등의 예의가 이러하니 하등은 어떠하겠는가? 아마도 비난하고 처벌할 것이다.

그러므로 도 → 덕 → 인 → 의 → 예로 가는 것은 일종의 퇴보이자 상실이라 할 수 있다. 세상 사람들은 이를 발전이라고 할지 모르지만, 그 근원 또는 본질을 망각하고 있다면 커다란 잘못이다. 사실 도나 덕으로 충분히 가능한 일인데 미리 아는 체하며 인의와 예를 설정하는 데는 은밀한 의도가 따로 있는지도 모른다. 비근한 예로 "찬물도 위아래가 있다."라는 속담을 떠올려 보자. 이런 것이 예라면, 그것은 '위'의 기득권을 담보하기 위한 장치에 불과하다. 노자는 이 점을 우려한다. 그렇기 때문에 어지러움과 어리석음의 시작이라 질타한다.

노자는 제25장에서 도는 "커지니 떠나간다 하고(大曰逝), 가게 되니 멀어진다 하고(逝曰遠), 멀어지니 돌아온다 하네(遠曰反)."라고 했다. 즉 도의 운행은 멀어졌다 다시 돌아오는 것이다. 도 → 덕 → 인 → 의 → 예가 멀어지는 방향(厚/實 → 薄/華)이라면 그 반대는 돌아가는 방향(薄/華 → 厚/實)이다. 속인들은 전자에 집착할 터이지만, 안목이 있는 대장부라면 후자를 잊지 않는 법이다. 돌아감이야말로 도의 진정한 움직임이기 때문이다(제40장 反者道之動.). 주지하듯이 공자는 예를 특히 중시하였다(함께 읽을 자료 참조). 예는 신에게 바치는 제물을 본뜬 글자로(참고 자료 참조),

원래는 종교적 의례를 가리켰으나 차츰 생활규범으로 전환되었다. 공자는 주나라의 문화(周公과 文王으로 대표되는 귀족문화)를 이상적 모델로 삼는다. 그렇기에 공자가 예를 중시함은 당연한 귀결이다. 반면 노자는 신(神)조차도 도의 파생물이나 하위로 본다(제39장과 제60장 참조). 따라서 그가 보기에 신에게 제물을 바치는 의례에서 유래한 예는 도의 말엽에 불과할 뿐이다.

【함께 읽을 자료】

≪**논어·태백**≫ 선생님께서 말씀하셨다. "시에서 일으키고, 예에서 서며, 음악에서 이룬다."

≪**논어·안연**≫ 안연이 인에 대해 여쭈었다. 선생님이 말씀하셨다. "자신을 이겨 예로 돌아감이 인이다. … " 안연이 여쭈었다. "그 세목을 여쭙습니다." 선생님이 말씀하셨다. "예가 아니면 보지 말고, 예가 아니면 듣지 말고, 예가 아니면 말하지 말며, 예가 아니면 행동하지 말라."

【참고 자료】

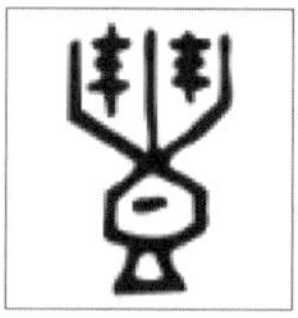

禮(갑골문)

禮(금문)

禮(소전)

【스스로 써보기】

上德不德, 是以有德. 下德不失德, 是以無德. 上德無爲, 而無以爲, 下德無爲, 而有以爲. 上仁爲之, 而無以爲, 上義爲之, 而有以爲. 上禮爲之, 而莫之應, 則攘臂而扔之. 故失道而後德, 失德而後仁, 失仁而後義, 失義而後禮, 夫禮者, 忠信之薄, 而亂之首. 前識者, 道之華, 而愚之始. 是以大丈夫處其厚, 不居其薄, 處其實, 不居其華, 故去彼取此.

제39장 득일자(得一者)

昔之得一者. 석지득일자	옛날 '하나'를 얻은 것들이여!
天得一以清; 천득일이청	하늘은 '하나'를 얻어서 맑구나.
地得一以寧; 지득일이영	땅은 '하나'를 얻어 편안하구나.
神得一以靈; 신득일이영	신은 '하나'를 얻어 영험하구나.
谷得一以盈. 곡득일이영	골짜기는 '하나'를 얻어 차구나.
萬物得一以生; 만물득일이생	만물은 '하나'를 얻어 생기누나.
侯王得一以貞.[1)] 후왕득일이정	군주는 '하나'를 얻어 점치누나.

其致之也, 기치지야	이를 더욱 미루어 말하자면,
天無以清, 천무이청	하늘이 맑을 것이 없다면,
將恐裂; 장공렬	장차 아마 갈라져 버리리.
地無以寧, 지무이영	땅이 편안할 것이 없다면,
將恐發; 장공발	장차 아마 터져 버리리.

神無以靈, 　　신이 영험할 것이 없다면,
신무이영

將恐歇; 　　장차 아마 그쳐 버리리.
장공헐

谷無以盈, 　　골짜기가 찰 것이 없다면,
곡무이영

將恐竭; 　　장차 아마 바닥나 버리리.
장공갈

萬物無以生, 　　만물이 생겨날 것이 없다면,
만물무이생

將恐滅; 　　상자 아마 없어져 버리리.
장공멸

侯王無以貞, 　　군주가 점칠 것이 없다면,
후왕무이정

將恐蹶.[2] 　　장차 아마 넘어져 버리리.
장공궐

故 　　그러니까
고

貴以賤爲本; 　　귀함은 천함을 근본으로 하고,
귀이천위본

高以下爲基. 　　높음은 낮음을 바탕으로 삼네.
고이하위기

是以 　　이 때문에
시이

侯王自謂孤寡不穀, 　　군주는 자신을 '고' '과인' '불곡'이라 하니,
후왕자위고과불곡

此非以賤爲本邪? 　　이는 천함을 근본으로 삼음이 아닌가?
차비이천위본야

非乎?[3]
비호

그렇지 않은가?

故
고

그러니까

至譽,
지예

지극한 영예는

無譽.
무예

영예가 없다네.

不欲琭琭如玉.
불욕록록여옥

옥처럼 빛나려 하지 않네.

珞珞如石.[4]
락락여석

돌처럼 단단한 법이라네.

【문장 구성】

네 단락으로 구성되어 있다. 첫 단락은 淸, 寧, 靈, 盈, 生, 貞으로 운을 밟고 있고, 또 得一(以)이 가운데 반복되어 구중운 역할을 한다. 둘째 단락은 裂, 發, 歇, 竭, 滅, 蹶로 압운하고 있다. 또 처음에 반복되는 將은 두운 역할을 한다. 셋째 단락의 첫 두 구는 대구이고, 나머지는 산문이다. 마지막 단락은 譽와 譽에서 玉과 石으로 압운하고 있다.

【자구 풀이】

1) 貞은 곧다, 바르다 등의 뜻으로 쓰이나, 원래 제기(솥)를 본뜬 글자(참고 자료 참조)로 본의는 점을 쳐서 묻다(卜問).

2) 無以는 …할 것이 없다. …할 수 없다. 裂은 찢다, 찢어지다. 發은 쏘다, 터지다. 歇은 다하다, 비다. 竭은 물이 마르다, 다하다. 滅은 멸하다, 없어지다. 蹶은 넘어지다, 엎어지다.

3) 孤는 아비 없는 자식. 寡는 부족한 놈. 不穀은 쭉정이처럼 쓸모없는 사람. 邪는 耶와 같아, 의문을 나타내는 조사.

4) 琭은 옥. 琭琭은 옥이 아름다운 모양. 珞은 조약돌. 珞珞은 조약돌이 단단한 모양. 앞에 欲이 생략되어 있다.

【해설】

길지만 내용은 그다지 어렵지 않다. 첫 단락은 삼라만상 모든 것이 '하나' 즉 도를 얻었기에 고유 특성을 보인다는 것을 설파하고 있다. 둘째 단락은 앞 단락을 뒤집어 말하고 있다. "하늘이 맑을 것이 없다면"은 바로 하늘이 도를 얻지 못했다는 뜻이다. 이하 마찬가지이다.

도의 가장 큰 특성은 상식적인 수준에서 대립되어 보이는 양면을 '하나'로 포괄한다는 점이다. 이 점은 제1장에서부터 노자 줄곧 강조한 바이다. 귀/고(貴/高)가 바로 천/하(賤/下)와 표리 또는 대대(待對) 관계를 맺고 있다. 그러므로 높은 자일수록 자신을 낮추어야 도의 특성에 부합하게 된다.

물과 공기는 모든 생명체가 필요로 하는 것이지만 우리는 그 소중함을 잊고 산다. 그렇다고 그 소중함이 변질되거나 없어지지 않는다. 지극한 명예는 이를 닮아야 한다.

【참고 자료】

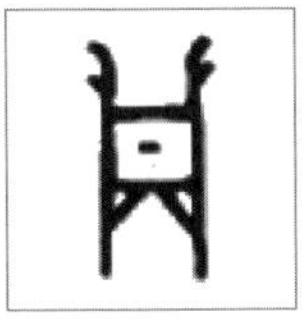

貞(갑골문)

貞(금문)

貞(예서)

【스스로 써보기】

昔之得一者, 天得一以清. 地得一以寧. 神得一以靈. 谷得一以盈. 萬物得一以生. 侯王得一以貞. 其致之也, 天無以清, 將恐裂. 地無以寧, 將恐發. 神無以靈, 將恐歇. 谷無以盈, 將恐竭. 萬物無以生, 將恐滅. 侯王無以貞, 將恐蹶. 故貴以賤爲本, 高以下爲基. 是以侯王自謂孤寡不穀, 此非以賤爲本邪, 非乎. 故至譽, 無譽. 不欲琭琭如玉, 珞珞如石.

제40장 유생어무(有生於無)

反者道之動, 반자도지동	되돌아감은 도의 움직임이요,
弱者道之用.[1] 약자도지용	부드러움은 도의 쓰임이로다.
天下萬物生於有, 천하만물생어유	천하 만물은 '유'에서 생기지만,
有生於無.[2] 유생어무	'유'는 '무'에서 생기느니라.

【문장 구성】

두 단락으로 구성되어 있다. 첫 단락은 대구이고 動과 用으로 압운하고 있다. 둘째 단락은 의미상 대구이고 끝말잇기를 하고 있다.

【자구 풀이】

1) 反은 返의 가자. 되놀아오다. 되돌아가다. 제25장 "逝曰遠, 遠曰反."의 反과 같다.

2) 有는 제1장의 '萬物之母', 無는 제1장의 '天地之始'에 각각 해당한다.

【해설】

노자 81장 가운데 가장 짧은 장이다.

되돌아감, 즉 순환은 노자에게 매우 중요한 것이어서 자주 언급하고 있다. 제15장의 "누가 차분하다 그걸 움직여 천천히 생기게 할 수 있을까?

누가 흐렸다 그걸 고요히 해서 천천히 맑아질 수 있을까?”가 대표적인 예라 하겠다. 노자는 또 수레바퀴와 질그릇 등의 비유를 통하여 ‘무(無)’의 중요성을 강조한 바 있다. 마치 수레바퀴 통이 비어 있기에 굴대를 넣어 수레를 운행하듯이, 도가 작동하는 데 ‘무’가 절대적인 역할을 하는 법이다. 이 장에서 말하는 ‘약(弱)’은 ‘무’를 완곡하게 표현한 것이라 할 수 있다.

두 번째 단락은 첫 단락을 부연 설명하고 있다. 만물은 유에서 생기고, 그 유는 무에서 생긴다. 생략되어 있지만, 또 만물은 모두 도(道)로 돌아간다. ‘반(反)’이 도의 작동 기제이기 때문이다. 그리고 돌아가는 그 곳은 바로 도의 본원으로서의 ‘무’이다.

【스스로 써보기】

反者道之動. 弱者道之用. 天下萬物生於有, 有生於無.

제41장 도은무명(道隱無名)

上士聞道, 상사문도	상등의 사내가 도를 들으면,
勤而行之. 근이행(항)지	열심히 이를 행하리.
中士聞道, 중사문도	중등의 사내가 도를 들으면,
若存若亡. 약존약망	있는 듯 없는 듯이 하리.
下士聞道, 하사문도	하등의 사내가 도를 들으면,
大笑之. 대소지	이를 크게 비웃으리.
不笑, 불소	비웃지 않으면,
不足以爲道.[1] 부족이위도	도가 되기에 충분치 않으리.
故 고	그러니까
建言有之, 건언유지	늘 하는 말에 이런 게 있지,
明道若昧; 명도약매	밝은 길은 어두컴컴한 듯.
進道若退; 진도약퇴	나가는 길은 물러나는 듯.

夷道若纇.[2-1)] 이도약뢰	평평한 길은 울퉁불퉁한 듯.
上德若谷; 상덕약곡	상등의 덕은 골짜기 같네.
大白若辱; 대백약욕	크게 결백함은 욕됨 같네.
廣德若不足.[2-2)] 광덕약부족	넓은 덕은 부족한 것 같네.
建德若偸; 건덕약투	튼튼한 덕은 구차한 양 하지.
質德若渝; 질적약유	질박한 덕은 변질된 양 하지.
大方無隅;[2-3)] 대방무우	커다란 네모는 모서리가 없지.
大器晩成; 대기만성	커다란 그릇은 이루어지지 않네.
大音希聲; 대음희성	커다란 음악은 소리가 없네.
大象無形.[2-4)] 대상무형	커다란 형상은 모양이 없네.
道隱無名. 도은무명	도는 숨어 이름이 없는 법.
夫唯道, 부유도	오직 도라야,
善貸且成.[3)] 선대차성	잘 빌려 주고 또한 이루어내노라.

【문장 구성】

크게 세 단락으로 나누어 볼 수 있다. 첫 단락은 道와 笑로 반복하여 압운하고, 또 行(下郞切)과 亡으로 운을 달고 있다. ababaaaa식이다. 둘째 단락은 기본적으로 넉 자로 된 속담이 나열되고 있는데, 다시 세 구씩 운을 밟고 있다. 昧, 退, 纇와 谷, 辱, 足 또 偸, 渝, 隅 그리고 成, 聲, 形으로 환운하고 있다. 마지막 단락은 名과 成이 운이다.

【자구 풀이】

1) 士는 발기한 남성의 성기를 본뜬 글자라는 주장(熊國英, ≪圖釋古漢字≫, 齊魯書社)도 있지만, 보통 도끼를 본뜬 글자라는 설이 일반적이다. 어떤 경우든지 성인 남성을 지칭한다.

2) 建言은 자주 하는 말. 속담. 建은 健과 같다. 健忘症의 용례에서 보듯이 여기서 그 뜻은 자주. 偸는 보통 훔친다는 뜻이나 여기서는 구차하다. 渝는 원래 물이 맑다가 더러워진다는 뜻에서, 변질되다. 大器晩成의 晩은 希, 無와 호응하므로, 가장 늦게라는 뜻. 사실상 부정의 의미이다.

3) 隱은 앞 단락의 소리 없음, 꼴이 없음을 이어받고 있다.

【해설】

노자가 말하는 도는 상식을 넘어선다. 오직 상등의 사람만이 이해하고 열심히 실행하려고 노력할 뿐이다. 보통 사람은 반신반의하고, 하등의 사내는 아예 크게 비웃고 만다. 제1장에서 지적하였듯이 누구나 도라고 할 수 있는 것을 노자는 도라고 말하지 않는다. 그의 도는 현실 차원을 훌쩍 뛰어넘는 본질이나 본원에 관한 것으로 상도(常道)이다. 그러므로 하등의 사내가 크게 웃어대는 것이 당연하다.

그러나 노자는 포기하지 않고 세상 사람들이 늘 하는 속담을 최대한 늘어놓는다. 도를 알리려는 노자의 간절한 소망과 안타까움을 느끼게 하는 대목이다. 무려 12개에 달하는 속담은 다 흡사한 내용이다. 요컨대 대상(大象)은 형체가 없다는 것인데, 여기서 '대상'은 당연히 '대도(大道)'를 비유한다.

대도는 꼭 집어 무슨 모양(소리, 그릇)이라고 할 수 없다. 모양을 숨기고 있기에 뭐라고 특정하여 이름(형용)을 지을 수가 없다. 한마디로 '무'이다. 그런 '무'이기에 거기에서 만물의 '유'가 나오는 법이다(제40장 참조). 그래서 잘 빌려주어 이룬다고 하는 것이다. 비근한 예를 들어보자. 부엌에는 각종 양념이 있다. 간장, 고추장, 식초, 물엿, 참기름, 콩기름 등등. 이러한 것들은 특정한 맛을 갖고 있어, 특정한 조리에 쓰일 뿐이다. 반면 물을 보라. 아무 맛도 없지 않는가? 그야말로 맹물이기에 그 물은 어떠한 음식 요리에도 다 빌려다 쓸 수가 있는 것이다. 도란 그런 것이다.

【참고 자료】

士(갑골문)

士(금문)

士(소전)

【스스로 써보기】

上士聞道, 勤而行之. 中士聞道, 若存若亡.
下士聞道, 大笑之. 不笑, 不足以爲道. 故
建言有之, 明道若昧. 進道若退 夷道若纇.

上德若谷. 大白若辱. 廣德若不足. 建德若偸. 質德若渝. 大方無隅. 大器晩成. 大音希聲. 大象無形. 道隱無名. 夫唯道, 善貸且成.

제42장 교부(敎父)

道生一; 도생일	도는 하나를 낳고,
一生二; 일생이	하나는 둘을 낳고,
二生三, 이생삼	둘은 셋을 낳고,
三生萬物. 삼생만물	셋은 만물을 낳네.
萬物負陰而抱陽, 만물부음이포양	만물은 음을 지고 양을 안으니,
沖氣以爲和.[1)] 충기이위화	기를 움직여 조화를 이룬다네.

人之所惡, 인지소오	사람이 싫어하는 건,
唯孤寡不穀, 유고과불곡	오직 '고' '과' '불곡'이나,
而王公以爲稱. 이왕공이위칭	군주는 이로써 호칭을 삼네.
故物 고물	그러므로 만물은
或損之而益; 혹손지이익	때로 이를 덜어 보태지거니와,
或益之而損.[2)] 혹익지이손	때로 이를 보태서 줄어진다네.

人之所教, 인지소교	남들이 가르치는 것을,
我亦教之. 아역교지	나 역시 가르쳐 보리라.
强梁者不得其死, 강량자부득기사	"사나운 자는 제 죽음을 얻지 못하는 법"
吾將以爲教父.[3)] 오장이위교부	우린 장차 이를 '가르침의 아비' 삼으리.

【문장 구성】

세 문단으로 구성되어 있는데 전체적으로 운을 달고 있지 않다. 첫 단락은 끝말잇기와 대구를 활용하고 있다. 둘째 단락은 마지막 두 구가 대구이다. 마지막 단락은 대구도 없는 순수한 산문이다. 일종의 파격으로, 자신의 생각보다는 세상의 가르침을 고스란히 인용하고 있는 이례적인 내용과 부합한다.

【자구 풀이】

1) 沖은 제4장과 제45장에서는 虛의 뜻이나, 여기서는 솟구치며 흔들다(涌搖. ≪說文≫), 즉 강하게 부딪히다.

2) 王公은 천자와 제후. 여기서는 군주를 두루 지칭한다.

3) 强梁은 첩운 글자로, 거칠고 모진 모양. 강하고 사나운 모양. "强梁者不得其死."는 ≪설원(說苑)·경신(敬愼)≫에 나오는 〈금인명(金人銘)〉(함께 읽을 자료 참조).

【해설】

첫 단락은 노자의 우주론을 집약적으로 보여주는 대목이어서 매우 중요하다. 그러나 숫자 一, 二, 三이 구체적으로 무엇을 가리키는지를 밝히고 있지 않기에 여러 가지 설이 제기되고 있다. 필자는 다음과 같이 이해한다. 一은 제25장에 나오는 "유물혼성(有物混成)"으로, '무'와 '유'가 갈라지지 않는 상태를, 二는 다음 구에 나오는 음과 양을, 三은 역시 다음의 氣를 각각 가리키는 것으로 상정한다. 흥미로운 사실은 갑골문과 금문에서 '三'과 '氣'는 거의 동일한 모습이었다는 점이다(참고 자료 참조). 道 → 一 → 二 → 三 → 萬物의 순으로 도가 작동한다고 노자는 여기고 있다.

만물은 모두 대대(待對) 관계인 이원적 요소 또는 '氣'로 이루어진다. 만물은 이 두 요소(氣)가 서로 충돌하여 조화를 이루어야 한다. 인간 세계에서 가장 크고 높은 자는 군주이다. 그러므로 그와 반대되는 작고 낮음을 늘 갖추어야 한다. 그래야 두 '기'를 충돌시켜 조화를 이룰 수 있기 때문이다. 겸손한 지도자가 존경을 받는다. 거만을 떠는 지도자는 그 위치를 잃게 마련이다. 도에 어긋나기 때문이다.

마지막으로 노자는 당시 널리 알려진 경구를 인용한다. 주나라 종묘를 지키는 청동 인물상의 등 뒤에 적혀있었던 것으로, 강포하게 구는 자는 올바른 죽음을 맞지 못한다는 내용이다. 물론 좋은 말이기는 하지만 도의 입장에서 보면 본질을 꿰뚫어보지 못한, 아직 차원이 낮은 설교에 불과하다. 그래서 생명을 먹여 살리는 어미인 '식모(食母)'는 못되지만(제20장 참조), 아쉬운 대로 남을 가르치는 '교부(敎父)'라도 삼고자 하는 것이다.

【함께 읽을 자료】

≪**설원·경신**≫ 공자(孔子)께서 주나라에 가셔서, 태묘(太廟)를 둘러보셨다. 오른쪽 섬돌 앞에 청동 인물이 있는데, 그 입을 세 번 묶었고 그 등 뒤에 명문이 새겨져 있었다. "옛날의 말을 삼가던 사람이다. 삼가고 삼갈지어다. … 사나운 자는 제 죽음을 얻지 못하고, 이기길 좋아하는 자는 반드시 그 적수를 만나리라. …."

【참고 자료】

三(갑골문)

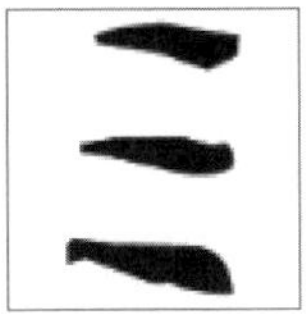
三(금문)

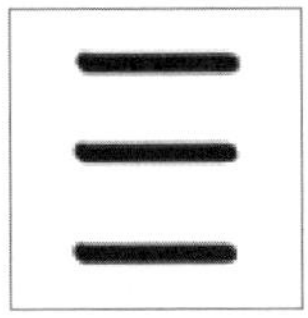
三(소전)

氣(갑골문)

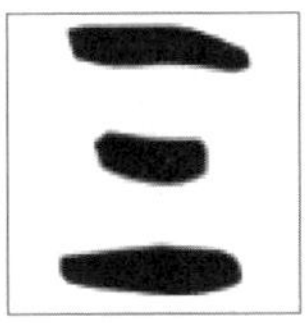
氣(금문)

氣(금문)

氣(소전)

【스스로 써보기】

道生一, 一生二, 二生三, 三生萬物, 萬物負陰而抱陽, 沖氣以爲和, 人之所惡, 唯孤, 寡, 不穀, 而王公以爲稱, 故物, 或損之而益, 或益之而損, 人之所敎, 我亦敎之, 强梁者不得其死, 吾將以爲敎父.

제43장 무위유익(無爲有益)

天下之至柔, 천하지지유	천하에 가장 부드러운 것이,
馳騁天下之至堅. 치빙천하지지견	천하의 가장 견고한 것을 부리지.
無有, 무유	(형체) 있음이 없기에,
入無間.[1] 입무간(건)	틈 없는 곳에 들어가기 때문.
吾是以知 오시이지	우린 이로써 아나니,
無爲之有益. 무위지유익	'무위'가 유익함을.
無言之教; 무언지교	'무언'의 가르침이여,
無爲之益. 무위지익	'무위'의 이로움이여,
天下希及之.[2] 천하희급지	천하에 이에 미칠 게 없네.

【문장 구성】

두 단락으로 구성되었다. 첫 단락은 堅과 間(音巾)으로 운을 밟고 있다. 다음 단락은 益, 益, 及으로 압운하고, 또 無가 두운 역할을 하고 있다.

【자구 풀이】

1) 馳騁은 원래 '말을 몰다'의 의미, 여기서는 부리다, 마음대로 시키다.

2) 希는 적다, 드물다는 뜻이지만, 여기서는 '없다'의 완곡한 표현.

【해설】

우리 주위에는 탄성을 자아내게 하는 것이 많은데 대협곡 역시 빼놓을 수 없는 것 중의 하나이다. 미국의 그랜드 캐니언은 그 깊이가 1.5km, 넓이가 500m에서 30km에 달한다고 한다(참고 자료 참조). 누가 만들었는가? 콜로라도 강에 의한 침식(浸蝕), 쉽게 말해 물이 깎아낸 것이다. 물은 자신의 고유한 형체가 없다. 담기는 용기의 모양 따라, 또 처한 곳의 온도에 따라 갖가지로 변하니 이 보다 부드러운 것이 세상에 또 있으랴. 이처럼 형체마저 없는 존재이기에 '틈이 없이' '견고한' 암석을 마음대로 깎아내는 것이라고 노자는 말한다.

이러한 대자연의 섭리를 인간세계에 적용시켜 보자. 성인의 위대한 가르침은 요란한 말이나 강제가 아니어야 한다. 이른바 부드러운 리더십이어야 하니, 그래서 제8장에서 상선약수(上善若水)라 한 것이다. 쓸데없는 말을 하지 않는 가르침, 몸으로 보여주기만 하는 가르침, 그것은 한마디로 '무위'인데, 그 유익함은 천하에 비할 바가 없다. 대자연의 섭리, 즉 도에 부합하기 때문이다. 도를 행하는 자가 바로 조물주인 셈이니, 세상에 누가 견줄 수 있겠는가?

【참고 자료】

그랜드 캐니언

【스스로 써보기】

天下之至柔, 馳騁天下之至堅. 無有, 入無間. 吾是以知無爲之有益. 無言之敎, 無爲之益. 天下希及之.

제44장 지족불욕(知足不辱)

名與身, 명여신	명성과 몸은,
孰親.[1-1] 숙친	어느 게 가까운가?
身與貨, 신여화	몸과 재화는,
孰多.[1-2] 숙다	어느 게 중요한가?
得與亡, 득여망	얻음과 잃음은,
孰病.[1-3] 숙병(방)	어느 게 병폐인가?
是故, 시고	이 때문에,
甚愛, 심애	심히 아끼면,
必大費.[2-1] 필대비	반드시 크게 쓰게 되네.
多藏, 다장	많이 저장하면,
必厚亡.[2-2] 필후망	필히 통째로 잃게 되네.

知足, 족함을 알면,
지족

不辱.[3-1] 욕되지 않지.
불욕

知止, 멈춤을 알면,
지지

不殆. 위태롭지 않을 터,
불태

可以長久.[3-2] 이로써 영원할 수 있네.
가이장구(기)

【문장 구성】

크게 세 단락으로 나누어 볼 수 있다. 첫 단락은 다시 작은 세 개의 문단으로 구성되는데, 마치 ≪시경≫의 장법을 연상시킨다. 즉, 운이 바뀔 뿐 기본적으로 동일한 문형이 반복되고, 내용 역시 같거나 유사하다. 身과 親, 貨와 多, 亡과 病(音傍)이 운이다. 둘째 단락도 다시 작은 두 개의 문단으로 나누어지고, 문형과 압운 방식도 첫 단락과 같다. 愛(音穢)와 費, 藏과 亡으로 각각 압운하고 있다. 마지막 단락도 대체로 동일하다. 두 개의 문단이고, 足과 辱, 止와 殆 그리고 久(擧里切)로 각각 운을 밟고 있다. 각 단락을 다시 보면, 구 머리에 孰, 必, 不이 각각 반복되고 있는데, 두운으로 봐도 좋다.

【자구 풀이】

1) 多는 원래 고기 덩어리가 쌓여 있는 모양을 본뜬 글자로(참고 자료 참조), 여기에서는 '… 보다 낫다' '좋다고 하다'의 뜻으로 쓰인다. 得與亡은 얻음과 잃음. 보통 얻음은 명예와 재화를 얻음이요, 잃음은 몸을 잃음

을 가리킨다고 보지만 문맥상 잘 맞지 않는다. 얻음과 잃음 모두 의미상의 목적어는 부귀로 보는 것이 이해하기 쉽다.

2) 愛는 아끼다, 인색하게 굴다. 厚는 大의 의미, 크게.

3) 長久는 天長地久의 준말.

【해설】

우리 몸과 바꿀 수 있는 게 있을까? 명성을 준다면, 또는 재물을 준다면 기꺼이 자신의 몸, 즉 생명을 내놓을 자가 있을까? 물론 없다고 할 것이다. 그러나 현실은 재물과 명성, 즉 부귀를 위해 목숨을 돌보지 않는 자가 한둘이 아니다. 그래서 노자는 근본적인 명제를 제기한다. 얻음과 잃음, 어느 것이 나쁜 것이냐고 묻는다. 그 대상이 부귀라면 당연히 얻음은 복이요, 잃음은 화(禍)이라고 속인은 말하겠지만 꼭 그런 것이 아니다. 유명한 새옹지마(塞翁之馬) 고사를 함께 읽어 보자(함께 읽는 자료 참조). 복이 화가 되고, 화가 복이 되지 않던가?

명성에 집착하다보면 큰 대가를 치르게 된다. 재물에 집착하다보면 역시 큰 것을 몽땅 잃게 된다. "건강을 잃으면 모든 것을 잃는다."는 말이 있지 않던가? 설사 몸을 버리지 않는다고 하여도 얻는 데만 지나치게 집착하다보면 명성도 재물도 한꺼번에 잃게 된다. 제9장에서 지적하였듯이 금옥을 십 가득 재워도 영원히 지킬 수 없고, 부귀하다고 교만을 떨다가는 재난을 당하는 법이기 때문이다.

그러므로 족함과 멈춤을 알아야 한다. 그러면 욕되지 않고 위태롭지 않게 된다. 마치 영원한 하늘과 땅처럼 오래 갈 수 있게 된다.

【함께 읽을 자료】

≪**회남자·인간훈**≫ 변방 가까이 사는 사람 가운데 술수를 잘하는 사람이 있었다. 기르던 말이 까닭 없이 오랑캐 땅으로 도망치자, 이웃 주민들

이 모두 그를 위로했다. 그 노인이 말했다. "이 일이 어찌 복이 되지 않겠습니까?" 몇 달이 지났을 무렵, 그 말이 오랑캐 말을 끌고서 돌아오자, 사람들이 모두 그에게 축하했다. 그 노인이 말했다. "이 일이 어찌 화가 되지 않겠습니까?" 그 집안에는 좋은 말이 많아서, 그 아들이 말 타기를 좋아 하더니, (그 말을 타다) 떨어져 허벅지를 부러뜨리고 말았다. 사람들이 다 그를 위로하자, 노인이 말했다. "이 일이 어찌 복이 되지 않겠습니까?" 일 년이 지날 무렵, 오랑캐들이 대거 국경을 침입하자, 장정들이 활을 당기며 싸웠다. 변방 가까이 사는 사람들 가운데, 죽은 자가 열에 아홉이었지만, 이 사람은 절음발이인 까닭에 부자(父子)가 서로 돌볼 수 있었다. 그러므로 복이 화가 되고, 화가 복가 되는 그 변화는 다 파헤칠 수 없고 그 깊이는 다 헤아릴 수 없다.

【참고 자료】

多(갑골문)

多(금문)

多(소전)

肉(갑골문)

肉(소전)

【스스로 써보기】

名與身, 孰親. 身與貨, 孰多. 得與亡, 孰病. 是故甚愛必大費, 多藏必厚亡, 知足不辱, 知止不殆, 可以長久.

제45장 대교약졸(大巧若拙)

大成若缺, 대성약결	크게 이룸은 이지러진 듯하나,
其用不敝. 기용불폐(폐)	그 쓰임에 망가지지 않는다네.
大盈若沖, 대영약충	크게 채움은 비어있는 듯하나,
其用不窮.[1)] 기용불궁	그 쓰임에 다하지 않는다네.

大直若屈, 대직약굴	크게 곧음은 굽은 듯,
大巧若拙, 대교약졸	크게 정교함은 서툰 듯,
大辯若訥.[2)] 대변약눌	크게 말 잘함은 더듬는 듯.

躁勝寒, 조승한	나댐은 차가움을 이기거니와,
靜勝炅. 정승경	차분함은 뜨거움을 이기는 법.
淸靜, 청정	(요즘은) 맑고 차분함이
爲天下正.[3)] 위천하정	천하의 바름이라.

【문장 구성】

세 단락으로 구성되었다. 첫 단락은 다시 두 구씩 두 문단으로 나누어지는데 온전한 대구를 이루고 있다. 각각 缺과 敝(筆別切), 沖과 窮으로 압운하고 있다. 또한 大와 其가 반복되어 두운 역할을 한다. 둘째 단락은 동일한 문형의 사자성어로 대구를 이루며, 屈, 拙, 訥로 압운하고 있다. 또한 大가 두운 역할을 한다. 셋째 단락은 1-2구는 대구이고, 炅(古迥切), 靜, 正으로 압운하고 있다.

【자구 풀이】

1) 大成若缺의 成은 大器晚成(제41장)의 成과 같다. 缺은 그릇이 이지러지다. 한쪽 귀퉁이가 떨어져 없어지다. 敝는 弊, 해지다, 망가지다.

2) 直과 屈, 巧와 拙, 辯과 訥은 각각 반의어.

3) 躁는 빨리 움직이다, 나대다. 靜勝炅은 왕필 본에는 靜勝熱로 되어 있다. 炅은 熱과 의미가 같다. 때문에 전하는 과정에서 바뀐 듯하다. 많은 주석가들은 이 두 구를 "靜勝躁, 寒勝熱"로 보지만, 꼭 그럴 필요가 없다. 추우면 뛰고, 더우면 가만히 있는 것은 예나 지금이나 마찬가지이다.

【해설】

중국을 여행하다보면 종종 의아해진다. 오랜 역사를 자랑하는 유명 식당에서 이가 빠진 그릇을 내놓는 경우를 자주 접하게 되기 때문이다. 나는 그 때마다 '대성약결(大成若缺)'을 떠올리며 피식 웃고 만다. 일부러 그럴 필요까지 있을까 싶어서이다. 어쨌든 '대성(大成)'은 '대기만성(大器晚成)'에서 온 말로, 도를 비유하고 있다. 다음 '대영(大盈)'도 마찬가지이다. 제4장에서 "도는 비었으되 그걸 쓰면 아마 넘치지 않으리라.(道沖, 而用之或不盈)." 라고 했으니, 도는 '대영(大盈)'이어서 '충(沖)'하게 보이는 법이다. 도는 얼핏 어설프고 부족한 듯 보인다. 그렇지만, 아니 그렇기에 도는 현실 세계의 규범이나 법규와 달리 유효기간도 없고 통하지 않는 곳도 없다. 언제 어디서나 부서지거나 없어지지 않는다.

어릴 적에 철도를 보고 있노라면 늘 신기했다. 분명 반듯하게 곧은데 저 멀리 있는 철로는 구부러져 서로 붙어있는 것이었다. "대직약굴(大直若屈)"을 접하면 늘 그 기억이 떠오른다. '대직(大直)'은 물론 도를 형용하고 있다. 대자연이 빚어내는 경치를 보면 "대교약졸(大巧若拙)"이 쉬 이해된다. 도를 체득한 성인의 말씀은 위대하지만, 그는 늘 말을 아낀다. 그 모습이 마치 어눌하게 보인다. 그래서 "대변약눌(大辯若訥)"이다.

노자는 다시 비근한 예를 든다. 부지런히 움직이면 추위를 물리칠 수 있고, 차분히 있으면 웬만한 더위쯤 견딜 수 있음은 삼척동자도 아는 상식이다. 그런데 노자가 보고 있는 시국은, 여러 제후국들이 너나나나 할 것 없이 '부국강병'을 내세우며 치고 패며 온통 싸움에 빠져 있었다. 다들 나대고 있었다. 온 세상이 후끈후끈 달아올라 견딜 수 없을 정도로 뜨거운 지금, 당장에 그리고 진정으로 필요한 것은 '청정(淸靜)'인데도 말이다. 한걸음 더 나가 생각하면 진짜 부지런히 나대는 사람은 마치 가만히 있는 것으로 보이는 법이다. 우리도 비근한 예를 하나 생각해 보자. 격렬한 축구 시합이 벌어지고 있다고 하자. 쉬지 않고 선수들은 뛰어댈 터이지만 감독은 자리에 '가만히' 앉아 있다. '가만히' 앉아 있어야 전체적인 경기의 흐름을 꿰뚫어 볼 수 있기 때문이리라. 이를 둘째 단락의 성어 식으로 표현하자면 '대조약정(大躁若靜)'이 될 것이다. 노자의 시대는 그렇다 치자. 지금 우리가 살고 있는 현대사회는 어떨까? 뜨거울까? 차가울까?

【스스로 써보기】

大成若缺, 其用不敝. 大盈若沖, 其用不窮. 大直若屈, 大巧若拙, 大辯若訥. 躁勝寒, 靜勝炅. 淸靜, 爲天下正.

제46장 지족상족(知足常足)

天下有道, 천하유도	천하에 도가 있으면,
却走馬以糞. 각주마이분	달리던 군마도 돌려 거름을 주네.
天下無道, 천하무도	천하에 도가 없으면,
戎馬生於郊.[1)] 융마생어교	싸우는 전마가 들에 새끼를 낳네.
禍莫大於不知足, 화막대어부지족	재앙은 만족을 모르는 것 보다 더 큰 것이 없고,
咎莫大於欲得. 구막대어욕득	허물은 얻고자 하는 것 보다 더 큰 것이 없다네.
故知足之足, 고지족지족	그러므로 족함을 아는 족함이야말로,
常足矣.[2)] 상족의	영원한 족함이 된다네.

【문장 구성】

첫 단락은 무운이고, 의미상 짝을 이루고 있다. 느슨한 대구라 할 수 있다. 2단락은 足, 得, 足, 足으로 압운하고 있다.

【자구 풀이】

1) 走는 서둘러 뛰는 사람을 본뜬 글자(참고 자료 참조)로, 달리다. 走馬는 잘 달리는 말, 즉 전마. 糞은 원의는 인분. 여기서는 거름을 주다, 비료를 뿌리다. 戎은 각종 무기를 본뜬 글자(참고 자료 참조)로, 무기, 전쟁. 戎馬는 전쟁에 동원된 말, 戰馬. 郊는 원래 수도 밖 100리 이내의 지역. 여기서는 전쟁터를 가리킨다.

2) 莫大於…은 최상급으로, … 보다 더 큰 것은 없다. 즉 …이 가장 크다.

【해설】

도가 있고 없는 두 가지 판연히 다른 세상을 말을 사례로 들어 설명하고 있다. 이상적인 세상은 달리고 있던 말도 불러들여 농사를 거든다. 반면 도가 없는 세상은, 전쟁에 혈안이 되어, 싸우던 말이 전쟁터에서 새끼를 낳는다. 가축이 농사에 활용될 수 없을 뿐만 아니라 제대로 번식마저 불가하다. 생명이 다음 세대를 생산할 수 없는 것이야말로 재앙 중의 재앙이다.

이러한 재앙은 알고 보면 다 통치자들의 욕심이 끝이 없기 때문이다. '지목(知足)'하지 못하고 무턱대고 얻고자 대드니 그처럼 엄청난 재앙을 초래하게 된 것이다. 이 점은 사회뿐만 아니라 개인에게도 마찬가지이다. 욕망은 추구할수록 더 커지는 속성을 갖고 있다. 따라서 채워서 만족할 수 있는 욕망은 없는 법이다. 족함을 알아야 진정한 족함을 누릴 수 있게 된다.

【참고 자료】

走(갑골문)

走(금문)

走(소전)

戎(갑골문)

戎(금문)

戎(소전)

【스스로 써보기】

天下有道, 却走馬以糞, 天下無道, 戎馬生於郊. 禍莫大於不知足. 咎莫大於欲得. 故知足之足, 常足矣.

제47장 불행이지(不行而知)

不出戶, 불출호	문 밖을 나가지 않고서,
知天下; 지천하(호)	천하를 안다네.
不窺牖, 불규유	창틈으로 엿보지 않고서,
見天道.[1] 견천도(두)	하늘의 도를 안다네.
其出彌遠; 기출미원	그 나감이 멀어질수록,
其知彌尟.[2] 기지미선	그 앎은 더 적어지는 법.
是以聖人, 시이성인	이 때문에 성인은,
不行而知; 불행이지	가지 않고서 알고,
不見而名; 불견이명	보지 않고서 부르네.
不爲而成.[3] 불위이성	하지 않아도 이룬다네.

【문장 구성】

세 단락으로 이루어졌다. 첫 단락은 戶와 下(音戶)에서 牖와 道(音頭)로 환운하고 있다. 둘째 단락은 遠과 尠(蘇典切)으로 압운하고 있다. 其는 두운 역할을 한다. 마지막 단락은 名과 成으로 압운하고, 不이 두운 역할을 한다.

【자구 풀이】

1) 窺은 작음 틈이나 구멍으로 엿보다.

2) 尠은 尟으로도 쓰며, 뜻은 少이다. 통행본에는 少로 되어 있지만, 운을 맞추기 위해 백서본에 근거하여 바꾸었다.

3) 名은 보통 明의 잘못으로 보나, 그대로 봐도 좋다. 성인의 모델인 옛 선왕은 천부적인 신통력이 있다고 믿어왔다. 예컨대 ≪사기(史記)·오제본기(五帝本紀)≫에 의하면, 황제(黃帝)는 "태어나면서 신령스러워(生而神靈), 아주 어려서 말을 할 수 있었고(弱而能言)," 고신(高辛) 역시 "태어나면서 신령스러워(生而神靈), 이름들을 스스로 말했으며(自言其名)", 임금 요(堯) 역시 "그가 아는 것이 신 같았다(其知如神)." 不爲는 앞 不行과 不見을 받는다.

【해설】

견문을 넓히기 위해서는 독서와 여행을 많이 해야 함은 상식이다. 또한 독서는 간접 경험인 반면 여행은 직접 경험이기 때문에 중국 옛말에 "책 만 권을 읽어도 천 리의 길을 감만 못하다(讀萬卷書不如行千里路)." 라고 한다. 이런 상식을 무너뜨리고 노자는 밖으로 나갈수록 앎이 적어진다고 경고하고 있다.

노자가 말하는 앎은 물론 일반적인 지식이 아니고, 도를 체득함을 가리킨다. 도는 본질적으로 시공간을 초월하는 것이기에 여행으로 알 수 있는 것이 아니다. 오히려 그와 반대인 '허(虛)'와 '정(靜)'이야말로 도와 만나는 길임을 노자는 제16장에서 이미 피력한 바 있다. 장자는 '허정'을 좌망(坐忘)이라 불렀다.

또한 장자는 이를 심재(心齋)로써 보다 구체적으로 설명하고(함께 읽을 자료 참조), 한 걸음 더 나아가 성인이 "하지 않고서 이루는" 모습을 막고야(藐姑射) 산에 사는 신인(神人)을 통하여 선명하게 보여준다. 가만히 앉아 정신을 모으기만 하더라도 풍년이 들게 할 수 있다는데(함께 읽을 자료 참조), 이는 그가 도의 운행에 동참하고 있음을 비유한다.

【함께 읽을 자료】

≪**장자·인간세**≫ 중니(仲尼)가 말했다. "너는 뜻을 전일하게 하여, 귀로 듣지 말고 그것을 마음으로 들어라. 마음으로 듣지 말고 기(氣)로 들어라. 귀는 청각에 그치고, 마음은 부호(符)에 그치는 법이다. 기(氣)라는 것은 비어서(虛) 사물을 그대로 기다리는 것이다. 오로지 도는 빔에 모이는 법이다. 빔은 마음의 재계, 즉 심재(心齋)이다.

≪**장자·소요유**≫ 막고야라는 산에 신인이 살고 있다. 피부가 얼음과 눈 같고, 부드럽기가 처녀 같다. 오곡을 먹지 않고, 바람을 들이키고 이슬을 마시며, 구름 기운을 타고 나는 용을 부리고서 사해 밖에서 노닌다. 그의 정신이 집중하면 만물이 병들지 않고 햇곡식을 잘 익게 만든다.

【스스로 써보기】

不出戶, 知天下. 不窺牖, 見天道. 其出彌遠, 其知彌尠. 是以聖人不行而知, 不見而名, 不爲而成.

제48장 위도일손(爲道日損)

爲學日益; 위학일익	배움을 하면 날로 늘여야 하고,
爲道日損.[1)] 위도일손	도를 하면 날로 줄여야 한다네.
損之又損, 손지우손	줄이고 또 줄이면,
以至於無爲. 이지어무위	'무위'에 이르게 된다네.
無爲而無不爲.[2)] 무위이무불위	'무위'해야 못함이 없네.
取天下, 취천하	천하를 취하려면,
常以無事. 상이무사	늘 '일 없음'으로 해야지.
及其有事, 급기유사	그가 할 일이 있게 되면,
不足以取天下.[3)] 부족이취천하	족히 이로써 천하를 취할 수 없지.

【문장 구성】

세 단락으로 구성되어 있다. 첫 단락은 각운은 달지 않고, 대구를 활용하고 있다. 반면 '爲'와 '日'이 반복되어 두운과 구중운 역할을 한다. 둘째 단락은 爲로 중운하고 있다. 셋째 단락은 下와 事가 각각 중복 압운되고 있다. abba 형식이다.

【자구 풀이】

1) 日은 날마다, 날이 갈수록.
2) 之는 세속적인 인위.
3) 無事는 無爲.

【해설】

갈홍(葛洪, 283-343)에 의하면 성인에는 두 가지 유형이 있다고 한다(함께 읽을 자료 참조). 하나는 '득도하는 성인'이요 다른 하나는 '치세하는 성인'인데, 노자가 말하는 성인은 당연히 전자이다. 치세하는 성인은 유가에서 말하는 성인으로, ≪논어≫의 첫 문장이 제시하듯이 "배우고 그것을 때마다 익히는(學而時習之)" 것을 근본으로 한다. 그러나 득도하는 성인은 이와 반대로 줄여야 한다. 삼라만상의 본원인 도로 돌아가기 위해서는 세속적인 것을 떨쳐내야 하는 것이다.

줄이고 줄이면 그 끝은 '무위'에 달하게 되는데, 바로 도의 경지이다. 도의 경지에 이르면 모든 일이 다 잘 된다. 현실적인 타당성 여부와 상관없이 노자는 이를 믿는다. 여기에서 우리는 노자가 철학적인 추론보다는 오히려 종교적 신념을 피력하고 있음을 느끼게 된다.

셋째 단락의 '무사(無事)'는 물론 '무위'의 별칭이다. 삿된 목적이나 의도를 불식시키는 것이 바로 '무사'이다. 요즘 식으로 말하자면, '권력재창출' '기득권 유지' '정치 발전을 위한 정치' 등등이 바로 '사(事)'에 해당한다. 이러한 '사(事)'를 없애고 도를 찾아야 한다. 그렇지 못한다면 천하를 차지할 자격이 없다는 것이 노자의 신념이자 소망이다.

【함께 읽을 자료】

≪**포박자·변문**≫ 세상 사람이 말하는 성인은 모두 치세하는 성인이지 득도하는 성인이 아니다. 득도한 성인은 황제(黃帝)와 노자가 바로 그런 분이고, 치세한 성인은 주공(周公)과 공자가 바로 그런 분이다.

【스스로 써보기】

爲學日益, 爲道日損, 損之又損, 以至於無爲, 無爲而無不爲, 取天下, 常以無事, 及其有事, 不足以取天下.

제49장 무상심(無常心)

聖人常無心, 성인상무심	성인은 늘 사심이 없고,
以百姓心爲心.[1)] 이백성심위심	백성의 마음으로 제 마음을 삼네.
善者吾善之. 선자오선지	잘한 이는 우리가 그를 잘한다 하리.
不善者吾亦善之, 불선자오역선지	잘못하는 이도 우리가 잘한다 하리.
德善.[2-1)] 덕선	(그러면) 잘함을 얻게 되리.
信者吾信之. 신자오신지	미더운 사람은 우리가 그를 미덥다 하리.
不信者吾亦信之, 불신자오역신지	미덥지 못한 이도 우리가 미덥다 하리.
德信.[2-2)] 덕신	(그러면) 미더움을 얻게 되리.
聖人之在天下, 성인지재천하	성인이 천하에 있을 적엔,
歙歙焉. 흡흡언	(사심을) 줄이고 줄인다네.
爲天下, 위천하	(성인이) 천하를 위할 적엔,

渾其心. 혼기심	자신의 마음을 혼연하게 한다네.
百姓皆注其耳目, 백성개주기이목	백성들이 모두 이목을 집중하나,
聖人皆孩之.[3)] 성인개해지	성인은 다 그를 아이로 여긴다네.

【문장 구성】

세 단락으로 구성되었다. 첫 단락은 心으로 중운하고 있다. 둘째 단락은 善(之), 善(之), 善에서 信(之), 信(之), 信으로 환운하고, 두 문단은 서로 대구를 이룬다. 셋째 단락은 운도 대구도 없는 순수한 산문이다.

【자구 풀이】

1) 常無心은 통행본에는 無常心으로 되어 있다. 한편 백서 甲本에는 이 장이 빠져있고, 乙本에서는 恒無心으로 되어 있으며, 일부 판본에서는 그냥 無心으로 되어 있다. 의미상 약간의 차이가 있으나, 성인이 자신의 고정 관념을 갖지 않는다는 점은 같다.

2) 德은 여기서는 得과 통한다. 아예 得으로 되어 있는 판본도 여럿 있다.

3) 歙歙焉은 마음에 편집(偏執)하는 바가 없는 모양. 歙은 줄이다, 움츠리다. 渾은 흐리다, 여기서는 혼연하게 하다. 孩는 어린아이가 웃다, 어린아이. 여기서는 동사로 어린아이로 여기다.

【해설】

성인은 도와 같은 존재이다. 도는 자신을 드러내지 않은 채 삼라만상을 돌본다. 그렇듯이 성인은 자신의 기준으로 사람을 재단하지 않는다. 다만 백성의 마음을 자신의 마음으로 삼는다. 쉽게 말하자면 역지사지(易地思之)한다.

그러므로 백성들이 나름 최선을 다했다면 탓하지 않는다. 백성들이 잘하고 미더우면 물론 그렇게 받아들인다. 설사 그렇지 못하더라도 잘하는 것으로, 미더운 것으로 받아들인다. 그러므로 잘함(善)과 미더움(信)을 극대화 시킬 수 있는 법이다.

셋째 단락에서는 앞 두 단락의 내용을 다시 총괄하여 설명한다. '흡흡언(歙歙焉)'은 '상무심(常無心)'을 이어받아, 자신의 주견을 줄이고 줄인다는 뜻이다. '혼기심(渾其心)'은 둘째 단락을 다시 설명한다. 즉 선(善)과 불선(不善), 신(信)과 불신(不信)을 구별하려는 마음을 혼연하게 한다는 뜻이다. 마지막 두 구의 마무리는 여러 자식을 돌보는 '어머니'를 떠올리게 한다. 자신의 생각대로 꾸짖고 우격다짐하기 보다는 미소로 다 감싸 안는 게 '어머니'이다. 노자는 여기에서 늘 도를 찾는다.

【스스로 써보기】

聖人常無心, 以百姓心爲心. 善者吾善之, 不善者吾亦善之, 德善. 信者吾信之, 不信者吾亦信之, 德信. 聖人之在天下, 歙歙焉. 爲天下, 渾其心. 百姓皆注其耳目, 聖人皆孩之.

제50장 출생입사(出生入死)

出生; 출생	나옴이 삶이거니와,
入死.[1)] 입사	들어감이 죽음이라.
生之徒, 생지도	(일반적인) 삶의 무리가,
十有三; 십유삼	열에 셋이 있다네.
死之徒, 사지도	(요절하는) 죽음의 무리가,
十有三. 십유삼	열에 셋이 있다네.
人之生, 인지생	사람이 보통 삶으로 가다가,
動之死地, 동지사지	문득 죽을 곳으로 가는 경우,
亦十有三. 역십유삼	역시 열에 셋이 있다네.
夫何故? 부하고	대저 무슨 연고인가?
以其生生之厚.[2)] 이기생생지후	그가 삶을 삶으로 여김이 지나치기 때문.

蓋聞善攝生者, 개문선섭생자	대저 듣거니와 섭생을 잘하는 사람은,
陸行不遇兕虎; 육행불우시호	뭍을 가도 맹수의 공격을 만나지 않고,
入軍不被甲兵. 입군불피갑병	군에 들어가도 무기의 해를 입지 않지.
兕無所投其角; 시무소투기각	외뿔소도 그 뿔로 들이받을 곳이 없고,
虎無所措其爪; 호무소조기조	호랑이도 그 발톱을 들이댈 곳이 없고,
兵無所容其刃. 병무소용기인	병기도 그 칼날을 쑤셔 넣을 곳 없다지.
夫何故, 부하고	대저 무슨 연고인가?
以其無死地.[3] 이기무사지	그에겐 죽을 곳이 없기 때문이라네.

【문장 구성】

세 단락으로 나누어 볼 수 있다. 첫 단락은 노자가 즐기는 사자성어(四字成語)식 명제이고, 대구이다. 둘째 단락은 徒와 三이 각각 반복되며 운을 이루고 있다. 마지막 두 구는 무운이다. 셋째 단락은 압운하지 않고, 대구(2-3구, 4-5구)를 적극 활용하고 있다. 마지막 두 구는 순수한 산구(散句)이다.

【자구 풀이】

1) 出生入死: "生에서 나와 死로 들어간다."로 번역하는 사람이 많지만 적합하지 않다. 주어+술어 구조로 읽는 게 좋다.

2) 徒는 원래 '흙'과 '발'이 합쳐진 글자(참고 자료 참조)로, 발로 걸어간다는 뜻이다. 여기서는 길을 함께 걷는 일련의 사람들, 즉 무리를 나타낸다. 人之生과 動之死地의 之는 동사로 가다. 動은 부사로 문득, 갑자기. 生生은 동사+목적어 구조이다.

3) 攝은 잡아끌다가 원의로, 잡다, 돕다, 유지하다 등으로 쓰인다. 攝生은 신체를 보양하여 생명을 견지하다. 甲兵은 갑옷과 병기가 원의이나, 무기 또는 전쟁을 지칭하기도 함. 死地는 죽을 곳.

【해설】

우리말에서 '돌아가시다'는 '죽다'의 높임말이다. 중국어로도 마찬가지이다. '돌아가다'의 의미의 '歸'는 사람이 죽는다는 뜻도 있고, 여자가 시집을 간다는 뜻도 있다. 가야할 곳으로 간다는 의미이다. 이들 일상적인 표현 속에 죽음에 대한 동북 아시아인의 '생사의식'이 고스란히 반영되어 있다. 왔던 곳으로 돌아가는 것이 죽음이다. 씨앗에서 왔다가 씨앗으로 돌아가는 모든 작물처럼. 농경민족의 삶이 농축되어 있다고 하겠다.

생사는 하늘에 달려 있다는 말을 흔히 한다. 어쩌면 사람의 수명은 타고 나는 것인지도 모른다. 옛날에 비해 오늘날은 유아사망률이 매우 낮다. 그럼에도 불구하고, 2005년 아프리카 시에라리온의 경우, 1000명 당 276명의 유아가 사망했다고 한다. 노자 시대에도 아마 비슷했으리라. 어린 나이에 죽어버리는 무리가 30%를 넘어섰을 것이고, 겨우 제 수명을 그럭저럭 다하는 무리가 30%였을 것이다. 그럼 나머지는 어떠했을까? 원래 보통의 수명은 타고 났지만, 지나치게 삶을 중시한 나머지 그만 비명(非命)에 죽고 마는 무리가 또 30%를 넘어섰다. 중국 역대 제왕들의 평균 수명은 일반인보다 훨씬 짧았다고 한다. 물론 삶을 삶으로 여기는 것이 지나쳤기 때문이다. 이렇듯 타고난 수명도 누리지 못하는 세상 사람을 노자는 안타까워하고 있다.

노자가 듣기에 섭생을 잘하는 사람은 위와 다르다. 죽음의 길을 스스로 찾아드는 우를 범하지 않을뿐더러, 심지어 일반적으로 죽게 되어 있는 상황도 뛰어넘는다. 그는 도의 경지에서 노닐기 때문이다. 마지막 구는 상식적으로 이해하기가 쉽지 않다. 예컨대 최진석은 "죽음에 이르는 여지를 없애 버렸기 때문이다."라고 풀이하고 있지만, 전체 문맥과 잘 맞지 않는다. 기실 노자는 당시 사람들의 종교적 신앙 같은 것을 인용하고 있다. 호랑이 운운하는 대목은, 호랑이를 애완동물처럼 데리고 있는 우리나라 산신도를 연상시킨다(참고 자료 참조). 또 칼날마저 쑤셔 넣을 곳이 없다는 대목은, 우리나라 무당이 작두를 타는 모습을, 더 실감나게는 중국 남방의 무당이 칼 사다리를 오른 모습을 떠올리게 한다. 시퍼런 칼날을 밟고서 사다리를 올라간 다음 꼭대기의 창끝에 배를 대고 빙빙 돎으로써 자신의 신통력을 보인다(참고 자료 참조). 노자가 이러한 무당의 신통력을 믿었다는 확실한 증거는 없지만, 그의 인식 저변에 종교적 형상이 도사리고 있음은 분명하다. 이 점은 장자가 묘사하고 있는 신인(神人) 형상에서도 확인된다. 세상의 만물 가운데 그 어느 것도 그를 상하게 할 수 없다. 하늘에 닿은 홍수도, 금석을 녹이는 가뭄도 그를 다치게 하지 못한다. 이러한 능력은 기의 모임이 삶이요 흩어짐이 죽음이므로 생사가 하나라는 인식을 바탕으로 한다(함께 읽을 자료 참조).

노자는 이 장의 서두에서 '생사'를 '출입'으로 파악했다. 대문을 나섰다가 돌아오는 것이 일상이듯이, 나감이 삶이요 들어옴이 죽음이니 '하나'의 양면일 뿐이다. 이는 '무'와 '유'가 하나인 도의 세계와 고스란히 통한다. 섭생을 잘 하는 사람은 바로 도를 체득하고 실행하는 사람이니, 그에게 죽음과 삶의 구별이 있을 리가 없다. 다시 말해 "죽을 곳이 없는" 것이다. 이러한 삶의 태도는 "삶을 삶으로 여김이 지나친(生生之厚)" 것과 극명하게 대조를 이룬다.

【함께 읽을 자료】

≪**장자·소요유**≫ 그 사람은, 만물 중에 그를 상하게 할 것이 없소. 큰물이 하늘에 닿아도 익사하지 않고, 큰 가뭄에 쇠와 돌이 녹아 흐르고, 흙산이 탄들 뜨겁지 않소. 이 사람은 저 먼지 티끌 쭉정이 쌀겨를 갖고서도 요순(堯舜)을 빚는 사람이라오.

≪**장자·지북유**≫ 삶은 죽음의 무리요, 죽음은 삶의 시작이거늘, 뉘라서 그 벼리를 알랴! 사람의 삶은 기의 모임이다. 모이면 삶이 되고 흩어지면 죽음이 된다. 만약 죽음과 삶이 한 무리가 되면 우리가 또한 무엇을 두려워하랴!

【참고 자료】

徒(갑골문)

徒(금문)

徒(소전)

산신도. 출처: 한국민족문화대백과

칼 사다리 타기(上刀山)

【스스로 써보기】

出生入死. 生之徒十有三, 死之徒十有三, 人之生, 動之死地, 亦十有三. 夫何故, 以其生生之厚. 蓋聞善攝生者, 陸行不遇兕虎, 入軍不被甲兵. 兕無所投其角, 虎無所措其爪, 兵無所容其刃. 夫何故, 以其無死地.

제51장 도생덕휵(道生德畜)

道生之; 도생지	도가 이(만물)를 낳고,
德畜之; 덕휵지	덕이 이(만물)를 기르네.
物形之; 물형지	만물은 이(도)를 형태 삼고,
勢成之.[1)] 세성지	형세는 이(도)를 이룬다네.

是以萬物, 시이만물	때문에 만물은
莫不尊道而貴德. 막부존도이귀덕	모두 도를 존중하고 덕을 귀히 여기네.
道之尊, 도지존	도를 존중함이여,
德之貴, 덕지귀	덕을 귀히 여김이여,
夫莫之命而常自然.[2)] 부막지명이상자연	대저 명하지 않아도 늘 절로 그러하구나.

故 고	그러므로
道生之, 도생지	도가 이를 낳고,

德畜之. 덕휵지	덕이 이를 기르네.
長之, 장지	이를 자라게 하고
育之. 육지	이를 키우노라.
亭之, 정지	이를 서게 하고
毒之. 독지	이를 야물게 하노라.
養之, 양지	이를 먹여주고
覆之.[3] 복지	이를 덮어주노라.

生而不有. 생이불유(웨)	낳되 소유하지 아니하네.
爲而不恃. 위이불시	하여주나 뻐기지 아니하네.
長而不宰. 장이부재(지)	자라게 하되 주재하지 않네.
是謂玄德.[4] 시위현덕	이를 일러 '현덕'이라 하노라.

【문장 구성】

네 단락으로 구성되어 있다. 첫 단락은 모든 구가 대구이고 之로 끝나며, 生, 形, 成으로 압운하고 있다. 둘째 단락은 무운인 산문이다. 3-4구는 대구이다. 셋째 단락은 모든 구가 之로 끝나고, 生과 亭, 長과 養, 畜과

育과 毒과 覆으로 운을 밟고 있다. abcbabcb 형식이다. 넷째 단락은 첫 3구가 대구이고 구중에 '而不'이 반복되며 有, 恃, 宰로 압운하고 있다(제10장 참조). 전체적으로 이 장은 대구와 압운을 효과적으로 활용하여 문학적 미감을 선사하고 있는데, 특히 비음(ing)과 입성(k)이 교차하는 셋째 단락의 음운은 환상적이다.

【자구 풀이】

1) 1-2구의 之는 다음에 나오는 形과 物을 가리킨다. 3-4구의 之는 道와 德을 가리킨다. 畜은 '축'으로 읽으면 짐승, 쌓다. 여기서는 '휵'으로 읽고 그 뜻은 기르다. 物은 사물로 구체적인 것. 勢는 사계절, 밤낮 등으로 추상적인 것. 1-2구의 내용을 뒤집은 것이 3-4구이다. 일종의 순환어법이다.

2) 萬物은 앞 단락의 形과 物을 합쳐 말하는 것. 역시 순환어법으로, 1-2구의 내용을 반대로 바꾸면 3-5구가 된다. 自然의 구체적인 내용은 앞 단락의 '物形之'와 '勢成之'이다.

3) 亭은 사람이 머무는 곳, 정자. 여기서는 세우다, 키우다. 毒은 여물게 하다, 성숙시키다.

4) 이 단락은 제10장에도 나온다.

【해설】

도와 덕은 만물을 낳고 기른다. 이를 뒤집으면 만물은 도와 덕을 구현한다. 노자가 즐기는 순환어법이다. 농경문화에서 비롯된 특유의 인식이 투영되어 있다(제25장 참조).

노자는 다시 한 번 강조한다. 만물은 다 도와 덕을 존중하고 귀히 여긴다. 다시 말해, 도와 덕을 존중하고 귀히 여기므로 우주와 삼라만상이 절로 그러한 것이다. 역시 순환어법이다.

노자는 또 다시 도와 덕을 예찬한다. 아름다운 운율로 구가하고 있다. 도와 덕은 만물을 생/장/정/양(生/長/亭/養)하고 휵/육/독/복(畜/育/毒/覆)한다. 전자는 모두 비음으로 마치 '응 응'하듯이 부드러운 반면 후자는 모두 입성으로 흡사 '떽 떽'하듯이 단호하다. 추우면 '호' 불어주고 뜨거우면 '후' 불어주는 어머니(제29장 或歔或吹)를 떠올리게 한다. 이렇듯 도는 강하기도 하고 여리기도 한 법(제29장 或强或羸)이다. 노자는 이러한 이치를 운율로 형상화하고 있다. 노자의 숨겨진 매력이 아닐 수 없다.

마지막 단락은 제10장에서 이미 밝힌 바 있다. 그럼에도 불구하고 노자가 반복하는 이유는 그것이 그만큼 중요하기 때문이다. 성인, 나아가 인류가 본받아야 할 것이 바로 도의 '현덕', 즉 현묘한 덕인 까닭이다.

【스스로 써보기】

道生之, 德畜之, 物形之, 勢成之. 是以萬物, 莫不尊道而貴德. 道之尊, 德之貴, 夫莫之命而常自然. 故道生之, 德畜之. 長之, 育之. 亭之, 毒之. 養之, 覆之. 生而不有, 爲而不恃, 長而不宰, 是謂玄德.

제52장 습상(襲常)

天下有始, 천하 (만물)에 ‘시작’이 있나니,
천하유시

以爲天下母. 이로써 천하의 어미가 된다네.
이위천하모(미)

旣得其母, 이미 그 어미를 얻으면,
기득기모(미)

以知其子. 이로써 그 자식을 안다네.
이지기자(지)

旣知其子, 이미 그 자식을 알거니와,
기지기자(지)

復守其母, 돌아가 그 어미를 지키면,
복수기모(미)

沒身不殆.[1] 몸이 다하도록 위태롭지 않네.
몰신불태

塞其兌, 자신의 구멍을 막고,
색기태

閉其門, 자신의 문을 닫으면,
폐기문(면)

終身不勤.[2] 몸이 끝나도록 수고롭지 않으리.
종신불근(건)

開其兌, 자신의 구멍을 열어두고,
개기태

濟其事, 자신의 할일을 더해 가면,
제기사(수)

終身不救.[3] 종신불구	몸이 끝나도록 구원받지 못하리.
見小曰明, 견소왈명(망)	작음을 보는 것을 '명(밝음)'이라 하고,
守柔曰強. 수유왈강	연함을 지킴을 '강(강함)'이라 하도다.
用其光, 용기광	그 빛남을 사용하되,
復歸其明, 복귀기명(망)	다시 그 '명'으로 돌아가면,
無遺身殃. 무유신앙	몸에 재앙을 끼침이 없으리라.
是謂襲常.[4] 시위습상.	이를 일러 '습상'이라 하느니라.

【문장 구성】

네 단락으로 구성되었다. 첫 단락은 모든 구가 압운하고 있다. 始, 母, 母, 子, 子, 母, 殆. 둘째 단락은 門과 勤이 압운이다. 셋째 단락은 事(音樹)와 救로 운을 밟고 있다. 넷째 단락은 明, 強, 光, 明, 殃, 常으로 매구 운을 달고 있다.

【자구 풀이】

1) 天下는 하늘 아래 있는 것들, 삼라만상을 가리킨다. 始는 혼연한 무언가가 천지에 앞서 존재하던 처음(제25장 有物混成, 先天地生), 즉 도를 가리킨다. 母는 도, 子는 도의 구현인 덕 또는 만물.

2) 塞은 막다. 兌와 門: 왕필은 일과 욕망이 따라 생기는 바(事欲之所由

生)와 일과 욕망이 따라 좇는 바(事欲之所有從)라고 각각 풀고 있으나 모호하다. 하상공은 눈(兌, 目也.)과 입(門, 口也)을 가리키는 것으로 보고 있지만 의미를 지나치게 제한시킨 듯하다. 兌는 ≪운회(韻會)≫에 '구멍(穴)'이라 했으니, 눈을 비롯한 감각기관으로 봄이 타당하다. 또 門은 天門(제10장)으로 볼 수 있으나, 사람이 들고나는 출입구로 보아 무방하다. 제47장, "문 밖을 나가지 않고서, 천하를 안다네. 창틈으로 엿보지 않고서, 하늘의 도를 안다네.(不出戶, 知天下. 不窺牖, 見天道.)"를 참조하라.

3) 濟는 원래 물 이름. 여기서는 보태다(益).

4) 明은 노자 특유의 용어로, 제33장 自知者明. 제16장 復命曰常, 知常曰明. 제55장 知和曰常. 知常曰明에서 노자 용례가 확인된다. 强은 노자에서 긍정적 의미와 부정적 의미를 갖는데, 여기서는 전자. 襲常은 제27장 襲明과 동일한 형태. 역시 노자가 만든 용어. "상도를 계승한다."는 의미이다. 통행본에는 習常으로 되어 있다. 習은 襲과 통한다.

【해설】

제51장이 도(덕)에 대한 예찬이라면 이 장은 도를 구현하는 성인에 대한 찬가이다. 노래인 만큼 운율에 힘을 쓴 듯하다. 총 19구 중 17구에 운을 달고, 아울러 대구와 순환어법을 적절히 사용하고 있다.

첫 단락에서 핵심어는 '復'이다. 어미(母)와 자식(子)은 비유로서, 도와 덕(현상)을 각각 지칭한다. 우린 현상 속에 살지만, 늘 도로 돌아가서 지켜야한다. 어미를 알았으면 자식을 알아야 하고, 자식을 알았으면 되돌아가 어미를 알아야 한다. 순환어법으로 노자 자신의 핵심적인 사유를 잘 표현하고 있다.

둘째 단락은 돌아가는 법을 설명하고 있다. 어미로 돌아가서 그것을 지키는 데 필수적인 수양은 인위를 줄이는 것이다. 입과 눈으로 대변되는 감각기관을 닫고, 문으로 상징되는 세상나들이를 멈출 때 우리는 도를 체득하게 된다. 제47장과 함께 읽으면 이해가 쉽다.

셋째 단락은 앞 단락과 상반되는 사례를 제시하고 있다. 감각기관을 열어두고 인위적인 행위를 보탠다면 오히려 도움이 되지 않는다. 도와 합일하는 참 삶을 찾을 수가 없다. 바꿔 말하자면 구원받을 수 없는 게 된다.

넷째 단락은 앞 두 단락을 합쳐 "상도를 계승하는" 것을 제시한다. 일반적으로 큰 것일수록 사람들은 잘 본다. 그러나 '작은 것'을 보아야 진정한 '명(밝음)'이다. 보통 굳센 것이 강하다고 여기지만, '연한 것'을 지키는 것이야말로 진정한 '강(강함)'이다. 여기서 작은 것은 보아도 보이지 않는 '이(夷)'와, 그리고 연한 것은 잡아도 잡히지 않는 '미(微)'와 각각 통한다(제14장 視之不見, 名曰夷. 搏之不得, 名曰微.). '이'와 '미'는 도의 속성이다. 그러므로 자식(현상)에서 어미(도)로 돌아가야만 진정한 '명'과 '강'이다. 다음 2구는 '명', 진정한 밝음을 설명하고 있다. 밝음을 활용하되 그 작은 것을 보는 밝음으로 돌아가는 일을 망각하지 않아야 한다. 그러면 재앙을 당하는 일이 없다. 이것이야말로 변치 않는 상도를 이어받는 것이다.

【스스로 써보기】

天下有始, 以爲天下母, 旣得其母, 以知其子, 旣知其子, 復守其母, 沒身不殆, 塞其兌, 閉其門, 終身不勤, 開其兌, 濟其事, 終身不救. 見小曰明, 守柔曰强, 用其光, 復歸其明, 無遺身殃, 是爲襲常.

제53장 도우(盜竽)

使我介然有知, 사아개연유지	만약 우리 (조정)에 굳건히 앎이 있다면,
行於大道, 행어대도	큰길을 가고,
唯施是畏. 유이시외	오직 샛길을 두려워하련만.
大道甚夷, 대도심이	큰길은 대단히 평평하건만,
而民好徑.[1] 이민호경	대중마저 샛길을 좋아한다.
朝甚除; 조심제(주)	조정은 무척이나 깔끔하구나.
田甚蕪; 전심무	(백성의) 밭은 심히 황폐하구나.
倉甚虛.[2] 창심허(후)	(모든) 창고는 몹시도 비었구나.
服文綵; 복문채	(조정은) 화려한 비단을 입고,
帶利劍; 대리검	날카로운 칼을 찼다.
厭飮食, 염음식	음식에 물리고,

財貨有餘. 재화가 넘쳐나는구나.
재화유여

是謂盜竽, 이를 일러 도둑의 괴수라 하니.
시위도우

非道也哉.[3] 도가 아닐진저!
비도야재

【문장 구성】

세 단락으로 구성되어 있다. 첫 단락은 순수한 산문이다. 둘째 단락은 除, 蕪, 虛로 압운하고 대구를 이루고 있다. 셋째 단락은 운을 달지 않고 있다. 1-3구는 대구이다.

【자구풀이】

1) 我는 원래 무기를 본뜬 글자로, 갑골문자에서는 대부분 은상(殷商)을 지칭했다. 예컨대, "우리 은상이 풍년을 받는다.(我受年.)" "우리 은상이 강족을 친다.(我伐羌.)"에서처럼. 따라서 여기서 我는 노자 자신을 가리키는 게 아니라, 둘째 단락에 나오는 '朝', 즉 그의 조정을 지칭한다. 介然은 확고하여 흔들리지 않는 모양. 마음에 품는 모양. 施는 '이'로 읽어 기울다. 여기서는 뒤에 나오는 徑과 같아 샛길, 지름길.

2) 除는 掃除하다. 깔끔하게 잘 정리되어 있다는 뜻. 蕪는 잡초가 우거지다, 황폐하다.

3) 厭은 饜과 같아, 실컷 먹어 물리다. 竽는 악기 피리의 일종(참고 자료 참조). 협연할 때 다른 악기를 이끄는 역할을 하므로(≪한비자·해노≫ 함께 읽을 자료 참조), 여기서는 우두머리, 선창자, 괴수. 여러 판본에 '夸'로 되어 있는데 의미는 비슷하다. 이 경우 夸의 의미는 大이다.

【해설】

자구 풀이에서 지적했듯이 '아(我)'는 노자 본인을 가리키는 것이 아니다. 노자가 살던 시대의 조정을 지칭한다. 그 조정은 도를 알지 못하므로 큰 길, 즉 도를 행하지 못하고 샛길을 따른다. 위에서 좋아하면 아래에서 더 좋아한다는 지적처럼, 조정이 저 꼴이니 대중들도 대도가 아닌 사도(邪道)를 좋아한다. 차분히 농경에 전념하지 못하고 일확천금을 꿈꾸는 것이다.

둘째 단락은 노자가 자기 시대의 모습을 운문으로 요약한다. 조정은 그럴싸하게 깔끔하지만, 논밭은 황무지가 되어 버렸고 나라 안 온 창고는 텅텅 비어버렸다. 대중들마저 사도를 좋아하기 때문이다. 조정이 깔끔하다는 말은 무슨 뜻인가? 다음 단락으로 이어진다.

조정에서는 화려한 비단을 입고 명검을 차며, 음식이 물리도록 재화가 쓰고 남을 정도로 넘쳐난다. 이러한 것들은 다 어디서 오는가? 말할 것도 없이 대중들로부터 오는 것이다. 민생은 도탄에 빠져있는데 말이다. 도둑과 다를 바가 없다. 그것도 그냥 도둑이 아니라 도둑의 괴수이다.

한마디로 세상은 요지경이다. 이를 치유할 방안은 무엇인가? 노자는 이를 다음 장으로 넘긴다.

【함께 읽을 자료】

≪**한비자·해노**≫ 우 피리는 5성(五聲)의 우두머리이다. 그러므로 우가 앞서면 편종과 거문고 모두 뒤 따르며, 우가 창도하면 뭇 음악이 화답한다.

【참고 자료】

我(갑골문)

我(금문)

我(소전)

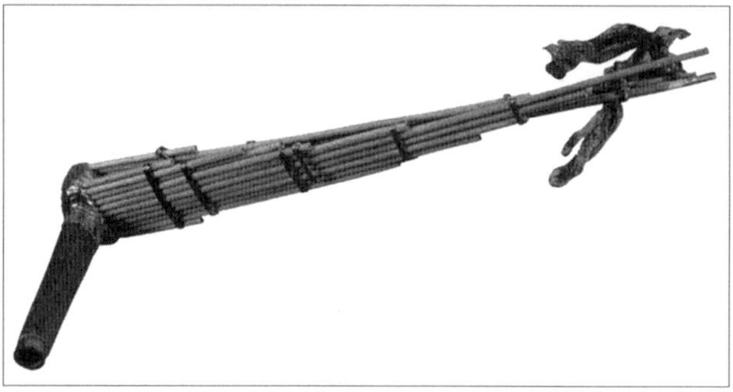

竽

【스스로 써보기】

使我介然有知, 行於大道, 唯施是畏. 大道甚夷, 而民好徑. 朝甚除, 田甚蕪, 倉甚虛. 服文綵, 帶利劍, 厭飮食, 財貨有餘. 是謂盜竽. 非道也哉.

제54장 선건불발(善建不拔)

善建者不拔; 선건자불발	잘 세운 자는 뽑히지 않으리.
善抱者不脫. 선포자불탈	잘 안은 자는 벗어나지 않으리.
子孫以祭祀不輟.[1)] 자손이제사불철	자자손손 이로써 제사가 그치지 않으리.
修之於身, 수지어신	이를 몸에 닦으면,
其德乃眞.[2-1)] 기덕내진	그 덕이 곧 참되리로다.
修之於家, 수지어가(거)	이를 가문에 닦으면,
其德乃餘.[2-2)] 기덕내여	그 덕이 곧 넉넉하리라.
修之於鄕, 수지어향	이를 마을에 닦으면,
其德乃長.[2-3)] 기덕내장	그 덕이 곧 오래가리라.
修之於邦, 수지어방	이를 나라에 닦으면,
其德乃豊.[2-4)] 기덕내풍(방)	그 덕이 곧 풍성하리라.

修之於天下, 수지어천하(호)	이를 천하에 닦으면,
其德乃普.[2-5] 기덕내보	그 덕이 곧 두루 퍼지리라.
故 고	그러므로
以身觀身; 이신관신	몸으로써 몸을 보고,
以家觀家; 이가관가	집으로써 집을 보고,
以鄕觀鄕; 이향관향	고을로써 고을을 보고,
以邦觀邦; 이방관방	나라로써 나라를 보고,
以天下觀天下.[3] 이천하관천하	천하로써 천하를 보노라.
吾何以知天下然哉, 오하이지천하연재	우리가 무엇으로 천하가 그런 줄을 아는가?
以此.[4] 이차	이것으로 안다네.

【문장 구성】

크게 네 단락으로 나누어 볼 수 있다. 첫 단락은 입성인 拔, 脫, 輟로 압운하고, 1-2구는 대구이다. 둘째 단락은 다시 작은 다섯 문단으로 나누어지는데, 각각 身과 眞, 家와 餘. 鄕과 長, 邦과 豊(音芳), 下(音戶)와 普로 압운하고 있다. 셋째 단락은 대구인 다섯 구로 이루어지고, 각 구마다

身과 身, 家와 家, 鄕과 鄕, 邦과 邦, 天下와 天下로 압운하고 있다. 구중운이다.

【자구 풀이】

1) 拔은 세운 것을 뽑다. 脫은 껴안고 있는 것을 빼앗다. 세우고 껴안는 것은 道이다. 輟은 수레를 정지하다, 그치다, 멈추다.

2) 修는 닦다. 앞 단락의 善建과 善抱를 받는다. 之는 道를 가리킨다.

3) 以身觀身 이하 5구는 자신의 몸(집, 고을, 나라, 천하)로 남의 몸(집, 고을, 나라, 천하)을 본다는 설과 자신의 몸이 도를 닦고 껴안고 있는지 여부를 갖고 몸을 판단한다는 해석이 있다. 후자를 취한다.

4) 然은 바로 앞 장에서 '朝甚除' 이하 묘사하고 있는 것이 좋은 예이다.

【더 읽기】

세우고 껴안는 것은 바로 도이다. 중국 고대 대표적인 도교 학자인 갈홍(葛洪, 283-343?)은 자신의 호와 책을 포박자(抱朴子)라 했는데, 바로 도를 껴안는 사람이란 뜻이다. 아무튼 도를 견지하면 자자손손 이어져 제사가 끊어지지 않는 법이다. 종족이 보존된다는 의미이다.

둘째 단락은 유가 ≪대학(大學)≫의 "수신제가치국평천하(修身齊家治國平天下)"를 연상시킨다. 家가 家와 鄕으로 나뉘었을 뿐이다. 노자 역시 공자 못지않게 현실에 관심이 컸음을 잘 보여주는 대목이다. 닦고자하는 덕목의 구체적 내용이 다를 따름이다. 인도(人道)를 우선시하는 공자에 비해 노자는 천도(天道)를 강조한다. 이런 차이에도 불구하고 수신에서 평천하로 확대해가는 인식의 틀은 동일하다.

때문에 한 개인으로부터 집안을 거쳐 제후국 그리고 천하를 진단할 때, 노자는 각각마다 도를 세우고 껴안고 있는지 여부로써 기준을 삼는다. 그 결과는 제53장에서 이미 적시하였듯이 자명하다. 노자가 보는 천하는 엉터리다. 위에서 아래까지 모두들 대도(大道)를 닦지 않고 샛길(施, 徑)을 좋아하기 때문이다.

【스스로 써보기】

善建者不拔, 善抱者不脫, 子孫以祭祀不輟. 修之於身, 其德乃眞. 修之於家, 其德乃餘. 修之於鄕, 其德乃長. 修之於邦, 其德乃豊. 修之於天下, 其德乃普. 故以身觀身, 以家觀家, 以鄕觀鄕, 以邦觀邦, 以天下觀天下. 吾何以知天下然哉, 以此.

제55장 함덕지후(含德之厚)

含德之厚, 함덕지후	덕을 간직함이 두터움은,
比於赤子.[1)] 비어적자(주)	갓난아이에 비견되리라.
毒蟲不螫; 독충불석	독충도 물어대지 않네.
猛獸不據; 맹수불거(격)	맹수도 움켜잡지 않네.
攫鳥不搏.[2)] 확조불박	맹금도 낚아채지 않네.
骨弱筋柔, 골약근유	뼈는 약하고 힘줄은 부드러우나,
而握固. 이악고	움켜쥠이 굳건하다.
未知牝牡之合, 미지빈모지합	암수의 교합는 아직 모르나
而朘作. 이최작(조)	고추가 일어서니,
精之至也. 정지지야	(이는) 정기의 지극함이라.
終日號, 종일호	종일 우는데도

而不嗄. 이불사(소)	목이 쉬지 않나니,
和之至也.[3] 화지지야	(이는) 조화의 지극함이다.
知和曰常; 지화왈상	조화를 아는 걸 '상(영원)'이라 하고,
知常曰明; 지상왈명(망)	영원을 아는 걸 '명(밝음)'이라 한다네.
益生曰祥; 익생왈상	생명을 덧보태는 걸 '상(흉조)'이라 하고,
心使氣曰强.[4] 심사기왈강	마음에 '기'를 부림을 '강(사나움)'이라 한다네.
物壯則老, 물장즉노	사물이 굳세면 늙는 법,
謂之不道. 위지부도	이를 일러 '도답지 않음'이라 하네.
不道早已.[5] 부도조이	도답지 않으면 일찌감치 끝장나거늘.

【문장 구성】

다섯 단락으로 이루어졌다. 첫 단락은 厚와 子(音走)로 압운하고 있다. 둘째 단락은 입성인 螫(音釋), 攫(訖逆切), 搏으로 운을 밟고 있다. 셋째 단락은 固, 作(音阻), 嗄(音疏, 去聲)로 압운하고, 또 '之至也'를 반복하여 중운하고 있다. 넷째 단락은 常, 明, 祥, 强으로 압운하고 있다. 다섯째 단락은 老와 道가 운이고, 강유고는 已(音酉)도 운으로 보고 있다. 제30장에도 동일한 문구가 보인다.

【자구 풀이】

1) 赤子는 핏기가 채 가시지 않은 영아.

2) 螫는 벌레가 물다, 쏘다. 據는 짐승이 발톱으로 움켜쥐다. 攫은 새가 발톱으로 재빨리 움켜잡다, 여기서는 사납다는 뜻. 搏은 잡다, 낚아채다.

3) 朘은 갓난아이의 생식기. 作은 서다, 발기하다. 嗄는 목이 잠기다, 쉬다.

4) 祥은 조짐. 보통 좋은 뜻(길조)으로 쓰이지만, 여기서는 흉조를 나타냄. 즉 재앙. 중국 북방의 유목민들은 양을 잡을 때 그 내장을 보며 길흉을 점친다. 强은 ≪노자≫에서 긍정적 의미와 부정적 의미로 쓰이는데, 여기서는 후자.

5) 壯은 씩씩하다. 여기서는 굳세다.

【해설】

두텁게 덕을 간직하고 있는 이는 바로 성인(장자의 용어로는 眞人, 神人, 至人)인데, 그는 인위에 물들지 않고 천도, 즉 '무위'를 실천하기에 마치 '갓난아이'와 같다. 천진무구한 존재이다.

그는 갓난아이 같지만 도의 경지에 합일하였기에, 해충이나 맹수 따위가 해칠 수가 없다(제50장에도 비슷한 내용이 있다). 물론 이는 신화에 뿌리를 둔 문학적 비유이다. 예컨대 주나라의 시조인 후직(后稷)은 태어나자마자 불길하다 하여 버렸지만(棄) 동물들이 해치지 않고 오히려 돌봐주었다. 그래서 이름을 기(棄)라고 하였다고 한다(함께 읽을 자료 참조). 노자는 이러한 신화를 염두에 두고 도의 덕을 고스란히 간직하고 있는 사람을 갓난아이로 묘사하고 있다.

갓난아이는 어른에 비해 뼈도 힘줄도 연약하다. 그러나 그가 무언가를 손에 꽉 쥐고 있으면 만만하게 뺏을 수가 없다. 아이는 고추가 불뚝 서곤

하는데, 그것은 정기(精氣)의 발현이다. 종일 울어도 목이 쉬지 않으니 그것은 화기(和氣)의 구현이다. '정(精)'과 '화(和)'가 바로 갓난아이의 특성인데, 성인이 추구하는 것이 바로 이것이다.

갓난아이의 이러한 '화'를 앎이 바로 영원한 '상(常)'이다. 그 '상'을 아는 것이 진정한 밝음인 '명(明)'이다. 이와 달리 억지로 삶을 늘리려하면 그것은 불길한 조짐인 '상(祥)'이다. 또한 마음에서 기(氣), 즉 성질을 부린다면 그것은 강포한 '강(强)'이다.

'물장(物壯)'은 앞 단락의 억지로 삶을 늘리는 '익생(益生)'과 마음에서 기를 부리는 '심사기(心使氣)'의 결과로, 외견상 굳세게 보이지만 실제로는 늙어가는 과정일 뿐이니, 이는 도답지 못하다. 도답지 못하면 일찌감치 끝장이 나는 법이다. 제50장에서 "삶을 삶으로 여김의 지나침(其生生之厚)" 때문에 죽을 길에 들어서고 만다고 했듯이 말이다.

흔히 속인들은 나이 먹음을 가지고 유세한다. "너 몇 살이니?" 식으로 상대를 윽박지르기 일쑤이다. 노자가 보기에 이것은 어리석기 짝이 없는 짓에 불과하다. 어린아이처럼 행동하고, 어린이처럼 보이던 성직자들이 눈에 선하다.

【함께 읽을 자료】

≪**사기·주본기**≫, 주나라 시조 후직(后稷)은 이름이 기(棄)이다. 그 어머니는 유태씨(有邰氏)의 딸로 강원(姜原)이라 부른다. 강원은 제곡(帝嚳)의 왕비였다. 강원이 들판을 나갔다가 거인의 발자취를 보고, 마음속으로 흔연히 기뻐서 밟고 싶었다. 밟자 몸이 잉태한 것처럼 움직였다. 예정 기간을 지나자 아들을 낳았는데 상서롭지 못하다고 여겨 좁은 골목에 내다 버렸다. 말과 소가 지나가다가 피하고 밟지 않았다. 숲속으로 옮겨 버리려 했는데 마침 산림에 사람이 많아서 장소를 바꾸기로 했다. 도랑 얼음 위에 버렸더니, 날던 새들이 자기 날개로 그를 덮어주고 깔아주었다. 강원이

신이하다고 여겨 마침내 거두어 키워 성인이 되었다. 처음에 버리고자 했기에 그래서 이름을 기(棄)라 한 것이다.

【스스로 써보기】

含德之厚, 比於赤子. 毒蟲不螫, 猛獸不據, 攫鳥不搏. 骨弱筋柔而握固, 未知牝牡之合而朘作, 精之至也. 終日號而不嗄, 和之至也. 知和曰常, 知常曰明, 益生曰祥, 心使氣曰强. 物壯則老, 謂之不道, 不道早已.

제56장 화광동진(和光同塵)

知者不言; 지자불언	아는 자는 말하지 아니하고,
言者不知.[1)] 언자부지	말하는 자는 알지 못한다네.
塞其兌; 색기태	그 구멍을 막고,
閉其門. 폐기문(면)	그 문을 닫아라.
挫其銳; 좌기예	그 날카로움을 꺾고,
解其紛. 해기분(번)	그 어지러움을 풀어라.
和其光; 화기광	그 빛을 부드럽게 하고,
同其塵. 동기진(전)	그 티끌과 함께 하라.
是謂玄同. 시위현동(당)	이를 일러 '현동'이라 하노라.
故, 고	그러므로
不可得而親; 불가득이친	얻어서 가까이 할 수도 없고,

不可得而疏. 불가득이소	얻어서 멀리 할 수도 없으리.
不可得而利; 불가득이리	얻어서 이롭게 할 수도 없고,
不可得而害. 불가득이해	얻어서 해롭게 할 수도 없으리.
不可得而貴; 불가득이귀	얻어서 귀하게 할 수도 없고,
不可得而賤. 불가득이천	얻어서 천하게 할 수도 없으리.
故爲天下貴. 고위천하귀	고로 천하의 참 귀함이 되느니라.

【문장 구성】

세 단락으로 구성되어 있다. 첫 단락은 대구이고 운은 달지 않았다. 대신 끝말잇기를 하고 있다. 둘째 단락은 매 구가 운을 밟고 있는데, 兌와 銳, 門(音眠)과 紛(孚焉切)과 塵(音廛), 그리고 光과 同(音唐)으로, ababcbc 형식이다. 셋째 단락은 여섯 개의 대구로 이루어져 있는데, 모두 不可得而로 시작된다. 일종의 두운(頭韻)이라 할 수 있다. 또한 親과 疏, 利와 害, 貴와 賤으로 각각 짝을 이룬다.

【자구풀이】

1) 도를 아는 자는 떠들어대지 않고, 떠들어대는 자는 도를 모른다는 의미.

2) 塞其兌 2구: 제52장 참조. 挫其銳 4구: 제4장 참조.

3) 不可得而…: 얻어서 …할 수 없다. 실제로는 不可能…과 같다.

【해설】

안다는 것은 도를 앎이다. 도의 특성은 '무위'이다. 그러므로 진정으로 도를 체득한 성인은 말을 함부로 하지 않는 법이다. 제23장 "희언자연(希言自然)"의 설명을 참조하라. 속인들은 인위적인 규범이나 편협한 주견을 말해대지만 이는 도를 모르기 때문이다. 성인은 말을 줄임으로써 진정 하고 싶은 말을 실현한다. 그런 의미에서 그는 '불언(不言)'이 아니라 '대언(大言)'이라 불러야 옳다.

다음 단락은 도를 알면서 말하지 않는 경지를 쉽게 다시 풀어 설명한다. 1·2구는 도를 알아가는 과정이다. 자신의 감각기관을 닫고 발걸음을 멈춤으로써, 즉 인위를 최대한 줄임으로써 도의 경지를 이해하게 된다. 3·4구는 도를 자신의 몸에 체화하는 과정이다. 낭중지추(囊中之錐)라는 말이 있다. 예리한 송곳은 주머니에 넣어두어도 삐져나오기 마련이다. 사람들은 이처럼 자신을 내세우기를 좋아한다. 노자는 우선 이를 꺾으라고 주문한다. 그리고 자신의 마음속에 얽혀있는 잡념을 풀어버리라고 주문한다. 이쯤 되면 그는 도의 경지에 합일하게 된다. 5·6구에서 마지막으로 할 일을 제시한다. 도와 합일하게 되면 그는 눈부신 존재가 되지만, 그 눈부심을 부드럽게 해야 한다. 그래야 자신이 처한 '먼지'낀 이웃과 함께 할 수 있기 때문이다. 이것이 그 유명한 '화광동진(和光同塵)'이다. 이를 달리 말하면 '현동(玄同)'이다. 이상 세 단계를 다시 말하면 '수행 → 체득 → 실천' 되는데, 노자 역시 그의 궁극적 목표는 현실참여임을 잘 보여주고 있다. 다만 공자가 제안하는 '화이부동(和而不同)'과 는 관점이 사뭇 다를 뿐이다(함께 읽을 자료).

도를 체득하고 구현하는 자는 당연히 세속적인 기준이나 판단을 뛰어 넘는다. 그에게 친/소(親/疏), 이/해(利/害), 귀/천(貴/賤) 따위는 부질없는 '군더더기'에 불과하다. 감각기관과 출입문을 막고 닫았으므로, 세상 사람들이 그를 가까이도 멀리도 할 수 없다. 예리함(특출함)을 꺾고 잡념을 풀어버렸으니 그를 이롭게 할 수도 방해할 수도 없다. 빛을 부드럽게 하여 홍진(紅塵)의 세상과 함께 하니 그를 귀하게도 천하게도 여길 수가 없는 것이다. 그러므로 '알면서 말하지 않는(知者不言)' 그가 진정으로 천하에 귀한 존재(天下貴)가 된다.

이 장 역시 세 개의 단락이 유기적으로 이어지고 있다. 이상 논의한 내용을 간단히 도표로 정리해보자.

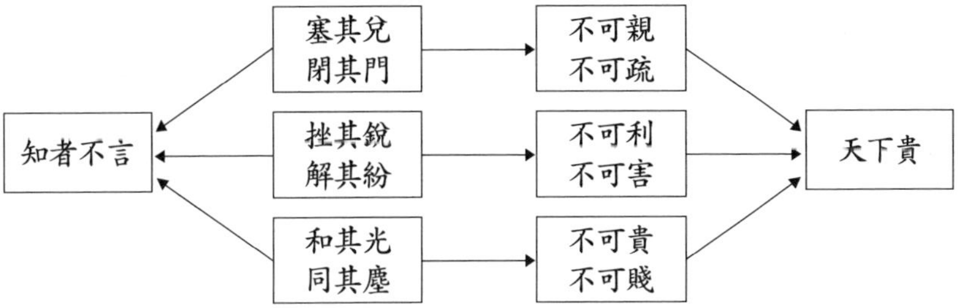

【함께 읽을 자료】

≪**논어·자로**≫ 공자께서 말씀하셨다. 군자는 어울리고자 하지만 같아지려고 하지는 않는다(和而不同). 소인은 같아지려고 하지만 어울리려고 하지는 않는다(同而不和).

【스스로 써보기】

知者不言, 言者不知. 塞其兌, 閉其門. 挫其銳, 解其紛. 和其光, 同其塵. 是謂玄同. 故不可得而親, 不可得而疏. 不可得而利, 不可得而害. 不可得而貴, 不可得而賤. 故爲天下貴.

제57장 무위자화(無爲自化)

以正治國; 이정치국	'정법(正法)'으로써 나라를 다스리고,
以奇用兵, 이기용병	'기술(奇術)'로써 병기를 쓰고 있나니,
以無事取天下. 이무사취천하	'무사(無事)'로써 천하를 취하는 법인 걸.
吾何以知其然哉? 오하이지기연재	우리는 무엇으로 그 것이 그러 함을 아는가?
以此.[1)] 이차	다음 이것들로써 안다.

天下多忌諱, 천하다기휘	천하에 금지 사항이 많아지면,
而民彌貧. 이민미빈(변)	대중은 더욱더 가난해지더라.
民多利器, 민다리기	대중에게 예리한 기물이 많으면,
國家滋昏.[2-1)] 국가자혼(현)	나라는 더욱 어지러워지더라.

人多伎巧, 인다기교	사람들에게 잔재주가 많아지면,
奇物滋起; 기물자기	기이한 것들이 더욱 일어나더라.
法令滋彰, 법령자창	법령이 더욱더 밝아질수록,

盜賊多有.[2-2] 도둑 강도가 더 많게 되더라.
도적다유(웨)

故聖人云, 그러므로 성인은 말하기를,
고성인운

我無爲而民自化; 내가 억지함이 없으니 대중이 절로 변화하는구나.
아무위이민자화(회)

我好靜而民自正; 내가 차분함을 좋아하니 대중이 절로 바르구나.
아호정이민자정

我無事而民自富; 내가 해대는 일 없으니 대중이 절로 부유하구나.
아무사(수)이민자부

我無欲而民自樸.[3] 내가 욕심이 없으니 대중이 저절로 순박하구나.
아무욕이민자박

【문장 구성】

세 단락으로 구성되어 있다. 첫 단락은 산문으로 보이나 1-2구는 대구이고, 구 처음에 以가 반복됨으로써 두운 역할을 한다. 둘째 단락은 다시 두 문단으로 나누어진다. 첫 문단은 貧(音騈)과 昏(許懸切)으로 압운하고 있다. 또 1·2구와 3·4구가 대구이다. 다음 문단은 起와 有(羽軌切)로 운을 밟고 있다. 셋째 단락은 다섯 구가 대구를 이루며, 모두 구중운(句中韻)을 사용하고 있다. 爲와 化(音回), 靜과 正, 事(音樹)와 富, 欲과 樸이 각각 운이다.

【자구 풀이】

1) 正과 奇는 정상적인 규범과 임기응변적인 술수(제31장 참조). '정'이든 '기'이든 인위로 '무사'가 아니다. 取天下는 천하를 취하다. 천하의 인심을 얻는다. 또는 천하를 다스린다.

2) 忌諱는 금지사항. 彌는 더욱. 伎巧는 技巧와 같아, 잔재주. 滋는 번성하다, 여기서는 더욱. 彰은 밝다, 뚜렷하다.

3) 無爲, 好靜, 無事, 無欲은 모두 유사한 의미로 쓰이고 있다.

【해설】

첫 단락의 키워드는 '무사(無事)'이다. 무사는 '무위(無爲)'의 별칭으로, 작위적으로 해대는 일이 없음을 나타낸다. 이는 도의 핵심적인 속성으로, 외견상 소극적으로 보이지만 실제로는 막강한 힘이 있어 '하지 못함이 없다(無不爲)'. 흔히 평상시는 '정법(正法)'으로 나라를 다스리고 비상시, 즉 전쟁 시에는 '기술(奇術)'로 대응한다고 하지만, 양자는 모두 '유위(有爲)'로 도와는 거리가 있다.

둘째 단락은 첫 단락의 '정(正)'과 '기(奇)'를 구체적으로 설명하고 있다. '기휘(忌諱)'와 '법령'은 '정'에, '이기'와 '기교'는 '기'에 해당한다. 도를 전제로 하지 않은 채, '정'만을 내세운다면 대중들의 삶은 더욱 가난해져 결국 도둑이 양산될 수밖에 없다. 비상시라 하여 역시 도를 전제로 하지 않고 '기'를 고집피우다보면 나라는 더욱 혼란에 빠지기 마련인데, 기이한 것들이 양산되기 때문이다. 현대 사회에서도 비슷한 예를 찾아 볼 수 있다. 총기 보급률이 높을수록 그 사회의 치안이 불안하다는 사실은 널리 알려진 바이다.

셋째 단락은 첫 단락의 '무사'를 이어받아 구체적으로 설명을 가하고 있다. 무위(無爲), 호정(好靜), 무사(無事), 무욕(無欲)으로 나누어 설명하고 있지만 다 유사한 내용이다. 노자가 가장 즐겨 쓰는 용어로 바꾸면 당연히 '무위'가 될 것이다. 화(化), 정(正), 부(富), 박(樸)은 대중들의 삶이 각 방면에서 이상적으로 바뀜을 의미한다. 요약하면 '무불위'이다. 위(我)에서 '무위'하면 아래(民)는 절로 '무불위'해진다. 즉 이상적인 상태로 되지 않음이 없게 된다. 첫 단락의 구절을 인용하여 다시 말하자면, 위에서 '무사'하면 천하를 취하게 된다(取天下).

이 장을 읽고 있으면 유명한 약법삼장(約法三章)이 절로 생각난다. 뛰어난 용병술로 전국시대를 마감하고 천하를 통일한 진시황은 만리장성과 왕릉 건설 등 엄청난 공사를 벌이는 것과 동시에 법가 사상에 근거하여 이루 셀 수 없을 만큼의 수많은 법을 만들어냈다. 그러나 백성들의 삶은 도리어 곤궁해지고, 전국은 혼란에 빠져들 따름이었다. 한(漢) 고조(高祖) 유방(劉邦)은 이러한 진나라를 무너뜨리고 수도 함양(咸陽)에 먼저 입성하였다. 그가 백성을 모아두고 처음 한 약속이 약법삼장이다. 즉, “살인자는 사형에 처한다. 사람을 다치게 한 자는 벌을 받는다. 남의 물건을 훔치는 자는 벌을 받는다. 이외 진나라의 법은 다 폐기한다.” 라고 선포하였다. 엄청난 일과 법을 만들었던 진나라는 겨우 15년 만에 망한 반면, 겨우 약법삼장으로 출발한 한나라는 수백 년이나 지속되었다. 마치 노자의 예언을 증명이나 하듯이 말이다(함께 읽을 자료 참조). ‘정’이든 ‘기’이든 진시황의 ‘다사(多事)’가 한 고조의 ‘무사’에 허망하게 무너져 버린 것은 엄연한 역사적 사실이다.

이 장은 많은 내용을 말하고 있기에 맥락을 파악하기가 쉽지 않다. 이해를 돕기 위해 표로 정리하면 다음과 같다.

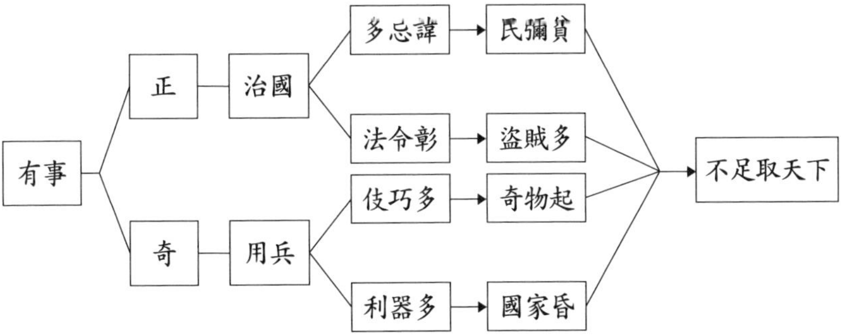

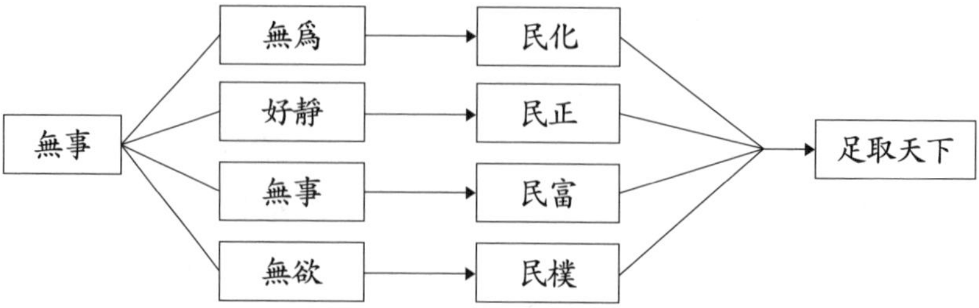

【함께 읽을 자료: 원문】

≪**사기·고조본기**≫ 한(漢) 원년 10월, 패공(沛公)의 군대가 마침내 다른 제후들 보다 앞서서 패상(霸上)에 도착했다. … 마침내 서쪽으로 가서 함양(咸陽)에 입성하였다. … 여러 현의 원로와 유력자들을 불러서 말했다. "원로들께서 진나라의 가혹한 법에 고생한 지 오래되었습니다. 조정을 비방하는 자는 멸족을 당하고, 모여 이야기하면 공개처형을 당하였습니다. 나는 여러 제후들과 약속하기를 '먼저 관중(關中)에 들어간 자가 그곳이 왕이 되자' 라 했으니, 나는 응당 관중의 왕 자격이 있을 것입니다. 원로 여러분과 약속하겠습니다. '법은 세 조목뿐입니다.' 사람을 죽인 자는 죽습니다. 사람을 해친 자와 도둑질 하는 자는 벌을 받습니다. 나머지 모두 진나라 법은 폐기합니다. … (온갖 향응을 거절하자) 사람들은 더욱 기뻐하여, 오직 패공이 진왕이 되지 않을까봐 걱정하였다.

【스스로 써보기】

以正治國, 以奇用兵, 以無事取天下. 吾何以知其然哉, 以此. 天下多忌諱, 而民彌貧, 民多利器, 國家滋昏. 人多伎巧, 奇物滋起,法令滋彰, 盜賊多有. 故聖人云, 我無爲而民自化, 我好靜而民自正, 我無事而民自富, 我無欲而民自樸.

제58장 화복(禍福)

其政悶悶; 기정민민(문)	그 정치가 두리뭉실하면,
其民淳淳. 기민순순	그 백성은 순박하리라.
其政察察; 기정찰찰	그 정치가 꼬장꼬장하면,
其民缺缺.[1] 기민결결	그 백성은 각박하리라.
禍兮福之所倚; 화(휘)혜복지소의,	화여 복이 기대어 있는 바로다.
福兮禍之所伏. 복혜화지소복	복이여 화가 숨어있는 바로다.
孰知其極, 숙지기극	뉘라서 그 끝을 알랴!
其無正也.[2] 기무정야	아 '정상'이랄 것이 없는 걸.
正復爲奇, 정복위기	'정상(正常)'은 되돌아 '기괴(奇怪)'가 되고,
善復爲妖. 선복위요	잘한 것이 되돌아 못된 것으로 바뀌거늘.
人之迷, 인지미	사람들의 미혹됨이여,
其日固久.[3] 기일고구	그런 날이 참으로 오래구나.

是以聖人, 시이성인	이 때문에 성인은,
方而不割; 방이불할	모나나 다치게 하지 않노라.
廉而不劌; 렴이불귀	각지나 상처 입히지 않노라.
直而不肆; 직이불사	곧지만 멋대로 굴지 않노라.
光而不燿.[4)] 광이불요	빛나되 눈부시게 하지 않노라.

【문장 구성】

네 단락으로 구성. 첫 단락은 悶悶(音門)과 淳淳, 그리고 察察과 缺缺로 압운하고 있다. 또 모든 구가 其로 시작하여 두운 역할을 한다. 둘째 단락은 전체적으로는 산문이나, 1구에서 禍(虎委切)와 倚가 운이고, 2구에서 福과 伏이 운이다. 셋째 단락은 산문이다. 마지막 단락은 네 개의 대구로 이루어져 있다. 운은 밟고 있지 않다. 다만 而不이 중간에 반복되고 있어 구중운 역할을 한다.

【자구풀이】

1) 悶悶은 어두워 분명하지 않는 모양. 갑갑한 모양. 淳淳은 순박하고 돈후한 모양. 察察은 엄밀하고 밝은 모양. 缺缺은 결핍되어 있는 모양. 자질구레 따지는 모양.

2) 其는 판단이나 감탄의 어감을 나타내는 조사. 正은 정상적인 정황이나 도리.

3) 善은 잘하는 것, 좋은 것. 妖는 상서롭지 못한 것, 사악한 것.

4) 方而不割: 方은 모, 모나다. 割은 원래 '칼로 베다'의 의미. 여기서는 절단하다, 해치다. 네모처럼 반듯하지만 남의 자존심을 상하게 하지 않음을 비유한다. 廉而不劌: 廉은 원래 건물의 모서리, 여기서는 각지다, 모나다. 劌는 상처를 입히다. 모서리처럼 청렴하고 분명하지만 남에게 상처를 입히지 않음을 비유한다. 直而不肆: 성품이 강직하나 멋대로 굴어 남을 능멸하지 않음을 비유한다. 肆는 여러 가지 의미가 있으나, 여기서는 드러내고 과시하다, 멋대로 하다, 마음대로 굴다. 光而不燿: 뛰어나고 빛나는 자질을 구비하고 있으나 자신을 과시하지 않음을 비유한다.

【해설】

정치가 두리뭉실하다면(悶悶) 일반적인 관점에서 볼 때 그것은 분명 화(禍)일 터이다. 그러나 유연하고 포용하는 것이어서 백성들이 순박해진다면 그것은 분명 복이다. 제49장에서 지적했듯이 잘한 사람을 잘했다 하고, 잘하지 못한 사람 역시 잘했다고 두리뭉실하게 함으로써 오히려 잘함의 최대치를 끌어내기 때문이다. 역으로 꼬치꼬치 따지는(察察) 정치는 백성들을 각박하게 만든다. 얼핏 복으로 보일지 모르지만 그것은 분명 화이다.

그러므로 화로 보였던 정치의 '두리뭉실함(悶悶)'이 대중들의 '순박함(淳淳)'으로 이어지니, 화는 바로 복이 기대어 있는 바이다. 반대로 복으로 보였던 정치의 '꼬장꼬장함(察察)'이 대중들의 '각박함(缺缺)'을 야기하니, 복 속에 바로 화가 숨어 있는 바이다. 이처럼 사람이 하는 행위는 화복이 오락가락 얽힌다. 전화위복(轉禍爲福)이요 전복위화(轉福爲禍)하는 것이니, 어느 것이 정상적인 것인지 알 수가 없다.

노자가 보기에 당시 사람들이 '정(正)'이고 '선(善)'이라고 여기고 있는 것은 실은 다 '기(奇)'이고 '요(妖)'에 불과하다. 온갖 인위적이고 작위적인 '꼬장꼬장한(察察)' 정치를 정상적이고 잘하는 짓으로 알고 있기 때문이다. 오랫동안 반복되고 있는 역사적 사실임에도 불구하고, 노자가 보기에 사람들은 아직도 깨닫지 못하고 있다.

반면 이상적인 지도자인 성인이라면 도를 꿰뚫어 본다. 그러므로 그는 속인들이 범하는 우를 범하지 않는다. 범인들은 方(廉, 直, 光)에 집착한 나머지 주위 사람에게 割(劌, 肆, 燿)을 끼친다. 반면 성인은 그렇지 않다. 왜인가? 그는 큰 네모여서 모서리가 없고(제41장 大方無隅), 크게 곧아서 구부러진 듯하며(제45장 大直若屈), 자신의 빛을 부드럽게 하여 주위 티끌과 같아지기(제56장 和其光, 同其塵.) 때문이다. 성인의 '정(正)'과 '선(善)'은 그래서 영원불변하다. 물론 도를 닮은 소치이다.

【스스로 써보기】

其政悶悶, 其民淳淳. 其政察察, 其民缺缺. 禍兮福之所倚, 福兮禍之所伏. 孰知其極, 其無正也. 正復爲奇, 善復爲妖. 人之迷, 其日固久. 是以聖人方而不割, 廉而不劌, 直而不肆, 光而不燿.

제59장 막약색(莫若嗇)

治人事天, 치인사천	'사람'을 다스리고 '하늘'을 섬김에,
莫若嗇. 막약색	'색(줄임)'만 같은 게 없으리.
夫唯嗇, 부유색	대저 오직 줄이니,
是以早服. 시이조복	이로써 일찍 복종하게 되지.
早服, 조복	일찍 복종하니.
謂之重積德. 위지중적덕	이를 일러 '거듭 덕을 쌓음'이라 하지.
重積德, 중적덕	거듭 덕을 쌓으면,
則無不克. 즉무불극	이기지 못함이 없으리.
無不克, 무불극	이기지 못함이 없으면,
則莫知其極. 즉막지기극	그 끝을 아는 자 없으리.
莫知其極, 막지기극	그 끝을 아는 자 없으면,
可以有國. 가이유국	이로써 나라를 보유할 수 있으리.

有國之母, 유국지모(미)	나라를 보유하는 어미여,
可以長久.[1] 가이장구(기)	이로써 영원할 수 있으리라.
是謂深根固柢, 시위심근고저	이를 일러 뿌리를 깊게 밑동을 굳건히 하는,
長生久視之道.[2] 장생구시지도	길이 살아서 오랫동안 보는 도라 부르도다.

【문장 구성】

두 단락으로 구성되어 있다. 첫 단락은 嗇 → 嗇/早服 → 早服/重積德 → 重積德/無不克 → 無不克/莫知其極 → 莫知其極/有國 → 有國으로 끝말잇기를 하고 있고, 嗇, 服, 德, 克, 極, 國으로 압운하다가 母와 久(擧里切)로 환운하고 있다. 둘째 단락은 산문으로 마무리하고 있다.

【자구풀이】

1) 人과 天은 인위와 天然. ≪장자·추수(秋水)≫에 "소와 말이 네 개의 다리인 것, 이를 '천(天)'이라 하고, 말머리에 고삐를 씌우고 소의 코를 뚫은 것, 이를 '인(人)'이라 부른다.(牛馬四足, 是謂天, 落馬首, 穿牛鼻, 是謂人.)"라는 구절이 있다. 嗇은 원래 곡물을 저장하는 창고를 본뜬 글자로 곡물을 수확하다는 뜻에서, 거두다, 낭비하지 않고 줄이다 등의 뜻으로 확대되었다.

2) 柢는 뿌리, 밑동. 視는 보통 活의 의미로 풀이한다(예, 高誘 주). 갑골문자 를 보면 제단이나 제사를 의미하는 示와 눈을 나타내는 目으로 구성되어 있다. 고대 인류의 생활에서 종교적 행위가 차지하는 비중이 높았던 것을 감안한다면, 단순히 '활동하다'로 옮기는 것은 다소 미흡하다.

하늘의 뜻을 보거나 제단 또는 제사를 유심히 본다는 뜻을 내포하므로, 그냥 '보다'로 번역해 둔다.

【해설】

사람을 다스리거나 하늘을 섬기거나 하는 데 있어서 가장 중요한 기준은 도이다. 도의 경지는 인위를 줄이고 줄여야만 도달할 수 있다. 노자는 이를 '색(嗇)'으로 비유하고 있다. '색'은 곡물 창고이다. 곡식을 거두어들이는 곳이다. 여기서는 줄인다는 뜻으로 사용된다. 인위를 줄이는 것은 일찍 도에 복종하는 것이다. 도를 따르면 도를 구현하게 되는데 이것이 바로 덕이다. 덕을 쌓아나가면 이겨내지 못할 게 없다. 그것의 한계는 끝이 없으니, 결국에는 나라를 보유하게 된다. 유가에서 수신제가치국평천하라고 했듯이 말이다. 나라를 보유하는 어미는 바로 도를 가리킨다. 이 도로써 하면 영원할 수가 있다. 그러므로 이를 일러 근본적인, 영원한 도라 하는 것이다.

【스스로 써보기】

治人事天, 莫若嗇. 夫唯嗇, 是以早服. 早服, 謂之重積德. 重積德, 則無不克. 無不克, 則莫知其極. 莫知其極, 可以有國. 有國之母, 可以長久. 是謂深根固柢, 長生久視之道.

제60장 약팽소선(若烹小鮮)

治大國, 치대국	큰 나라를 다스리되,
若烹小鮮.[1)] 약팽소선	작은 물고기 지지는 듯이 하라.
以道莅天下, 이도리천하	도로써 천하에 임하노라면,
其鬼不神. 기귀불신	그 인귀도 작용하지 않으리.
非其鬼不神, 비기귀불신	그 인귀가 작용하지 않을 뿐 아니라,
其神不傷人. 기신불상인	그 신명도 사람을 해치지 않으리라.
非其神不傷人, 비기신불상인	그 신명이 해치지 않을 뿐만 아니라,
聖人亦不傷人.[2)] 성인역불상인	성인도 역시 사람을 해치지 않으리라.
夫兩不相傷, 부양불상상	대저 양쪽이 서로 해치지 않게 되어,
故德交歸焉.[3)] 고덕교귀언	고로 덕이 일제히 여기로 돌아오리라.

【문장 구성】

세 단락으로 구성된다. 첫 단락은 산문이다. 둘째 단락은 운문으로 神, 神, 人, 人, 人으로 압운하고 있다. 또한 其와 非가 서두에 반복하면서 두운 역할을 하며, 전체적으로 끝말잇기를 하고 있다. 셋째 단락은 산문이다.

【자구풀이】

1) 鮮: ≪설문해자(說文解字)≫의 설명에 의하면 원래 맥국(貉國)에서 나는 물고기의 이름이다. 魚는 뜻을, 羊(羴의 생략)은 소리를 나타낸다. 아무튼 魚에 뜻이 있고, 초기 글자 중에는 아예 물고기만으로 이루어진 것도 있다(참고 자료 참조).

2) 莅: 다다르다, 임하다. 臨과 같다. 其鬼不神: 鬼는 조상신 등 인간의 사령(死靈). 우리가 흔히 말하는 귀신인데, 인귀(人鬼)로 번역함. 神은 동사로 作用을 일으키다. 영험하다. 其神不傷人: 神은 자연계의 신령. 천신지기(天神地祇), 즉 천지신명 등을 가리킨다. 非: '非唯'를 줄인 말로, 단지 …할 뿐만 아니라.

3) 兩不相傷: 兩은 鬼·神과 성인. 傷의 의미상 목적어는 사람. 德交歸焉: 德은 도의 구현으로서의 德澤. 交는 일제히, 함께, 모두의 뜻. 焉은 '여기로', 즉 사람에게로.

【더 읽기】

작은 생선을 요리할 때, 자주 뒤적이면 부서지고 만다. 저절로 익도록 내버려두어야 한다. '무위'를 비유한다. 그러나 그것은 아무 것도 하지 않는 '방임'과는 근본적으로 다르다. 신중한 불의 조절 등이 전제되어야 한다. 일상생활 경험에서 유래한 경구(警句)로 보인다. 아무튼 큰 나라를 다스리되 작은 생선 요리하듯이 하라는 말은 '무위', 즉 도로써 치국(治國)해야 한다는 사실을 생동감 넘치게 표현해내고 있다.

작은 생선을 지지듯이, 도로써 성인이 천하에 임하면, 우선 인귀가 들어설 여지가 없게 된다. 뿐만 아니라 자연의 신령인 신명 역시 힘을 발휘하지 못한다. 또 그 뿐만 아니다. 도를 행하는 성인도 당연히 사람에 해를 끼칠 여지가 없다(제66장 참조).

인귀와 신명은 초현실적인 존재이고 성인은 현실적인 존재인데, 이 두 가지가 다 사람을 해치지 않게 된다면, 도의 구현으로서 덕이 고스란히 사람에게 돌아가게 된다.

이 장은 노자의 핵심적인 사고를 보여주고 있어 매우 중요하다. 인귀보다는 신명이 상위 개념이고, 신명보다는 성인이 상위에 있다고 노자는 여긴다. 왜냐하면 인귀 → 신명 → 성인 순으로 도에 가깝기 때문이다. 달리 말하자면 노자는 초현실적인 신령마저도 도의 하위로 간주하고 있다. ≪노자≫가 종교적 신앙에 갇히지 않고 철학적 사유로 넘어가고 있음을 잘 보여주고 있다.

【참고자료】

鮮(갑골문)

鮮(전서)

鮮(전서)

鮮(예서)

鮮(예서)

【스스로 써보기】

治大國, 若烹小鮮. 以道莅天下, 其鬼不神.
非其鬼不神, 其神不傷人. 非其神不傷人,
聖人亦不傷人. 夫兩不相傷, 故德交歸焉.

제61장 대자의하(大者宜下)

大國者下流. 대국자하류	큰 나라라는 것은 하류이라네.
天下之交; 천하지교	천하의 만나는 곳이니,
天下之牝.[1] 천하지빈	천하의 '암컷'인 셈이지.
牝常以靜勝牡, 빈상이정승모	'암컷'은 늘 '차분함'으로 '수컷'을 이기거늘,
以靜爲下.[2] 이정위하(호)	'차분함'으로 아래가 된다네.
故 고	그러므로
大國以下小國, 대국이하소국	큰 나라가 이로써 작은 나라에 낮추면,
則取小國; 즉취소국	작은 나라(의 추종)를 얻게 되리라.
小國以下大國, 소국이하대국	작은 나라가 이로써 큰 나라에 낮추면,
則取大國.[3] 즉취대국	큰 나라(의 신임)를 얻게 되리라.
故 고	그러므로

或下以取; 혹하이취	어떤(큰) 나라는 낮춤으로써 얻고,
或下而取.[4)] 혹하이취	어떤(작은) 나라는 낮추어서 얻네.
大國不過欲兼畜人; 대국불과욕겸휵인	큰 나라는 아울러서 남을 기르고자 함에 지나지 않고,
小國不過欲入事人. 소국불과욕입사인	작은 나라는 들어가 남을 섬기고자 함에 지나지 않네.
夫兩者各得其所欲, 부양자각득기소욕	대저 양자가 각기 원하는 바를 얻으려면,
大者宜爲下. 대자의위하	큰 나라가 응당 아래가 되어야 하리.

【문장 구성】

여섯 단락으로 나누어볼 수 있다. 첫 단락은 운이 없는 산문이다. 다만 뒤 2구는 대구이고, 天下之가 두운처럼 반복되고 있다. 둘째 단락은 牡(音母)와 下(後五切)로 압운하고 있다. 셋째 단락은 國 4개를 중복하여 압운하고, 대구를 이루며. 則을 두운처럼 중복하고 있다. 넷째와 다섯째 역시 대구로 이루어지고, 각각 取와 人으로 중운하고 있다. 또 或下와 國不過欲을 중복하고 있다. 마지막 여섯째 단락은 운이 없는 순수한 산문이다.

【자구 풀이】

1) 交는 교차하다. 함께 하다. 여기서는 교차하는 곳. 모여드는 곳. 下流는 流下와 같아, 물줄기의 아래, 즉 하류.

2) 牝은 암컷, 牡는 수컷.

3) 以와 而는 통용하는 경우가 많지만 여기서는 어감의 차이가 있다. 以가 능동적 적극적이라면 而는 수동적 소극적인 느낌을 나타낸다.

4) 取의 의미상의 목적어는 각각 다음 단락의 '兼畜人'과 '入事人'이다.

【해설】

개울이나 시내에 비해 강이나 바다는 당연히 크다. 온갖 개울이나 시내가 모여들기 때문이다. 왜 그러한가? 강과 바다가 낮은 곳, 하류에 있기 때문이다. 대국은 그러한 하류가 되어야 한다. 다시 말하자면 천하의 사람들이 모여드는 곳이어야 하고, 낮은 곳에 있어서 천하의 '암컷'이 되어야 한다. '암컷'이 된다는 말은 무슨 의미인가?

동물의 세계를 보자. 새로운 생명을 잉태하는 순간, '암컷'이 주도권을 잡는다. 그렇다고 천방지축 날뛰며 '수컷'을 찾아나서는 게 아니다. '차분함'으로 '수컷'이 모여들기를 기다렸다가 고르면 된다. 그리고 바로 그 결정적인 순간에도 '암컷'은 '차분함'으로 '낮은' 위치를 차지한다. 이러한 위대한 '여성성' 덕분에 새 생명이 탄생한다. 그래서 노자는 도를 '현빈(玄牝)', 즉 현묘한 암컷으로 비유한 바 있다(제6장).

위대한 '암컷'이 '차분함'으로 자신을 낮추듯이, 큰 나라가 낮추려고 노력하면 작은 나라의 추종을 얻게 되고, 작은 나라가 당연히 낮추면 큰 나라의 신임을 얻게 된다.

다시 강조하거니와, 큰 나라이든 작은 나라이든 '암컷'의 '차분함', 즉 '여성성'을 견지하면 양자 모두 소기의 목적을 달성하게 된다. 백성들의 안녕을 보장하게 된다는 말이다. 작은 나라는 쉽게 자신을 낮출 수가 있으니, 관건은 큰 나라에 달려있다. 큰 나라가 낮추면 작은 나라는 자연 낮추기 마련일 터이다.

노자 당시, 춘추시대에는 중국이 여러 열국으로 분할되어 있었다. 그러나 적어도 이론적으로는 동일한 '천자' 아래에 속한 '제후'들이니, 나라와

나라들은 경쟁 대상이거나 적대국이 아니라 일가친척인 셈이다. 그러니 서로 겸손해야 한다. 그렇지만 당시는 겸병의 시대로, 무력이 판을 쳤다. 큰 나라가 작은 나라를 칠 때도, 또 반대로 작은 나라가 큰 나라에 대항할 때도 모두 무력을 쓴다. 그 피해는 일차적으로 백성에게 닥치기 마련이다. 노자가 많은 장을 할애하여 전쟁을 비판하는 이유가 여기에 있다. 이 장도 그 연장선에 있다.

【스스로 써보기】

大國者下流, 天下之交, 天下之牝. 牝常以靜勝牡, 以靜爲下. 故大國以下小國, 則取小國. 小國以下大國, 則取大國. 故或下以取, 或下而取. 大國不過欲兼畜人, 小國不過欲入事人. 夫兩者各得其所欲, 大者宜爲下.

제62장 만물지오(萬物之奧)

道者, 도자	도라는 것은,
萬物之奧. 만물지오	만물이 기도하는 곳이어라.
善人之寶, 선인지보	잘한 사람의 보배이자,
不善人之所保.[1)] 불선인지소보	못한 이가 보호받는 바이라.
美言可以市尊; 미언가이시존(진)	아름다운 발언은 이(도)로써 존귀함을 살 수 있고,
美行可以加人, 미행가이가인	아름다운 행실은 이(도)로써 남보다 높아진다네.
人之不善, 인지불선	(그러나) 사람이 잘하지 못한들,
何棄之有.[2)] 하기지유	무슨 버릴 것이 있으랴!
故 고	그러므로
立天子, 립천자	천자를 세우고
置三公, 치삼공	삼공을 둘 적에,

雖有拱璧以先駟馬, 수유공벽이선사마	비록 아름드리 옥을 사두마차에 앞세운다 한들,
不如坐進此道.[3)] 불여좌진차도	차라리 꿇어앉아 이 도를 올리는 게 좋으리라.

古之所以貴此道者, 고지소이귀차도자	옛 사람이 이 도를 귀하게 여기는 까닭은,
何. 하	무엇인가?
不曰, 불왈	말하지 않던가?
求以得, 구이득	(잘한 이가) 구하면 이로써 얻고,
有罪以免邪. 유죄이면야	(못한 이가) 잘못이 있어도 용서된다고.
故爲天下貴. 고위천하귀	그러므로 천하의 귀함이 되느니라.

【문장 구성】

네 단락으로 구성되어 있다. 첫 단락은 道, 奧(烏到切), 寶, 保로 압운하고 있다. 둘째 단락은 尊(音津), 人으로 1·2구는 운을 밟고 있지만 뒤는 산문이다. 셋째와 넷째 단락 역시 운을 달지 않은 산문이다.

【자구 풀이】

1) 奧는 ≪설문해자≫에 "방의 서남쪽 구석(室之西南隅)"이라고 설명하고 있는데, 이곳은 제사 지낼 때 신주(神主)를 모시던 자리이다. 초기 글자 형태를 보면, 지붕(집) 안에서 두 손으로 무언가(아마도 米)를 들고 바치는

모습을 하고 있다(참고 자료 참조). 또한 ≪논어≫에서 공자는 그곳은 하늘에 기도하는 곳이라고 밝히고 있다(함께 읽을 자료 참조). 따라서 기도하는 곳으로 번역한다.

2) 加는 초과하다, 위에 놓는다는 뜻. 加人은 다른 사람보다 높아지다. 다른 사람을 능가하다.

3) 三公은 신하들 가운데 가장 높은 세 직위. 주나라의 경우는 태사(太師), 태부(太傅), 태보(太保)이다. 拱은 껴안다, 여기서는 아름드리이다. 雖有拱璧以先駟馬 구: 아름드리 옥을 앞세우고 네 마리 말이 끄는 수레가 뒤따르는 것이 옛날 의례였다. A不如B: A는 B만 못하다. A하기 보다는 차라리 B하는 게 낫다.

4) 所以…者는 …하는 까닭.

【해설】

노자의 도가 강한 종교적 성격을 내포하고 있음을 잘 보여주는 장이다. 오(奧)는 방안 가운데 가장 깊숙한 곳인데, 공자의 지적처럼 하늘에 기도하는 장소이다. 노자는 '도'가 바로 그러한 '오'라고 적시한다. 만물이 기도하고 비는, 종교적이고 신성한 곳이라는 의미이다. 따라서 그것은 잘하는 자만의 보배에 그치지 않는다. 설사 잘못하는 사람이라도 도움을 구할 수 있는 피난처인 것이다.

둘째 단락 중 처음 1·2구는 앞 단락의 '선인지보(善人之寶)'를, 그리고 다음 3·4구는 '불선인지소보(不善人之所保)'를 이어받아 부연 설명하고 있다. 도는 잘하는 사람, 즉 아름다운 말과 행실을 하는 사람에게는 상응하는 보상을 준다. 그렇지만 좀 잘못할지라도 내칠 것은 없다. 그 나름 최선을 다했다면 응당 감싸주어야 하는 법, 그런 역할을 하는 것이 도이다. 도는 만물의 고해성사를 받아들인다.

천자를 세우고 삼공을 둔다 함은 결국 천하, 즉 국가사회를 다스린다는 뜻이다. 이 때 아무리 화려하고 성대한 의례를 갖춘들, 도의 정신을 되새기는 것만 못하다. 셋째 단락은 나라를 다스리는 데 있어서 가장 중요한 것이 바로 도임을 강조하고 있다.

왜냐하면 잘한 사람은 잘하는 대로, 못하는 사람은 못하는 대로, 자신의 삶을 보장 받기 때문이다. 인간이 만든 법이나 규제들 대부분은 그렇지 못하다. 단지 잘하는 사람의 손을 들어줄 뿐이다. 이른바 '승자독식'이다. 반면 성인은 이와 다르다. 도에 입각하기 때문에 잘하는 자는 물론이요 설사 잘못하는 사람도 감싼다(제49장 참조). 그렇기에 천하의 귀한 존재가 되는 것이다.

다른 장과 마찬가지로 이 장은 단락들이 유기적으로 연결되고 있다. 특히 1·2·4장은 마치 끝말잇기를 보는 듯하다. 이를 간단히 정리하면 다음과 같다.

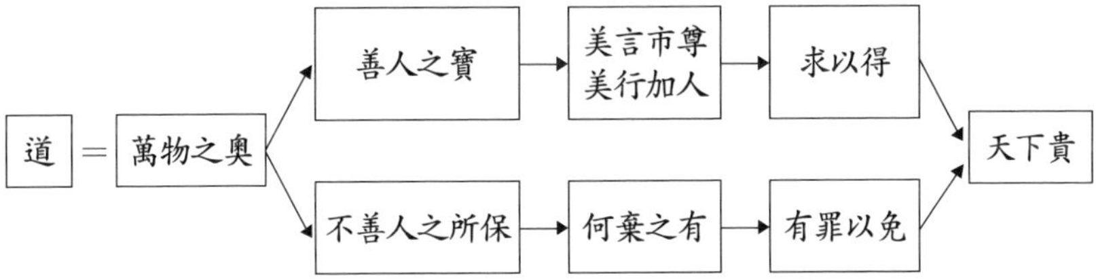

【함께 읽을 자료】

≪**논어·팔일**≫ 왕손가(王孫賈)가 물었다. "'안방 신(奧)에게 잘 보이기보다는 부엌 신(竈)에게 잘 보이는 것이 낫다.'는 말은 무엇을 말합니까?" 공자께서 답하셨다. "그렇지 않습니다. 하늘에 죄를 지으면 빌 곳이 없어집니다."

【참고 자료】

奧(전서)

奧(소전)

奧(예서)

【스스로 써보기】

道者, 萬物之奧, 善人之寶, 不善人之所保. 美言可以市尊, 美行可以加人. 人之不善, 何棄之有. 故立天子, 置三公, 雖有拱璧以先駟馬, 不如坐進此道. 古之所以貴此道者, 何. 不曰求以得, 有罪以免邪. 故爲天下貴.

제63장 대소다소(大小多少)

爲無爲; 위무위	'무위'를 함으로 삼아라.
事無事; 사무사	'무사'를 일로 삼아라.
味無味.[1)] 미무미	'무미'를 맛으로 삼아라.
大小多少; 대소다소	작음을 크게 적음을 많게 여기며,
報怨以德.[2)] 보원이덕	원한을 갚되 (쉬운) 덕으로써 하라.
圖難於其易; 도난어기이	그 쉬움에서 어려움을 도모하고,
爲大於其細. 위대어기세(시)	그 작음에서 커다란 일을 하라.
天下難事, 천하난사(시)	천하의 어려운 일은,
必作於易; 필작어이	필시 쉬운 것에서 일어나느니라.
天下大事, 천하대사(시)	천하의 커다란 일은,
必作於細.[3)] 필작어세(시)	필시 작은 것에서 일어나느니라.

是以聖人　　　　이 때문에 성인은
시이성인
終不爲大,　　　　끝내 큰 것을 하지 않으니,
종불위대
故能成其大.[4]　　　　고로 그 큼을 이룰 수 있다네.
고능성기대

夫　　　　대저
부
輕諾必寡信;　　　　승낙을 가볍게 하면 필시 믿음이 적고,
경낙필과신
多易必多難.　　　　쉬움이 많으면 필시 어려움이 많아지네.
다이필다난
是以　　　　이 때문에
시이
聖人猶難之,　　　　성인은 그걸 여전히 어려워하나니,
성인유난지
故終無難矣.[5]　　　　고로 끝내 어려움이 없게 된다네.
고종무난의

【문장 구성】

다섯 단락으로 구성되었다. 첫 단락은 爲와 爲, 事와 事, 味와 味가 운이어서 수미운(首尾韻)이라 할 수 있다. 모두 대구를 이룬다. 둘째 단락은 운은 없고 대구이다. 셋째 단락은 易, 細, 事, 易, 事, 細로 압운하고, 또 天下와 必作於가 운처럼 반복되고 있다. 넷째 단락은 大로 중운하고 있다. 다섯째 단락은 難이 압운자다. 마지막 글자가 허자인 경우는 일반적으로 그 앞 글자로 운을 삼는다.

【자구 풀이】

1) 無爲, 無事, 無味는 비슷한 내용으로 모두 도를 비유한다.

2) 두 글자씩 끊어지는데, 모두 동사+목적어 구조이다.

3) 圖는 꾀하다. 도모하다. 作은 짓다, 일어나다, 발생하다.

4) 其大는 첫 단락의 無爲를 가리킨다.

5) 難之의 之는 '易'를 받는다.

【해설】

'무위'를 함으로 삼고, '무사'를 일로 삼고, '무미'를 맛으로 삼는 것은 다 동일한 의미로 도를 행한다는 의미이다. 여기에서 핵심어는 '무'이다. 사람들이 흔히 간과하는 도의 주요 속성 중의 하나이다.

그러나 '무'를 실천하는 것은 쉬운 일이 아니다. 혹은 그 전 단계의 훈련이 필요하다. '무'의 차선책, 또는 전 단계는 바로 '소(小)'와 '소(少)'이다. '소'들을 중시하고 실천하다보면 '무'에 도달하게 된다. 사람은 살다보면 원한이 생기게 마련이다. 가장 좋은 대책은 그것을 '무'로 여겨 대응하지 않는 것이지만, 부득이 뭔가 해야 한다면 차라리 쉬운 덕을 베풀어라. "미운 놈 떡 하나 더 준다."는 말처럼.

세상만사를 찬찬히 살펴보자. 어려운 일도 많고 큰일도 많지만, 그것들은 모두 쉬운 것(易)과 작은 것(細)에서 비롯되지 않던가? 그러니 쉬울 적에 어려운 것을 꾀하고, 미세할 때 거대한 것을 해야 하는 법이다.

넷째 단락은 앞 단락의 '세(細)'와 연계된다. 성인은 궁극적으로 '무위'를 행하는 사람이므로, 그 전 단계로서 '세(細)', 즉 '소(小, 少)'를 크고 많게 여긴다. 그러므로 그는 진정으로 '대(大)'를 이룰 수 있는 법이다. 비근한 예로 운동 경기를 보자. 높은 경지에 도달한 선수는 '묘기'를 부리지 않는다. 미리 필요한 조치를 취하기에 저절로 그런 듯이 보이는 법이다.

마지막 단락은 셋째 단락의 '이(易)'와 연결된다. 사유 방식은 앞 단락과 마찬가지이다. '쉬움'을 '어려움'으로 신중히 여기므로 그는 어려움 없이 소기의 성과를 이룬다.

【스스로 써보기】

爲無爲, 事無事, 味無味. 大小多少, 報怨以德. 圖難於其易, 爲大於其細. 天下難事, 必作於易. 天下大事, 必作於細. 是以聖人終不爲大, 故能成其大. 夫輕諾必寡信, 多易必多難, 是以聖人猶難之, 故終無難矣.

제64장 욕불욕(欲不欲)

其安易持; 기안이지	그것이 차분할 적에는 잡기 쉽거니와,
其未兆易謀;, 기미조이모(미)	그것이 채 조짐이 없으면 꾀하기 쉽네.
其脆易泮; 기취이반	그것이 무를 적에는 나누기 쉽고,
其微易散. 기미이산	그것이 미세하다면 흩뜨리기 쉽네.
爲之於未有, 위지어미유	아직 있지 않을 적에 그걸 하여야 하고,
治之於未亂.[1] 치지어미란	채 어지럽지 않을 때 그걸 다스려야 하네.

合抱之木, 합포지목	한 아름의 나무도,
生於毫末; 생어호밀	털끝 굵기에서 생겨나지.
九層之臺, 구층지대	아홉 층 누각도,
起於累土; 기어루토	한 삼태기 흙에서 일어나지.
千里之行, 천리지행	천 리의 여정도,
始於足下.[2] 시어족하(호)	발아래에서 시작되지.

爲者敗之; 위자패지	억지로 하면 망치고,
執者失之. 집자실지	집착하면 잃게 된다네.
是以聖人 시이성인	이 때문에 성인은
無爲故無敗; 무위고무패	억지함이 없으니 망침이 없다네.
無執故無失.[3] 무집고무실	집착함이 없으니 잃음이 없다네.

民之從事, 민지종사(시)	사람들이 일을 할 적에는,
常於幾成而敗之, 상어기성이패지	늘 거의 될 때에 망치는구나.
愼終如始, 신종여시	마지막을 처음처럼 삼가면,
則無敗事.[4] 즉무패사(시)	망치는 일이 없으리라.

是以聖人, 시이성인	이 때문에 성인은,
欲不欲. 욕불욕	'욕심내지 않음'을 욕심으로 삼는다네.
不貴難得之貨. 불귀난득지화	'얻기 어려운 재화'를 귀히 여기지 않네.
學不學. 학불학	'배우지 않음'을 배움으로 삼는다네.
復衆人之所過.[5] 복중인지소과	뭇 사람이 지나친 바로 돌아간다네.

以輔萬物之自然, 이보만물지자연	이로써 만물의 스스로 그러함을 도울 뿐,
而不敢爲.[6] 이불감위	감히 억지로 하려 들지 않는다네.

【문장 구성】

여섯 단락으로 나누어 볼 수 있다. 전체적으로 대구를 이루고 있는 첫 단락은 持과 謀(音眉)로 운을 밟다가 泮, 散, 亂으로 환운하고 있다. aabbb 형식이다. 둘째 단락 역시 전체적으로 대구이고, 末과 木, 土와 下(音戶)가 각각 운으로 aabb 형식이다. 셋째 단락 역시 전체적으로 대구를 활용하고, 敗와 失이 각각 운으로 abab 형식이다. 넷째 단락은 앞 단락의 '무위'를 부연 설명하고 있는데, 事(音始), 始, 事로 운을 맞추고 있다. 다섯째 단락은 欲과 學, 그리고 貨와 過가 운으로 abab 형식이다. 여섯째 단락은 3-5단락을 이어받아 무운의 산문으로 마무리하고 있다.

【자구풀이】

1) 泮은 얼음 따위가 녹다. 흩어지다. 나뉘다. 判으로 된 판본도 있으므로, 여기서는 나뉘다. 脆는 무르다, 연하다.

2) 合抱는 두 손을 합쳐 껴안다. 나무줄기가 굵음을 형용한다. 累는 蔂의 가차로 삼태기.

3) 爲者敗之 2구: 제29장에 이미 나온 바가 있다. 어떤 일을 하면서 지나치게 작위를 가하거나 욕심을 부리는 경우를 설명하고 있다.

4) 幾는 庶幾, 幾乎라고도 쓰는데, 차이가 크지 않은 상태를 나타내는 부사. 거의.

5) 學은 '배우다'는 의미 이외에 '따라 하다' '흉내 내다'는 뜻이 있다. 제20장 참조. 復衆人之所過: 제38장에 "도를 잃은 이후에 덕이요, 덕을 잃

은 이후에 인이요, 인을 잃은 이후에 의, 의를 잃은 이후에 예이다.(失道而後德, 失德而後仁, 失仁而後義, 失義而後禮.)"라는 구절이 있다. 道 → 德 → 仁 → 義 → 禮의 순서가 바로 뭇 사람이 지나쳐 온 바이다. 그러므로 '復'은 이것의 역순으로 돌아가는 것이니, 결국 도로 귀의함이다.

6) 以는 바로 앞 '復衆人之所過'를 받는다.

【해설】

여섯 단락으로 이루어진 긴 장(章)인데, 다시 크게 두 단락씩 세 부분으로 나누어 볼 수 있다. 첫 부분(1·2단락)은 어떤 일을 하는데 있어서의 시작(始)에 대하여, 둘째 부분(3·4단락)은 마무리(終)에 대하여 논하고 있으며, 셋째 부분(5·6단락)은 앞 두 부분을 합쳐 정리하고 있다.

상식적으로 이해하기 쉬운 사례를 나열함으로써, 만사는 '미유(未有)'와 '미란(未亂)', 즉 '미연(未然)'에서 미리 시작되어야 함을 강조하고 있다. 이어 역시 비근한 예를 들어 아무리 거창한 일도 미세한 것에서 시작된다는 사실을 환기시켜주고 있다. 여기서 '미유'와 '미란'은 도의 '무'를 비유한다.

무슨 일이든 처음 단계는 대체로 순조로운 법이다. 그런데 일이 진행되다 보면 흔히 욕심을 내기 마련이다. 초심을 잃고 억지나 작위를 가하거나, 또는 기존하거나 예상되는 성과에 집착하는 경우가 많다. 그러면 그 일을 망치고 작은 성과마저 잃게 된다. 그렇기 때문에 제37장에서 지적하였듯이 욕심이 일어나려고 하면 '무명의 통나무', 즉 도로 그것을 눌러 잠재워야 한다. 한마디로 시종여일(始終如一)하여야 일을 망치지 않게 된다.

'욕불욕(欲不欲)' 2구는 '종(終)'을, '학불학(學不學)' 2구는 '시(始)'를 이어받고 있다. '욕심내지 않음'을 욕심내고, '얻기 어려운 재화'를 귀히 여기지 않음은 억지를 부리지도 집착하지도 않음을 나타낸다. 남들이

하는 것을 따라하지 않고(學不學), 그들이 지나쳐 온 바(衆人之所過), 즉 도로 돌아감은 도에 입각하여 이를 시작함을 의미한다. 성인은 이러한 마음, 즉 도에서 시작하여 도로 마무리하는 자세로 만물이 '절로 그러하도록' 도울 따름이다. 이 장은 앞 63장과 밀접하게 연계되므로 함께 읽으면 좋다.

【스스로 써보기】

其安易持, 其未兆易謀. 其脆易泮, 其微易散. 爲之於未有, 治之於未亂. 合抱之木, 生於毫末. 九層之臺, 起於累土. 千里之行, 始於足下. 爲者敗之, 執者失之. 是以聖人, 無爲故無敗, 無執故無失. 民之從事, 常於幾成而敗之. 愼終如始, 則無敗事. 是以聖人欲不欲, 不貴難得之貨, 學不學, 復衆人之所過. 以輔萬物之自然, 而不敢爲.

제65장 선위도자(善爲道者)

古之善爲道者, 고지선위도자	옛날에 도를 잘하던 사람이라면,
非以明民, 비이명민	이로써 대중을 밝게 함이 아니고,
將以愚之. 장이우지	장차 이로써 그를 우직하게 하리라.
民之難治, 민지난치	대중이 다스리기 어려움은
以其智多.[1] 이기지다	그들 꾀가 많기 때문이라.
故 고	그러니까
以智治國, 이지치국	꾀로써 나라를 다스림은,
國之賊; 국지적	나라의 도적이요.
不以智治國, 불이지치국	꾀로써 나라를 다스리지 않음은,
國之福.[2] 국지복	나라의 복이라.
知此兩者, 지차양자	이 두 가지를 아는 것,
亦稽式. 역계식	이야말로 또한 법도이라.

常知稽式, 상지계식	늘 이 법도를 알아야 하니,
是謂玄德.[3] 시위현덕	이를 일러 '현덕'이라 하네.

玄德, 현덕	현덕은
深矣遠矣. 심의원의	심오하고 원대하구나.
與物反矣. 여물반의	물정과 상반되는구나.
然後乃至大順.[4] 연후내지대순	그런 뒤에야 '큰 순조로움'에 이르네.

【문장 구성】

네 단락으로 구성되었다. 첫 단락은 무운의 산문이다. 둘째 단락은 國, 賊, 國, 福으로 압운하고 동시에 대구를 이루고 있다. 셋째 단락은 式, 式, 德으로 운을 밟고 있다. 넷째 단락은 遠(矣)와 反(矣)로 압운한 다음 무운의 산구(散句)로 마무리 짓고 있다.

【자구 풀이】

1) 非以明民 2구: 以 다음에는 道가 생략되어 있다.

2) 賊은 원래 창 등으로 사람을 해친다는 뜻. 중국 고대에 賊은 난리를 일으켜 국가를 어지럽히고 대중에 위해를 가하는 사람들을 지칭했다.

3) 兩者는 앞 단락의 내용을 받는다. 꾀로 나라를 다스림의 여부와 그 결과. 稽式: 稽는 헤아리다. 살피다. 稽式은 헤아려 본받다, 즉 헤아려 본받아야 하는 법. 아예 해식(楷式)으로 된 판본도 있다.

4) 與物反矣: 物은 자신 이외의 사람이나 환경을 가리킨다. 反은 돌아온다는 뜻도 있지만 여기서는 뒤집다, 뒤덮다. 大順은 '自然'과 같다.

【해설】

옛날 도를 잘 구현하는 사람에 대한 기억이다. 실존 여부와 상관없이 노자의 이상형을 그리고 있다. 옛날이라고 적시함은 역으로 지금은 없다는 의미이다. 아무튼 그러한 사람을 노자는 성인이라 부르는데, 그는 도를 가지고서 대중들을 우직하게 만들고자 한다. 왜냐하면 대중들이 '지혜'로우면 오히려 다스리기 어렵게 되기 때문이다. 여기에서 '지혜'는 '도'와 대비를 이루는 개념이므로 '잔 꾀'라고 보아도 좋다.

노자는 굳건한 믿음을 갖고 있다. 도는 본질적으로 '유'와 '무'가 하나인 경지이다. 정의를 내리고 개념을 설정하여, 옳고 그름과 잘하고 못함을 따지는 것 자체가 도에서 벗어난 '군더더기' 짓이다. 따라서 도의 경지에서 대중을 이끌 경우, 목표는 '명(明)'이 아니라 '우(愚)'가 되는 것이다. 얄팍한 지혜는 나라의 복이 아니라 화이기 때문이다. 이를 숙지하는 것이 바로 법식이며, 이 법식을 늘 잊지 않는 것이 '현덕'이다.

현덕은 심오하고 원대한 것이어서, 얼핏 보면 세상 물정과 정반대이다. 그런데 그 세상이 잘못되고 있으니 그 정반대가 진정 가야할 길이라고 노자는 인식하는 것이다. 물정과 맞지 않아 순조롭지 않은 듯하지만, 실은 이것이야말로 '대순(大順)', 즉 '자연(自然)'에 이르는 길인 셈이다.

근본, 본원을 중시여기는 인식은 노자나 도가의 전유물이 아니다. 유가 역시 기본적으로 동일한 사유 방식을 보여준다. 예컨대 공자가 정치나 형벌로 백성들을 통치하면 구차하게 피하고 부끄러움조차 모르니, 덕과 예로 이끌어야 한다고 주장할 때(함께 읽을 자료), 그 인식의 틀은 노자와 다르지 않다. 정치와 형벌은 노자가 말하는 '지(智)'에 해당한다. 물론 공자의 덕과 예는 노자의 보기에는 미흡한 것일 터이지만, 항상 근본이나 본원을 잊지 말고 그곳으로 돌아가야 한다는 입장은 동일하다.

이 장을 읽을 때마다 '분서갱유(焚書坑儒)'가 떠오른다. 진시황(秦始皇)의 '우민정책'이 바로 노자에서 비롯되었다고 주장하는 사람들이 있기 때문이다. 물론 이는 노자의 진의를 전혀 읽지 못한 소치이다. 이런 주장을 접할 때마다 생각나는 기억이 하나 있다. 아주 오래 전, 운전면허 취득을 위한 필기시험을 준비할 때의 일이다. 잡다한 케이스에 따른 벌금이 쭉 나열되어 있었다. 가령 차선 위반은 얼마, 신호 위반은 얼마, 주차 위반은 얼마 …. 이런 것을 꼭 외워야 하는가? 차라리 자질구레한 조항과 숫자 따위는 모르는 게 낫지 않을까? 안전 운행을 보장하는 몇 가지 원칙만 '우직하게' 지킬 수 있다면 말이다. 진시황이 정말 노자에 근거하여 그런 짓을 했다면, 그야말로 '식자우환(識字憂患)'의 전형일 뿐이다.

【함께 읽을 자료】

≪**논어·위정**≫ 공자께서 말씀하셨다. "정치로 그들(백성)을 이끌고, 형벌로 그들을 가지런하게 하면(다스리면), 백성들은 구차하게 면하고 부끄러워하지 않지만, 덕으로 그들을 이끌고, 예로 그들을 가지런하게 하면, 부끄러워함이 있고 또한 저절로 바르게 된다."

【스스로 써보기】

古之善爲道者, 非以明民, 將以愚之. 民之難治, 以其智多. 故以智治國, 國之賊, 不以智治國, 國之福. 知此兩者, 亦稽式. 常知稽式, 是謂玄德. 玄德, 深矣遠矣, 與物反矣. 然後乃至大順.

제66장 백곡왕(百谷王)

江海所以能爲百谷王者, 강해소이능위백곡왕자	강 바다가 모든 골짜기의 왕이 될 수 있음은,
以其善下之. 이기선하지	그것이 그것들에게 잘 낮추기 때문.
故能爲百谷王.[1)] 고능위백곡왕	고로 모든 골짜기의 왕이 될 수 있다네.

是以聖人, 시이성인	이로써 성인은
欲上民 욕상민	대중보다 위에 있고자 하면,
必以言下之; 필이언하(호)지	필시 말로써 그들에게 낮춘다네.
欲先民, 욕선민	대중보다 앞서고자 하면,
必以身後之.[2)] 필이신후(호)지	필시 몸으로써 그들에게 뒤선다네.

是以聖人, 시이성인	이로써 성인은
處上而民不重; 처상이민부중	위에 처하나 대중이 무거워하지 않고,
處前而民不害.[3)] 처전이민불해	앞에 처하나 대중이 방해당하지 않네.

是以天下 시이천하	이로써 천하는
樂推而不厭, 락추이불염	즐겨 추대하며 싫증내지 않나니,
以其不爭. 이기부쟁	그가 다투지 않기 때문이라.
故天下莫能與之爭.[4)] 고천하막능여지쟁	고로 천하에 그와 다툴 수 있는 자 없구나.

【문장 구성】

네 단락으로 구성된다. 첫 단락은 산문으로, 순환어법(A → B → A)를 쓰고 있다. 둘째 단락은 民과 民, 下(音戶)之와 後(音胡)之로 압운하고, 대구를 이루며, 또 欲과 必以를 반복하여 두운 역할을 하고 있다. 셋째 단락은 압운하지 않고 단지 대구를 하고 있는데, 대부분 글자를 중복하고 있다. 넷째 단락은 爭, 爭으로 압운하고, 순환어법을 사용함으로써 멀리 첫 단락과 호응한다.

【자구 풀이】

1) 江海所以能爲百谷王: 江海는 도를, 百谷은 덕 또는 천하 만물을 가리킨다. 이와 비슷한 문구가 제32장에도 보인다(譬道之在天下, 猶川谷之於江海.) 以其善下之: 其는 江海, 之는 百谷을 가리킴.

2) 下와 後는 동사로 쓰였다.

3) 害는 방해(妨害). 여기서는 방해로 여기다. 거추장스럽게 여기다.

4) 厭은 饜과 같아, 너무 많이 먹어서 물리다, 질리다.

【해설】

노자는 유달리 계곡(谷)을 좋아한다. 여러 장(6장, 15장, 28장, 39장, 41장)에서 골짜기를 언급하였거니와, 제6장에서는 도를 곡신(谷神)으로 나타낼 정도이다. 그런데 그 모든 골짜기의 왕이 바로 강과 바다이다. 왜냐하면 모든 골짜기의 물이 큰 강으로 모여들고 결국 바다로 돌아가기 때문이다. 모든 물의 주인인 셈이다. 제32장에서 이미 피력하였듯이 강해(江海)는 도를, 백곡(百谷)은 천하 만물을 비유한다. 여기서 중요한 것은 강해가 주인, 즉 왕이라는 사실보다도 그러한 이유이다. 그 이유는 간단하다. '하(下)', 즉 낮춤이다.

성인은 바로 도를 구현하는 자이다. 당연히 그는 자신을 낮추어야 함을 잘 안다. 마치 강과 바다처럼. 자신을 낮추는 지도자는 위에 있어도 무겁지 않고 앞에 있어도 거추장스럽지 않는 법이다. 그러므로 너도나도 그를 추대하기를 마다하지 않는다.

【스스로 써보기】

江海所以能爲百谷王者, 以其善下之, 故能爲百谷王. 是以聖人欲上民, 必以言下之, 欲先民, 必以身後之. 是以聖人, 處上而民不重, 處前而民不害. 是以天下樂推而不厭. 以其不爭, 故天下莫能與之爭.

제67장 삼보(三寶)

天下皆謂, 천하개위	천하사람 모두 말하는구나,
我道大, 아도대	나의 도는 크긴 하나,
似不肖. 사불초	(뭣도) 닮지 않은 듯하다고.
夫唯大, 부유대	대저 단지 크기에,
故似不肖. 고사불초	고로 닮지 않은 듯하네.
若肖, 약초	만약 닮았다면,
久矣其細也夫.[1)] 구의기세야부	오래이리라, 그 자질구레함이!
我有三寶, 아유삼보	나에겐 세 가지 보배가 있어,
持而保之. 지이보지	이를 지니고 간직하노라.
一曰慈; 일왈자	하나는 자애요,
二曰儉, 이왈검	둘은 줄임이요,
三曰不敢爲天下先.[2)] 삼왈불감위천하선	셋은 감히 천하의 앞이 되지 않음이라.

慈故能勇; 자고능용	자애로운 고로 용감할 수 있고,
儉故能廣, 검고능광	줄이므로 고로 넓힐 수 있지.
不敢爲天下先, 불감위천하선	감히 천하의 앞이 되려 하지 않으니,
故能成器長.[3)] 고능성기장	고로 '그릇'의 수장이 될 수 있지.

今 금	이제
舍慈且勇, 사자차용	자애를 버리고 장차 용감하거나,
舍儉且廣, 사검차광	줄임을 버리고 장차 넓히거나,
舍後且先, 사후차선	뒤섬을 버리고 장차 앞서면,
死矣.[4)] 사의	죽게 되리라.

夫慈, 부자	대저 자애는,
以戰則勝; 이전즉승	이로써 싸우면 이기고,
以守則固. 이수즉고	이로써 지키면 굳건하지.
天將救之, 천장구지	하늘이 장차 그를 구하려 하면,
以慈衛之.[5)] 이자위지	자애로써 그를 지켜 준다네.

【문장 구성】

다섯 단락으로 구성된다. 첫 단락은 大와 大, 肖와 肖로 압운하고 있다. 둘째 단락은 寶와 保, 그리고 儉과 先(音霰)으로 운을 밟고 있다. 셋째 단락은 廣, 長으로 압운하고 있다. 그런데 강유고는 勇(音枉)도 운으로 보고 있다(≪老子韻讀≫). 넷째 단락은 3구가 완정한 대구를 이루고 있고, 또 모두 '舍'로 시작하고 있어 두운(頭韻) 역할을 하고 있다. 다섯째 단락 중 2·3구는 대구이고, 세 구가 '以'로 시작하고 있어 두운 역할을 하고 있다.

【자구풀이】

1) 肖는 닮다. 자식이 아버지 앞에서 자신을 不肖라 지칭하는데, 이는 아비를 닮지 못했다는 의미이다. 細는 작다, 가늘다, 미세하다. 여기서는 자질구레하다는 뜻. 마지막에 나오는 기장(器長)과 반대된다.

2) 儉은 검소하다, 절약하다, 줄이다. 제59장의 嗇과 같다.

3) 器長은 인재 또는 관리의 수장. 제28장 樸散則爲器. 聖人用之, 則爲官長. 참조.

4) 且는 장차, 또는 또한.

5) 慈는 세 가지 보배를 대표한다.

【해설】

제41장에서 노자는 도를 형용하기를, "큰 형상은 모습이 없다(大象無形)"고 했다. 도는 '대상'이기에 감각기관으로 포착할 수 있는 구체적인 모습이 없다는 의미이다. 따라서 세상에서 그것과 닮은 것을 찾을 수가 없다. 한마디로 기괴한 말들이다. 이상은 세상 사람들이 노자의 도를 보는 시각인데, 실은 노자의 이야기는 크기만 하지 구체적인 일에 아무런 쓸모가 없다는 의미를 내포하고 있다. 이에 노자는 흔쾌히 동의한다. 왜냐하면

자신이 말하는 것은 궁극이나 본원이라는 사실을 잘 알기 때문이다.

동시에 아울러 노자는 구체적인 현실 방안을 제시한다. 세상 사람들의 이해를 돕기 위하여, 논의 차원을 현실로 끌어내리고 있는 것이다. 그에게는 세 가지 보배가 있다. '자애' '줄임' '감히 천하의 앞이 되지 않음'이다. 모두 도의 '여성성'을 상징하는 것들이다. 이 세 가지 보배를 간직하고 구현하면, '죽음'을 벗어나 '삶'으로 나가게 된다.

마지막 단락은 제69장 "대항하는 군대가 서로 같다면, 애통하는 편이 이기게 된다.(抗兵相若, 哀者勝矣.)"와 함께 읽으면 이해하기 쉽다. 자애로써 전쟁에 임한다는 것은 상식적으로 납득하기 어려울지 모른다. 아마 그런 마음가짐이라면 자신의 병사를 아낄 것이요, 신중하기에 민심을 잃지 않아서 결국 승리하는 것이 아닐까? 아무튼 그것은 사실 여부를 떠나 노자의 강한 소망이자 신념이었음에 틀림없다.

【스스로 써보기】

天下皆謂我道大, 似不肖. 夫唯大, 故似不肖. 若肖, 久矣其細也夫. 我有三寶, 持而保之. 一曰慈, 二曰儉, 三曰不敢爲天下先. 慈故能勇, 儉故能廣, 不敢爲天下先, 故能成器長. 今舍慈且勇, 舍儉且廣, 舍後且先, 死矣, 夫慈, 以戰則勝, 以守則固. 天將救之, 以慈衛之.

제68장 부쟁지덕(不爭之德)

善爲士者不武. 선위사자불무(모)	장수를 잘하는 이는 용맹을 떨치지 않네.
善戰者不怒. 선전자불노	잘 싸우는 이는 화내지 않네.
善勝敵者不與. 선승적자불여(요)	적을 잘 이기는 이는 더불어 싸우지 않네.
善用人者爲之下.[1)] 선용인자위지하(호)	남을 잘 쓰는 이는 그의 아래가 된다네.
是謂不爭之德. 시위부쟁지덕	이를 일러 '다투지 않는 덕'이라 한다네.
是謂用人之力. 시위용인지력	이를 일러 '사람을 쓰는 힘'이라 한다네.
是謂配天古之極.[2)] 시위배천고지극	이를 일러 '하늘에 부합하는 옛 준칙'이라 하네.

【문장 구성】

두 단락으로 구성되었다. 첫 단락은 武(文甫切), 怒, 與, 下(音戶)로 압운하고 있다. 또 4구 모두 善으로 시작하여 두운 역할을 한다. 둘째 단락은 입성인 德, 力, 極으로 압운하고 있다. 또 3구 모두 是謂로 시작하여 두운 역할을 하고 있다.

【자구 풀이】

1) 士의 자원(字源)에 대해서는 크게 두 가지 설이 있다. 하나는 발기한 남성의 생식기를 본떴다는 설과 다른 하나는 도끼를 본떴다는 설이다. 어느 설을 따르든지 원래는 성년 남자를 가리켰다. 사대부, 선비, 병사, 장수 등 많은 의미로 쓰이나, 여기서는 전사 혹은 이를 이끄는 장수를 가리킨다. 武는 고문자를 보면 창과 발걸음을 합친 글자이다(참고 자료 참조). 원래 무기를 들고 싸우러나가는 모습을 나타내므로, 원의는 '용맹하다', '맹렬하다'이고, 군사(軍事)와 관련된 것들을 통칭한다.

2) 配는 짝지어 주다, 배합하다. 極은 정점, 최고점, 끝. 여기서는 준칙, 법도.

【해설】

노자에는 전쟁과 관련된 언급이 많다. 물론 노자가 전쟁을 긍정적으로 중시한 것은 아니다. 단지 그가 처한 시대가 전쟁이 빈번하였기에 그의 관심이 쏠릴 수밖에 없었던 것이다. 전쟁은 이기는 쪽이나 지는 쪽이나 다 불행한 일이다. 특히 대중들의 삶에는 필시 재앙임에 분명하다. 그래서 노자의 관심은 '잘' 싸우는 데 있지 않고, '안' 싸운 데 있다. 이 장 역시 마찬가지이다. '안' 싸우고 이길 수만 있다면 이보다 더 좋은 전술은 없는 법이다. 그냥 묵묵히 서있기만 해도 모든 닭들이 꽁무니를 빼는 장자의 '나무 닭', 즉 목계(木鷄)처럼 말이다(함께 읽을 자료 참조).

'안' 싸우고 이기는 방법은 무엇인가? 물론 도를 실현함이다. 장자의 '나무 닭'은 득도한 경지를 비유하고 있다. 이런 원리는 전쟁에만 국한되는 게 아니다. 평상시에도 마찬가지다. 사람을 잘 쓰기 위해서는 당연히 그 사람에게 자신을 낮추어야 한다. 도로써 대해야 한다는 의미이다. 이상이 바로 천도에 부합하는, 태고부터 내려오는 준칙이다.

【함께 읽을 자료】

≪**장자·달생**≫ 기성자(紀渻子)가 왕을 위해 싸움닭을 키웠다. 열흘이 되자 왕이 물었다. "닭은 다 됐느냐?" 답했다. "아직 멀었습니다. 한창 헛되이 뻐기고 감정대로 합니다." 열흘이 되자 왕이 또 물었다. 답했다. "아직 입니다. 여전히 소리와 그림자에 반응합니다." 열흘이 되자 왕이 또 물었다. 답했다. "아직 입니다. 여전히 노려보고 성질을 잔뜩 냅니다." 열흘이 되자 또 물었다. "거의 됐습니다. 닭들 가운데 울어대는 놈이 있어도 이미 아무 변화가 없습니다. 멀리서 보면 흡사 나무로 된 닭 같습니다. 그의 덕이 온전해졌습니다. 다른 닭 중에 감히 맞서는 놈이 없나니, 다 뒤돌아 도망칩니다."

【참고 자료】

武(갑골문)

武(금문)

武(소전)

武(예서)

【스스로 써보기】

善爲士者不武, 善戰者不怒, 善勝敵者不與, 善用人者爲之下. 是謂不爭之德, 是謂用人之力, 是謂配天古之極.

제69장 애자승(哀者勝)

用兵有言, 용병유언	군대를 씀에 전하는 말이 있나니,
吾不敢爲主而爲客; 오불감위주이위객	우린 감히 주동이 되지 않고 손님이 되리라.
不敢進寸而退尺.[1] 불감진촌이퇴척	감히 한 치도 나가지 않고 한 자 물러나리라.
是謂 시위	이를 이르나니,
行無行; 행무행(항)	'행군 없음'을 행군하노라.
攘無臂; 양무비(벽)	'팔뚝 없음'을 걷어 부치노라.
執無兵; 집무병(방)	'무기 없음'을 붙잡노라.
扔無敵.[2] 잉무적	'적이 없음'을 당기노라.
禍莫大於輕敵, 화막대어경적	화는 적을 가벼이 여김보다 큰 게 없나니,
輕敵幾喪吾寶. 경적기상오보	'경적'하면 거의 우리 보배를 잃게 되리라.
故抗兵相若, 고항병상약	고로 대항하는 군대가 서로 같다면,
哀者勝矣.[3] 애자승의	애통하는 편이 이기게 된다.

【문장 구성】

세 단락으로 이루어진다. 첫 단락은 客과 尺으로 압운하고 있다. 둘째 단락은 行, 臂(音辟), 兵, 敵이 abab 형식으로 운을 밟고 있다. 또 삼언구인 네 구는 모두 대구이다. 셋째 단락은 산문이다.

【자구 풀이】

1) 寸은 尺의 십분의 일.

2) 行은 가다, 행렬, 항렬 등 여러 가지 뜻이 있다. 여기서는 행군하다로 번역한다. 攘: 보통 물리친다는 뜻이나 여기서는 팔 따위를 걷어붙이다. 扔은 끌어당기다. 제38장 "攘臂而扔之." 참조.

3) 莫大於…: …보다 더 큰 것은 없다. …이 가장 크다. 寶: 몸을 가리킨다고 보는 사람도 있지만 적합하지 않다. 제67장에 나오는 三寶, 그 중에서도 '慈'로 보는 게 타당하다. 마지막 구의 '哀'와 통한다. 抗兵相若: 抗은 대항하다, 필적하다. 抗兵은 백서본(갑)에 '稱兵'으로 되어 있고, 판본에 따라 '抗兵相加'로 된 것도 있다. 어느 경우나 어슷비슷한 군대가 서로 싸우고 있는 상황을 나타낸다.

【해설】

첫 단락은 전쟁에 관하여 전하는 말을 인용하고 있다. 전쟁은 본질적으로 비극이기 때문에 가능한 피하거나 신중해야 함을 의미하고 있다.

둘째 단락은 노자의 특유한 어투로 이루어져 있다. '동사(V) + 無명사(N)' 형식으로, 'N 없음'을 'V함'으로써 참된 또는 모든 'N'을 이룬다는 의미이다. 한 마디로 "'함이 없음'을 하면 하지 못함이 없는(無爲而無不爲, 제37장)" 도의 경지를 나타낸다. 전쟁에 있어서 '무위'는 최대한 피하는 것이고 그것이 불가하다면 가능한 한 신중해야 하는 것이다.

'무위'의 반대는 주동적이고 용감하게 달려드는 것이다. 맹목적으로 용맹하다보면 적을 얕보게 마련인데, 이야말로 가장 큰 재앙이다. 왜냐하면 나의 보배인 '자(慈)'를 잃기 때문이다. 노자의 인식에 의하면 '자'는 승리의 전제조건이다. 그러므로 그는 다시 강조한다. 엇비슷한 군대가 맞붙으면 '슬퍼하는' 자가 이기는 법이라고. 이러한 생각이 노자의 소망에 그치지 않고 엄연한 역사적 사실이라면 얼마나 좋을까? 아무튼 노자의 이러한 생각은 제31장 '상례(喪禮)'로써 전쟁에 임해야 한다는 주장에서 볼 수 있듯이 확고한 '믿음'이자 '소망'이었다.

【스스로 써보기】

用兵有言, 吾不敢爲主而爲客, 不敢進寸而退尺. 是謂行無行, 攘無臂, 執無兵, 扔無敵. 禍莫大於輕敵, 輕敵幾喪吾寶. 故抗兵相若, 哀者勝矣.

제70장 피갈회옥(被褐懷玉)

吾言 오언	나의 말은
甚易知; 심이지	심히 알기 쉽고,
甚易行. 심이행	심히 행하기 쉽도다.
天下 천하	(허나) 하늘 아래에
莫能知; 막능지	알아주는 이가 없고,
莫能行.[1)] 막능행	행하는 자가 없도다.
言有宗, 언유종	(내) 말에는 종지가 있고,
事有君. 사유군	(내) 일에 주지가 있거늘.
夫唯無知, 부유무지	대저 단지 (도를) 앎이 없으니,
是以不我知.[2)] 시이불아지	때문에 나를 알지 못하는구나.
知我者希, 지아자희	나를 알아주는 사람이 드무나니,
則我者貴. 즉아자귀	그러면 내 존재가 귀하게 되리라.

是以聖人, 시이성인	이 때문에 성인은,
被褐懷玉.[3] 피갈회옥	거친 옷을 입고 옥을 품는 게지.

【문장 구성】

세 단락으로 구성된다. 첫 단락의 압운은 abab 형식으로 知와 行이 운이다. 또 甚과 莫이 중복되면서 두운 역할을 한다. 둘째 단락은 앞 두 구는 대구이고 뒤 두 구는 知와 知로 압운하고 있다. 셋째 단락은 산문이나, 마지막 사자성어는 褐과 玉의 입성 글자로 구중운 역할을 하고 있다.

【자구 풀이】

1) 莫은 …하는 자가 없다. 영어의 nobody에 해당한다.

2) 宗은 맏이로 종지, 君은 군주로 주지를 비유한다. 여기서는 도를 가리킨다. 不我知는 不知我의 도치이다. 고대 한어에서 부정문의 경우, 목적어가 대명사이면 이처럼 도치하는 게 원칙이다.

3) 被褐懷玉: 被는 이불처럼 뒤집어쓰거나 걸치다. 褐은 거친 털이나 실로 짠 옷. 가난하고 낮은 사람들이 입었다. 懷는 가슴에 품다.

【해설】

널리 알려졌듯이 노자의 주장은 간단하다. 그의 핵심어는 '도'와 '무위'이므로, 간략하여 알기 쉽고 따라서 행하기 쉽다. 그러나 하늘 아래 그를 제대로 알아주는 사람은 없다.

노자의 말에는 종지가 있고, 일에는 주지가 있다. 물론 그것은 도이고 좀 풀어 말하면 무위이다. 그런데 노자가 처한 시대는 '유위', 즉 부국강병이란 이름으로 약육강식이 행하여지고 있었다. 그들의 눈, 특히 군주들의 시각에서 보자면, 노자가 외쳐대는 도니 자연이니 무위이니 하는 것들은 다 부질없는 말잔치에 불과하다. 도를 알지 못하니 노자의 진면목을 알아주는 자가 있을 리 없다.

그러나 노자는 기죽지 않는다. '불의'만을 아는 '불의'한 시대에 나를 알아주는 자가 없다는 사실은 내가 '불의'하지 않다는 증거이기 때문이다. '불의'한 세상과 달라서 나를 알아주는 사람이 드물다면 나야말로 귀한 존재가 된다는 생각이다. 그러므로 성인은 옥을 가슴에 품되 누더기 옷을 걸치고서 때를 기다리는 법이다. 대중들은 도탄에 빠져있거늘, 조정은 깔끔하고 화려한 비단옷을 입고 날카로운 칼을 차고 있는 모습(제53장 참조)과 내비시켜 보면, 누더기 옷을 걸치는 자세가 강력한 메시지를 담고 있음을 알 수 있다.

'피갈회옥(被褐懷玉)'은 공자와 자로의 대화에서도 언급한 바가 있는데(함께 읽는 자료 참조), 이는 이 말이 노자의 사상적 특징을 잘 대변하고 있음을 시사한다. 우리나라 고려시대 내우외환(內憂外患)의 시기를 살았던 이규보(李奎報)는 그의 명문 〈경설(鏡說)〉에서 '피갈회옥'에 대하여 멋지고 친절하게 문학적으로 형상화한 바 있다(함께 읽는 자료 참조).

【함께 읽을 자료】

≪**공자가어(孔子家語)·삼서(三恕)**≫ 자로가 공자에게 여쭈었다. 여기에 한 사람이 있는데, 거친 베옷을 입고 옥을 가슴에 품고 있다면 어떻습니까? 공자께서 대답하셨다. 나라에 도가 없다면 숨기는 게 괜찮지. 그러나 나라에 도가 있다면 성대한 관복을 입고 옥을 손에 들어야지.

이규보, 〈**경설**〉

거사가 거울을 하나 갖고 있었다. 먼지가 뿌옇게 갉아먹어서 마치 달이 구름에 가린 듯하였다. 그러나 아침저녁으로 들여다보니 마치 용모를 가

다듬는 것 같았다. 어떤 손님이 보고 물었다. "거울이란 모습을 비쳐보는 것이요. 그렇지 않다면 군자가 그것을 대하고서 그 맑음을 본받지요. 이제 그대의 거울은 이슬비 내린 듯 안개 낀 듯하니, 모습을 비쳐볼 수 없을 뿐만 아니라 또한 맑음을 취할 것도 없습니다. 그런데 그대는 여전히 비추어 보아 마지않으니, 어찌 그럴만한 이유가 있겠습니까?" 거사가 답했다. "거울이 밝으면 잘생긴 사람은 기뻐하지만 못생긴 사람은 싫어하지요. 그러나 잘생긴 사람은 적고 못생긴 사람은 많습니다. 만일 못생긴 사람이 보기만 하면 반드시 깨뜨리고서야 그만 둘 것입니다. 차라리 먼지에 흐려진 것이 좋지요. 먼지가 흐리게 함이 그 표면은 갉아먹을지언정 그 맑음은 상하게 하지 않지요. 만일 잘생긴 사람을 만난 뒤에 갈고 닦아도 역시 늦지 않을 것입니다. 아! 옛날 사람이 거울을 대하는 것은 그 맑음을 본받기 위함이나, 내가 거울을 대하는 것은 그 흐림을 취하고자 함입니다. 그대는 무엇을 괴이하다 여기십니까?" 손님이 대답할 것이 없었다.

【스스로 써보기】

吾言甚易知, 甚易行, 天下莫能知, 莫能行, 言有宗, 事有君, 夫唯無知, 是以不我知. 知我者希, 則我者貴. 是以聖人被褐懷玉.

제71장 지부지상(知不知上)

知不知上. 지부지상	알되 안다 하지 않음이 상등이요,
不知知病. 부지지병(방)	알지 못하면서 안다 함이 병폐라.
聖人不病, 성인불병	성인은 병들지 않나니,
以其病病. 이기병병	그는 병폐를 병으로 여기기 때문이라.
夫唯病病, 부유병병	대저 오직 병폐를 병폐로 알기에,
是以不病. 시이불병	이 때문에 병들지 않느니라.

【문장 구성】

통으로 한 단락으로 보아도 좋지만, 구태여 나누자면 두 구씩 세 단락으로 구성된다. 上과 病(音傍)으로 모든 구를 압운하고 있다.

【해설】

앎과 모름에 관한 태도를 우리는 다음 네 가지로 상정해 볼 수 있다.

知而不知	알되 안다 하지 않기
知而知	알고서 안다 하기
不知而不知	몰라서 모른다 하기
不知而知	모르되 안다 하기

노자는 이 중에서 처음과 마지막을 거론하고 있다. 안다는 것은 물론 도를 앎이다. 도를 아는 사람은 함부로 안다고 말하지 않는다. 첫째는 도란 말로 설명할 수 있는 것이 아니기 때문이다. 둘째는 "말을 줄이면 절로 그러 함(希言自然. 제23장)"을 알기 때문이다. 도의 운행은 말없이 행해지므로, 도를 실행하려면 역시 말없이 '화광동진(和光同塵)'해야 하는 법이다. 그러므로 알되 안다 하지 않음이 최상인 것이다. 그러나 현실은 불행하게도 이와 정반대의 경우가 넘쳐난다. 도를 알지도 모르면서 도인 양 떠들어대니 병폐가 아닐 수 없다.

사실 앎이란 묘한 것이다. 앎이 많으면 많을수록 모름이 많아지기 때문이다. 그리스의 철학자 제논(BC 490년 경 ~ BC 430년 경)의 동그라미처럼 말이다. 내가 알고 있는 것이 작은 원이라면 그 밖은 다 모른 것일 터이지만 원둘레가 작기 때문에 그 사실 자체를 인지하지 못한다. 반면 큰 원처럼 앎이 커지면 모르는 것을 인지하는 원둘레 역시 커지므로 자신의 무지가 크다는 사실을 절실하게 느끼게 되는 법이다. 알지 못하면서도 안다고 하는 사람의 원은 어느 정도 크기일까?

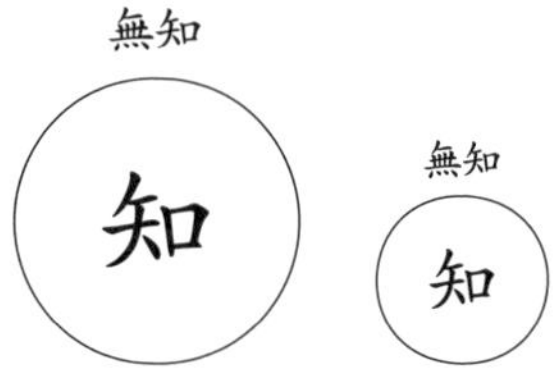

〈제논의 원〉

성인은 당연히 이러한 사실을 잘 알고 있다. 알지 못하면서 아는 체 하는 것이 가장 심각한 병폐라는 사실을. 셋째 단락은 둘째 단락을 뒤집어 다시 말하는, 노자 특유의 순환어법이다. 총 24개 글자 가운데 7개의 '병(病)' 글자가 반복되고 있다. 병! 병! 그만큼 아는 체 하는 것이 옛날에도 사회의 고질병이었던가 싶다. 그렇기에 공자도 모른 것을 모른다 함이 바로 앎이라고 지적했던 모양이다(함께 읽을 자료 참조).

【함께 읽을 자료】

≪**논어·위정**≫ 아는 것은 안다 하고, 모르는 것은 모른다 하는 것, 이것이 바로 안다는 것이다.

【스스로 써보기】

知, 不知, 上. 不知, 知, 病. 聖人不病, 以其病病. 夫唯病病, 是以不病.

제72장 민불외위(民不畏威)

民不畏威, 민불외위	대중이 위엄을 무서워 아니하면,
則大威至.[1)] 즉대위지	커다란 위엄이 이르게 되리로다.
無狹其所居; 무협기소거	그들이 지내는 바를 옥죄지 말고,
無厭其所生. 무압기소생	그들이 사는 바를 억누르지 말라.
夫唯不厭, 부유불압	대저 오직 억누르지 않으니,
是以不厭.[2)] 시이불염	이로써 물려 싫어하지 않네.
是以聖人, 시이성인	이 때문에 성인은,
自知不自見; 자지부자현	자기를 알되 자기를 내보이지 않고,
自愛不自貴.[3)] 자애부자귀	자기를 아끼되 자기를 귀하다 않네.
故 고	그러므로
去彼, 거피	저걸 버리고
取此[4)] 취차(치)	이걸 취하네.

【문장 구성】

총 네 단락으로 나누어 볼 수 있다. 첫 단락은 威와 至가 운이다(朱謙之 설). 둘째 단락의 경우 1-2구는 대구이고, 無가 두운 역할을 한다. 3-4구는 산문이다. 셋째 단락은 대구이고, 自를 반복함으로써 두운 역할을 하고 있다. 넷째 단락은 彼와 此로 운을 달고 있다.

【자구 풀이】

1) 威는 위엄. 조정이나 국가의 권위나 형벌을 가리킨다. 大威는 큰 위엄. 하늘의 재앙 따위를 가리킴.

2) 厭은 壓의 본래 글자. 누르다, 억압하다. 夫唯不厭 2구: 처음 厭은 제2구의 厭과 같아, 壓의 의미. 두 번째 厭은 제66장의 "樂推而不厭(즐겨 추대하며 싫증내지 않나니)"의 厭과 같아, 싫어한다는 뜻이다. 물론 똑같이 壓으로 보고 "누른다고 여기다"라고 번역해도 통한다.

3) 不自見과 不自貴는 둘째 단락의 無狹, 無厭과 연결된다. 彼는 自見, 自貴이고, 取는 不自見, 不自貴를 가리킨다.

4) 去彼取此는 제12장과 제38장에도 보인다.

【해설】

첫 단락에서 대중, 즉 백성이 두려워하지 않는 '위엄'이라는 것은 국가의 공권력을 가리킨다. 대중이 국가의 공권력을 무시할 정도이면 그 나라는 망하게 마련이다. 이것이 바로 '큰 위엄', 즉 하늘의 재앙이다. 공권력을 무시한다는 것은 곧 죽음을 두려워하지 않는다는 의미인데, 그렇게 되면 대중을 통제할 능력을 상실하게 되기 때문이다(제74장 民不畏死, 奈何以死懼之. 참조)

대중들이 국가의 위엄을 무시하는 이유는 바로 그것이 지나치게 자신들의 삶을 옥죄고 억누르기 때문이다. 한마디로 그들의 삶의 터전을 해치는 것이다. 대중들은 순박하다. 자신의 삶의 터전이 억압받지 않는 한 그들은 공권력을 억압으로 느끼거나 싫어하지 않는 법이다.

때문에 도를 체득한 지도자는 자신들이 국가사회를 통치하는 지위에 있다는 사실을 잘 알고 있지만 그것을 대중들에게 내보여 과시하지 않는다. 또한 자신들의 기득권을 지키고 향유하고자 백성들에게 강요하지 않는다.

【스스로 써보기】

民不畏威, 則大威至. 無狹其所居, 無厭其所生. 夫唯不厭, 是以不厭. 是以聖人, 自知不自見, 自愛不自貴. 故去彼取此.

제73장 용어불감(勇於不敢)

勇於敢則殺. 용어감즉살	'감히 함'에 기운을 쓰면 죽이네.
勇於不敢則活. 용어불감즉활	'감히 안함'에 기운을 쓰면 살린다네.
此兩者, 차양자	이 두 가지 가운데,
或利或害.[1] 혹리혹해	혹자는 이롭고 혹자는 해롭지.
天之所惡, 천지소오	하늘이 싫어한 바이거늘,
孰知其故? 숙지기고	뉘라서 그 이유를 알까?
是以聖人猶難之.[2] 시이성인유난지	때문에 성인도 여전히 이를 어려워하지.
天之道, 천지도	하늘의 도는,
不爭而善勝, 부쟁이선승	다투지 아니하되 잘 이기노라.
不言而善應. 불언이선응	말하지 아니하되 잘 응하노라.
不召而自來. 불소이자래(리)	부르지 아니하되 절로 오네.

繟然而善謀. 천연이선모(미)	느슨하지만 잘 도모한다네.
天網恢恢, 천망회회	하늘 그물은 넓고 넓거니와,
疏而不失.[3)] 소이불실	성기되 놓치지 않는 법이지.

【문장 구성】

세 단락으로 나누어 볼 수 있다. 첫 단락은 殺과 活로 압운하고, 3-4구는 산문이다. 운문으로 시작하여 산문으로 마무리하고 있는데, 이 형식은 다음 두 단락도 마찬가지이다. 한편 강유고는 '害(胡折反)' 역시 운으로 보고 있다. 둘째 단락의 운은 惡(烏故切)와 故이다. 셋째 단락은 勝과 應, 그리고 來(音離)와 謀(音眉)로 각각 운을 밟고 있다.

【자구 풀이】

1) 勇은 ≪설문해자≫에 의하면 뜻을 나타내는 '力'과 소리를 나타내는 '甬'으로 이루어진 형성 글자로, 그 의미는 '기(气)'이다. 이에 대해 단옥재(段玉裁, 1735-1815)는 "기는 구름기운이다. 인신하여 사람을 위해 그 몸을 채워주는 기운을 칭한다. '력'은 근육이고, '용'은 기운이다. 기운이 이르면 힘도 이른다.(气雲气也. 引申爲人充體之气之偁. 力者筋也, 勇者气也. 气之所至, 力亦至焉.)"라고 주석을 달고 있다. 이에 따르면, '용'의 원의는 '기운'이라 할 수 있으므로, 여기에서는 '기운을 내다', '기운을 쓰다'로 이해하는 게 적절하다. 敢의 갑골문자를 보면 두 손으로 창을 들고 돼지를 향하는 모습을 하고 있다(참고 자료 참조). 돼지를 사냥하거나 멱을 따는 행위에서 담력이 있거나 용기가 있다는 뜻을 나타낸다(徐中舒 ≪甲骨文字典≫). 여기서는 다소 부정적인 느낌을 지닌 과감함을 의미한다. 或…

或 …: '혹자는 …하고 혹자는 …하다.' '어떤 것은 …하고 어떤 것은 …하다.' 노자는 끝말잇기를 즐기므로 앞의 '혹'은 후자(勇於不敢), 뒤의 '혹'은 전자(勇於敢)를 가리킨다.

2) 天之所惡가 가리키는 내용은 '或害', 즉 '勇於不敢'이다.

3) 繟然은 느슨한 모양. 恢恢는 드넓은 모양.

【해설】

'감(敢)'은 과감하게 함이고 '불감(不敢)'은 과감하게 안함이다. 전자에 힘쓰면 죽이고 후자에 힘쓰면 살리는데, 그 대상은 자신을 포함한 대중이다. 왜 그런가? 전자는 이롭지만 후자는 해롭기 때문이다. 노자는 '감'보다는 '불감'을 자주 언급한다. 제3장 "감히 작위하지 않는다.(不敢爲也.)", 제30장 "감히 그걸로 강함을 취하지 않는다네.(不敢以取强.)", 제67장 "감히 천하의 앞이 되지 않는다.(不敢爲天下先.)", 제69장 "우린 감히 주동이 되지 않고 손님이 되리라. 감히 한 치도 나가지 않고 한 자 물러나리라.(吾不敢爲主而爲客; 不敢進寸而退尺.)" 등이 대표적인 예이다. 쉽게 이해하려면 전쟁을 떠올려 보면 된다. '감'을 극명하게 보여주는 것이 바로 전쟁이다. 전쟁이 모두를 죽이는 일임은 자명하다.

후자, '용어감(勇於敢)'은 당연히 하늘이 싫어하는 바이다. 여기서 하늘은 도에 가장 가까운 존재로 사실상 도를 가리킨다. 도 자체는 우리가 감각으로 쉽게 파악되는 것이 아니기 때문에 도의 일차적 구현인 하늘을 들고 있을 뿐이다. 아무튼 상식적인 차원에서라면 그 이유를 이해하기가 쉽지 않다. "반드시 죽고자 하면 살 것이요, 반드시 살고자 하면 죽을 것이다.(必死卽生, 必生卽死.)"는 이순신 장군의 명언이나, 그것의 출처인 ≪오자(吳子)·치병(治兵)≫의 "반드시 죽으려 하는 자는 살고, 요행히 살고사 하는 자는 죽을 것이다.(必死則生, 幸生則死.)"라는 말에 익숙하다면 말이다. 그래서 성인마저도 이를 납득시키는 게 쉽지가 않다.

하늘, 즉 도가 '감히 함에 기운 쓰는' 것을 미워하는 이유는 무엇인가? 간단히 말하자면 그러한 행위는 도의 지향을 반하는 것이기 때문이다. '부쟁(不爭)' '불언(不言)' '불소(不召)'는 '용어불감(勇於不敢)'에 상응하고, '선승(善勝)' '선응(善應)' '자래(自來)'는 '활(活)'에 상응한다. 더 줄여 말하자면 도는 '천연(繟然)'하기에 '선모(善謀)'하는데, 이는 노자가 누차 강조하는 슬로건, "억지로 함이 없으니 하지 못함이 없다.(無爲而無不爲. 제37장 제48장)"를 달리 표현함에 지나지 않는다. 하늘의 도도 자신과 같은 자를 좋아하는 법이니 자신을 따라하면 살리고, 자신에 반하여 행하면 죽이는 것이다(제23장 참조). 하늘의 그물(天網)은 성기지만 놓치는 게 없는 법이다. 반면 사람(대체로 사회의 기득권자)들이 만든 각종 제도와 법규, 즉 법망(法網)은 허점투성이다.

제73장은 단락 간의 연계가 다소 모호하게 보이지만, 실은 분명하다. 둘째 단락은 첫 단락의 '용어감(勇於敢)'을 이어받고, 셋째 단락은 '용어불감(勇於不敢)'을 이어받고 있는데, 결론은 '무위'하면 '무불위'한다는 것이다. 첫째 단락과 셋째 단락의 내용을 간단히 도표로 정리하면 다음과 같다.

勇於不敢		活
‖		‖
不爭 不言 不召		善勝 善應 自來
‖	⇒	‖
繟然 疏		善謀 不失
‖		‖
無爲		無不爲

【참고 자료】

敢(갑골문)

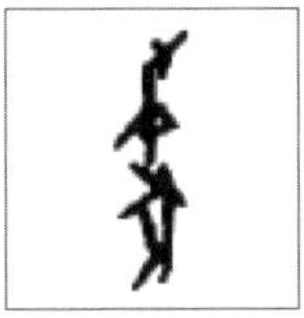
敢(갑골문)

敢(금문)

敢(소전)

敢(예서)

【스스로 써보기】

勇於敢則殺, 勇於不敢則活, 此兩者, 或利或害. 天之所惡, 孰知其故. 是以聖人猶難之. 天之道, 不爭而善勝, 不言而善應. 不召而自來, 繟然而善謀. 天網恢恢, 疏而不失.

제74장 사살자(司殺者)

民不畏死, 민불외사	대중이 죽음을 무서워하지 않으면,
奈何以死懼之? 내하이사구지	어떻게 죽음으로써 그들을 두렵게 하랴?
若使民常畏死, 약사민상외사	만약 대중이 늘 죽음을 무서워하거늘,
而爲奇者, 이위기자	기이한 짓을 하는 경우라면,
吾得執而殺之. 오득집이살지	우리는 그를 잡아서 죽일 수 있으리라.
孰敢? 숙감	(이를) 누가 감히 하는가?
常有司殺者殺, 상유사살자살	늘 죽임을 맡는 자가 있어 죽여야 하리라.
夫代司殺者殺, 부대사살자살	죽임을 맡는 자를 대신하여 죽인다면,
是謂代大匠斲. 시위대대장착(주)	이를 대목을 대신해 찍는 짓이라 하네.
夫代大匠斲者, 부대대장착(주)자	대저 큰 목수를 대신하여 찍는 자는,
希有不傷其手矣. 희유불상기수의	제 손을 다치지 않음이 드물 것이로다.

【문장 구성】

두 단락으로 구성되어 있다. 첫 단락은 死와 死, 그리고 之와 之로 각각 압운하고 있다. abab 형식이다. 둘째 단락은 殺과 殺, 그리고 斲(株遇切)와 手(賞呂切)로 각각 압운하고 있다.

【자구 풀이】

1) 奇의 본의는 기이하다. 여기서는 불법적인 행위를 가리킴.

2) 孰敢은 '孰敢爲奇'와 '孰敢殺之'로 두 가지가 모두 가능하다. 대부분 전자로 보지만, 압운과 문맥을 아울러 고려하면 후자가 더 적절하다. 만약 전자로 보면 "누가 감히 기이한 짓을 하겠는가?"로 번역하고, 앞 단락으로 연결시켜야 한다. 司는 맡다, 담당하다.

【해설】

하(夏)나라의 마지막 군주 걸(桀)의 학정에 견디다 못한 대중들은 "이 놈의 태양(폭군 걸)은 언제나 없어질꼬? 나와 너 함께 죽어버리자(時日曷喪, 予及汝皆亡. ≪尙書·湯誓≫)."라고 절규하였다고 한다. 이처럼 대중들이 죽음조차 두려워하지 않는다면 군주의 권력도 아무런 소용이 없게 된다. 대중들이 죽음을 무서워해야 그들이 기이한 짓을 하지 말라고 처형시킬 수 있는 것이다.

그런데 누가 감히 사람을 죽일 수 있단 말인가? 노자는 일단 말을 아낀다. '죽임을 맡는 자'가 담당해야 한다고. 과연 그는 누구일까? 바로 앞 장에서 하늘의 그물(天網)은 성기지만 놓치지 않는다고 했으니, 일차적으로는 당연히 하늘의 도일 것이다. 현실 세계에서는 그 도를 실행하는 성인일 터이다. 적어도 노자가 살던 당시, '부국강병'이라는 허울 아래 착취와 억압을 일삼는 통치자들을 가리키는 것이 아님은 분명하다. 자격 없는 지배자가 권력을 남용한다면 결국 자신마저 해치는 결과를 초래할 따름이라고 노자는 엄중히 경고하고 있다.

【스스로 써보기】

民不畏死, 奈何以死懼之. 若使民常畏死, 而爲奇者, 吾得執而殺之. 孰敢, 常有司殺者殺. 夫代司殺者殺, 是謂代大匠斲, 夫代大匠斲者, 希有不傷其手矣.

제75장 식세지다(食稅之多)

民之饑, 민지기	대중의 굶주림이여.
以其上食稅之多, 이기상식세지다	그 위가 세금을 먹음이 많기 때문,
是以饑.[1)] 시이기	이 때문에 굶주린다네.

民之難治, 민지난치	대중의 다스리기 어려움이여.
以其上之有爲, 이기상지유위	그 위가 억지로 함이 있기 때문,
是以難治.[2)] 시이난치	이 때문에 다스리기 어렵다네.

民之輕死, 민지경사	대중이 죽음을 가벼이 함이여.
以其上求生之厚, 이기상구생지후	그 위가 삶을 추구함이 크기 때문,
是以輕死.[3)] 시이경사	이 때문에 죽음을 가벼이 하네.

夫唯無以生爲者, 부유무이생위자	무릇 오직 제 삶으로 해댐이 없는 것,
是賢於貴生.[4)] 시현어귀생	이것이 제 삶을 귀히 여김보다 낫지.

【문장 구성】

네 단락으로 구성되어 있다. 첫 단락은 饑와 饑로 압운하고 있다. 둘째와 셋째 단락은 각각 難治와 輕死로 운을 밟고 있으니, 복운(複韻)이다. 또 이상 세 단락은 기본적으로 동일한 구조로써 순환어법을 활용하고 있다. 즉 현상 → 원인 → 현상으로 되어 있다. 마지막은 산문으로 결론을 맺고 있다.

【자구풀이】

1) 饑는 곡식이 익지 않음을 나타내고, 飢는 굶주림을 나타내지만, 서로 통용한다. 여기서는 굶주린다는 뜻.

2) 有爲는 無爲와 반대로, 억지로 하고자 함이 있다는 뜻.

3) 厚는 薄의 반대로, 원래 두껍다는 뜻. 여기서는 '대(大)'나 '다(多)'의 의미.

4) 賢은 원래 포로와 재물을 움켜쥔다는 의미로(제3장 참조), 능력이 있다, 똑똑하다, 낫다, 이기다 등의 뜻이 있다.

【해설】

이 장 역시 앞 장을 이어받아 자격 없는 통치자를 질타하고 있다. 사람을 정말 절망에 밀어 넣는 것은 절대적 빈곤만이 아니다. 상대적 빈곤 역시 마찬가지이다. 게다가 그 빈곤이 바로 윗사람이 아래 사람을 착취한 결과이니, 노자는 거듭 목소리를 높여 질책하는 것이다.

단락이 거듭 되면서 사태는 더욱 나빠지고 있다. 처음에는 착취가 심해 대중들이 배불리 먹지를 못한다. 그런데 통치자들은 억지 짓을 멈추지 않는다. 각종 엉터리 제도와 문물을 만들어 사태의 본질을 호도하니, 대중들이 순종할 리가 없다. 다스리기 어려운 사태에 직면하게 될수록 통치자들은 폭압적 수단을 동원한다. 그러나 생계 기반이 흔들린 대중들이 죽음 따위를 두려워 할 리가 없다. 이쯤 되면 그 나라는 희망이 없게 된다.

불행은 갈수록 커지는 법이다. 이어지는 악순환을, 앞 세 단락은 순환 어법으로 설득력 있게 적시하고 있다. 불행의 근원은 통치계층들이 자신들의 삶을 풍족하게 만들기 위해 대중을 착취하는 데서 기인한다. 윗사람의 삶과 대중의 삶이 본질적으로 다르지 않는 법이다. 그러니 자신의 특권적인 삶을 위해서 억지 짓을 하지 않는 것이 무엇보다 먼저 통치자들이 가져야할 마음가짐이다. 기실 자신의 삶을 억지로 귀하게 여기지 않을수록 그는 더 귀한 존재가 된다는 사실! 이는 노자가 여러 차례 강조한 바이다.

【스스로 써보기】

民之饑, 以其上食稅之多, 是以饑, 民之難治, 以其上之有爲, 是以難治, 民之輕死, 以其上求生之厚, 是以輕死, 夫唯無以生爲者, 是賢於貴生.

제76장 생사지도(生死之徒)

人之生也柔弱, 인지생야유약	사람이 살아있을 적엔 부드럽고 약하지만,
其死也堅强; 기사야견강	그가 죽을 때에는 뻣뻣하고 강해지네.
草木之生也柔脆, 초목지생야유취	초목이 살아있을 적엔 부드럽고 무르지만,
其死也枯槁.[1] 기사야고고	그게 죽을 때엔 마르고 딱딱해지듯이.
故 고	그러므로
堅强者死之徒; 견강자사지도	뻣뻣하고 강함은 죽음의 무리요,
柔弱者生之徒.[2] 유약자생지도	부드럽고 약함은 삶의 무리이라.
是以 시이	이 때문에
兵强則不勝; 병강즉불승	창칼이 강하기만 하면 이기지 못하고,
木强則折. 목강즉절	나무가 강하기만 하면 부러지는 법.
强大處下; 강대처하	강하고 커다란 것은 아래 처하고,
柔弱處上.[3] 유약처상	부드럽고 약한 것은 위에 처하네.

【문장 구성】

세 단락으로 나누어 볼 수 있다. 첫째 단락은 짝수 구 처음에 其死也를 반복 사용함으로써 두운(頭韻) 역할을 하고 있다. 둘째 단락은 徒로 중운하고 있다. 셋째 단락은 압운하지 않는 대신 대구를 하고 있다. 첫째 둘째 단락 역시 대구를 운용하고 있다.

【자구 풀이】

1) 脆는 잘 끊어지고 부러진다는 뜻. 여기서는 무르다로 번역함.

2) 徒는 원래 '걷다'는 뜻으로, 보병, 무리, 제자 등 여러 가지 의미로 쓰인다. 여기서는 동일한 종류나 파벌의 사람이나 무리를 나타낸다.

3) 勝은 싸움 따위에서 승리하다는 뜻이 아니고, 견디다, 감당하다는 뜻.

【해설】

노자는 속담을 즐겨 인용하고, 또 주위에서 흔히 접할 수 있는 사례를 즐겨 든다. 어린아이는 부드럽고 약하지만 늙어갈수록 뻣뻣하고 강해진다. 사람만 그런 것이 아니다. 우리 주위를 감싸고 있는 초목도 마찬가지이다. 초목도 살아있을 적엔 부드럽고 무르지만, 죽어갈 때는 마르고 딱딱해진다. 사람도 그러하고 사물도 그러하다는 의미이다.

사람도 사물도 생사의 모습이 똑같다면 그것은 인도(人道)가 아니라 천도(天道)임에 분명하다. 뻣뻣하고 강함은 죽음과 같은 무리이고, 부드럽고 약함은 삶과 같은 무리인 것이다.

생과 사가 표리 관계이듯, 우리의 삶 역시 '유약(柔弱)'할 수만은 없다. 때로는 '견강(堅强)'도 필요할 터이다. 그러나 절대로 잊어서는 안 된다. '강(强)' 일변도여서는 안 되고, '강(强)'과 '유(柔)'를 겸하되 '유'가 주도적 위치를 점해야 한다는 사실을! 그래서 노자는 다시 비근한 예를 든다. 창

칼을 보자. 만약 창칼이 아래부터 끝까지 '강'하다면, 다시 말해 유연성이 없다면 외부 충격을 견디지 못하고 부러질 게 뻔하다. 나무도 마찬가지이다. 밑동에서 가지 끝까지가 '강'하다면 작은 바람에도 꺾일 게 분명하다. 그렇기에 창칼이나 나무나 그 밑동은 '강대(强大)'하지만 그 위 끝은 '유약(柔弱)'한 법이다. 요컨대 삶과 죽음을 하나로 보더라도, 삶의 무리인 '유약'에 가중치를 두어야 한다는 말이다. 세상만사에 두루 통용되는 이치이다.

【스스로 써보기】

人之生也柔弱, 其死也堅强, 草木之生也柔脆, 其死也枯槁. 故堅强者死之徒, 柔弱者生之徒. 是以兵强則不勝, 木强則折. 强大處下, 柔弱處上.

제77장 유여손지(有餘損之)

天之道, 천지도	하늘의 도는,
其猶張弓與. 기유장궁여	아 활을 당기는 것 같구나.
高者抑之; 고자억지	높으면 그것을 눌러주고,
下者擧之. 하자거지	낮으면 그걸 들어주노라.
有餘者損之; 유여자손지	남음이 있으면 그걸 덜고,
不足者補之.[1] 부족자보지	부족하면 그걸 보태주노라.

天之道, 천지도	하늘의 도는,
損有餘 손유여	남는 것을 덜어다
而補不足, 이보부족	부족한 데 보태지만,
人之道 인지도	사람의 도는
則不然, 즉불연	그렇지 않아,
損不足 손부족	부족함을 덜어다가

以奉有餘.[2)]
이봉유여

남는 자에 받드누나.

孰能有餘以奉天下,
숙능유여이봉천하

뉘라서 남음으로써 천하를 받들 수 있나?

唯有道者.
유유도자

오직 도를 가진 자로다.

是以聖人,
시이성인

이 때문에 성인은,

爲而不恃.
위이불시

하여주되 뻐기지 않는다.

功成而不處,
공성이불처

공이 이루어지되 차지하지 않나니,

其不欲見賢.
기불욕현현

아 잘남을 보이고 싶지 않음이로다.

【문장 구성】

세 단락으로 구성되었다. 첫 단락은 與, 擧, 補(博古切)로 압운하고 있다. 또 之 역시 운으로 보아도 좋다. 둘째 단락은 기본적으로 대구를 이루고 있다. 특히 "則不然"을 연문(衍文)으로 본다면 정연한 대구가 된다. 道가 중운이고, 또 餘와 足으로 교차 압운하고 있다. abcacb 형식이다. 셋째 단락은 자유로운 산문이다.

【자구풀이】

1) 其猶張弓與: 其…與는 감탄을 나타내는 굳어진 표현. 猶는 같다. 張弓은 활을 팽팽하게 당기다.

2) 則不然은 문맥상 없어도 좋다. 강조를 위해서 훗날 첨가되었을 가능성이 있다.

【해설】

하늘의 도를 활쏘기 비유로 설명하고 있다. 활을 쏘았는데 화살이 과녁보다 높이 날아간다면 당연히 낮추어 겨누기 마련이고, 낮다면 높이는 게 상식이다. 그처럼 하늘의 도는 남는 것을 덜어 부족한 곳을 채우는 법이다.

다음 단락에서는 하늘의 도와 사람의 도를 비교한다. 활쏘기처럼 하늘의 도는 남는 걸 덜어다 부족한 데 채운다. 그런데 사람의 도는 이렇지가 못하니 문제이다. 가뜩이나 부족한 자들로부터 덜어내서 넘치는 자들에게 준다. 한마디로 착취이다. 〈춘향전〉에서 이 도령이 변 사또의 생일잔치에서 질타하듯이(함께 읽기 참조), 탐관오리들이 먹고 마시는 것은 백성들의 고혈(膏血)이다.

도를 알고 실현하는 지도자를 도가에서는 성인이라 부른다. 당연히 성인은 사람의 도가 아닌 하늘의 도를 좇는다. 그렇기에 자신의 뛰어난 점을 자랑하거나 그로 인한 특권을 누리려 하지 않는다. 남보다 뛰어난 점, 다시 말해 남는 장점을 덜어내서 천하 만물을 떠받들 뿐이다. 그래서 그는 늘 공성신퇴(功成身退)한다. 지도자는 그 사회적 지위 자체가 이미 높고 남는 것이다. 고로 낮추고 덜어내야 하는 법이다.

【함께 읽을 자료】

金樽美酒千人血,	금 술동이 맛난 술은 천인의 피요,
玉盤佳肴萬姓膏.	옥쟁반 좋은 안주는 만인의 살이라.
燭淚落時民淚落,	촛농 떨어질 적에 백성의 눈물 줄줄,
歌聲高處怨聲高.	노래 높아갈 때 원망의 소리 드높거늘.

【스스로 써보기】

天之道, 其猶張弓與. 高者抑之, 下者擧之, 有餘者損之, 不足者補之. 天之道, 損有餘而補不足, 人之道則不然, 損不足以奉有餘. 孰能有餘以奉天下, 唯有道者. 是以聖人爲而不恃, 功成而不處, 其不欲見賢.

제78장 정언약반(正言若反)

天下莫柔弱於水, 천하막유약어수	천하에 물보다 더 약한 것은 없으나,
而攻堅强者莫之能勝. 이공견강자막지능승	굳센 것을 치는 데 이를 이길 것이 없다.
以其無以易之.[1] 이기무이역지	이 것(물)과 바꿀 것이 없기 때문이다.
弱之勝强; 약지승강	약함이 강함을 이김이여.
柔之勝剛. 유지승강	연함이 굳셈을 이김이여.
天下莫不知, 천하막부지	천하에 모르는 이 없으나,
莫能行.[2] 막능행(항)	행할 수 있는 자가 없구려.
是以聖人云, 시이성인운	이 때문에 성인이 말한다.
受國之垢, 수국지구	나라의 더러운 때를 받으니,
是謂社稷主. 시위사직주	이를 일러 사직의 주인이라 하네.
受國不祥, 수국불상	나라의 상서롭지 못함을 받으니,
是謂天下王.[3] 시위천하왕	이를 일러 천하의 임금이라 하네.

正言 정언	정말로 바른 말은
若反.[4)] 약반(번)	뒤집힌 듯하구나.

【문장 구성】

네 단락으로 구성되어 있다. 첫 단락은 산문이다. 둘째 단락은 强, 剛, 行(音杭)으로 압운하고 있다. 또 1구와 2구는 대구이다. 셋째 단락은 垢와 主에서 祥과 王으로 환운하고 있다. 또 2-3구와 4-5구는 대구를 이룬다. 마지막 구는 짧지만 言과 反(音幡)으로 압운하고 있다. 노자 특유의 촌철살인(寸鐵殺人)적인 사자성어이다.

【자구풀이】

1) 以其無以易之: 以는 전치사로 … 때문이다. 其는 부사로 아마도, 대체로 등의 어감을 나타낸다. 無以는 …할 것이 없다. …할 수 없다. 之는 대명사로 물을 가리킨다.

3) 垢는 때, 티끌, 수치. 社稷主: 社는 토지의 신, 稷은 곡식의 신으로, 사직은 이들 신을 모시는 사당이다. 종묘(宗廟)와 더불어 국가의 정통성을 상징한다. 그러므로 사직의 주인은 바로 군주가 된다. 또한 主를 신주(神主)로 볼 수도 있는데, 이 경우 사직의 신주가 먼지를 뒤집어쓴다는 비유적 의미가 된다.

【해설】

노자는 제43장에서 이미 "천하에 가장 부드러운 것이, 천하의 가장 견고함을 부리네(天下之至柔, 馳騁天下之至堅.)."라고 설파한 바가 있다. 그렇다면 물이 바로 굳센 것을 치는 데 가장 적합하다고 할 수 있다. 왜냐하면 세상에 존재하는 물체 중에 물이 가장 부드럽기 때문이다. 노자는 물에 대해 확고한 신념을 갖고 있다. 제8장에서 "가장 잘 하는 것은 물과 같다네(上善若水.)."라고 찬탄한 바처럼.

과연 약함이 굳셈을 이기는 걸까? 사실 이러한 사실은, 스포츠를 좋아하는 사람들이라면 누구라도 익히 경험한 바이리라. 온몸에 힘이 잔뜩 들어가면 아무 것도 할 수 없다. 몸에 힘이 빠져 유연할 때 정교함도 위력도 나오는 법이다. 다시 하나 예를 들어보자. 부드럽게 쓰다듬어 주는 손길과 무겁게 내리치는 손길, 어느 것이 효과적으로 상대를 격려하는지 구태여 설명하지 않아도 다들 잘 안다. 이처럼 약하고 연함이 강하고 굳셈을 이긴다는 사실을 우리는 여러 가지 사례를 통하여 잘 알고 있다. 그러나 실제로 구체적 사안에서 힘을 빼고 유연하게 대처하는 자를 찾아보기 어렵다. 중요한 일일수록 긴장하여 힘이 들어가고 만다.

한 나라의 통치자는 누구보다도 강한 존재이다. 그래서 강함을 내려놓기가 더욱 쉽지가 않다. 그러므로 의도적으로 자신을 낮추고 약하게 하려는 노력이 필요한 것이다. 우리는 최고 통치자를 사직의 주인이라 부른다. 왜인가? 그가 나라의 수치와 때인 '구(垢)'를 자신의 것으로 받아들이기 때문이다. 또 나라의 좋지 못한 조짐인 '불상(不祥)'을 자신의 것으로 받아들이기 때문에 그를 '왕(王)'이라 부르는 것이다. 여기서 압운은 매우 중요한 역할을 한다. '구(垢)'와 '주(主)'는 '우'로써, '상(祥)'과 '왕(王)'은 '잉'으로써 유사한 소리(韻)를 공유한다. 비슷한 것들은 비슷한 효과를 갖는다. '구'를 뒤집어씀으로써 그는 진정한 '주'가 되고, 불'상'을 받음으로써 그는 진정한 '왕'이 되는 것이다.

이처럼 정말로 바른 말은 마치 뒤집어놓은 것처럼 보이는 법이다. '주인'이 '때'를 받는 존재이고, '왕'이 '상서롭지 못함'을 책임지는 희생양이 되어야 하니 말이다. 실제로 은 왕조를 열었던 탕 임금은, 온 나라에 가뭄이 들자 자신의 탓으로 여겨 자신을 희생물로 바쳐 하늘에 제사를 지냈다고 한다(함께 읽을 자료 참조). 그는 '왕'의 의미를 잘 알고 실천하였기에 성왕으로 숭상되었던 것이다.

【함께 읽을 자료】

≪**여씨춘추·계추기**≫ 옛날 탕(湯) 임금이 하(夏)를 이기고 천하를 바로 잡았지만, 큰 가뭄이 들어 오 년이나 수확을 하지 못했다. 그러자 탕은 상림(桑林)에서 몸을 바쳐 기도를 올렸다. "저 혼자에게 죄가 있다면 만인에게 미치지 마옵소서. 만인에게 죄가 있더라도 저 혼자에게 달려있나이다. 한 사람의 변변치 못함 때문에 상제와 귀신께서 백성의 명을 상하게 하지 마옵소서." 그런 다음 머리털을 자르고 손톱을 갈아, 몸으로 희생을 삼아 상제에 복을 비니, 백성이 크게 기뻐하고, 비가 크게 내렸다.

【스스로 써보기】

天下莫柔弱於水, 而攻堅强者莫之能勝, 以其無以易之. 弱之勝强. 柔之勝剛. 天下莫不知, 莫能行. 是以聖人云, 受國之垢, 是謂社稷主. 受國不祥, 是謂天下王. 正言若反.

제79장 유덕사계(有德司契)

和大怨. 화대원	큰 원한을 화해시킨들,
必有餘怨. 필유여원	필시 남은 원한이 있으리니,
安可以爲善.[1)] 안가이위선	어떻게 이로써 잘 할 수 있으리.
是以聖人. 시이성인	이 때문에 성인은,
執左契 집좌계	계약서 왼쪽을 잡더라도
而不責於人.[2)] 이불책어인	대중들에게 재촉하지 않는다네.
有德司契. 유덕사계(결)	덕 있는 사람은 계약서를 맡고,
無德司徹.[3)] 무덕사철	덕 없는 자는 강제 징수를 맡지.
天道無親. 천도무친	하늘의 도는 삿된 친함이 없나니,
常與善人.[4)] 상여선인	언제나 잘하는 사람과 함께 하네.

【문장 구성】

네 단락으로 구성하고 있다. 첫 단락은 怨, 怨, 善으로, 둘째 단락은 人과 人으로, 셋째 단락은 契(苦結切)와 徹로, 마지막은 親과 人으로 압운하고 있다.

【자구풀이】

1) 安可以爲善: 安은 반문을 나타내는 의문사. 以 다음에 생략된 목적어는 '和大怨'이다.

2) 契: 갑골문에는 아래 '大'가 없이, 칼로 죽목(竹木) 위에 기호를 새겨 넣는 것을 본뜨고 있다. 후에 팔다리를 벌리고 있는 사람을 본뜬 '大'가 첨가되었다(참고 자료 참조). 칼로 새긴다는 뜻에서 출발하여 '계약서' '병부(兵符)' 등 의미로 확대되었다. 여기서는 계약이나 계약서. 左契는 둘로 나눈 계약서 중 왼쪽. 채권자용이다. 반면 右契는 채무자용이다. 責은 요구하다. 강제로 채근하다.

3) 徹: 보통 주나라의 세법으로 이해하나 여기서는 적합하지 않다. 갑골문을 보면 솥 같은 기구를 손으로 잡고 있는 모습을 하고 있다. 아마도 (식사 후) 식기를 치우는 것을 나타내고 있는 것으로 보인다. 후에 '彳'가 첨가되었다(참고 자료 참조). 여기서는 강제로 식기를 치워버리는 것, 즉 먹고 살 수 없도록 강제로 징수하다는 의미로 풀었다.

4) 親은 원래 피붙이를 가리키는 단어로, 혈연관계나 혼인관계로 가까움을 나타낸다.

【해설】

이 장의 이해를 돕기 위해 다시 제75장을 환기할 필요가 있겠다. 대중들이 굶주리는 까닭은 그 위가 세금을 많이 먹기 때문이고, 그 결과 대중들이 죽음마저 가볍게 여기는 것이라고 했다. '큰 원한(大怨)'은 바로 이러한 상황을 가리킨다. 가족과 이웃이 굶어죽은 뒤에야 구휼(救恤)에 나서 달랜들 원한이 가실 리가 있겠는가? 결코 잘한 일이 못된다.

때문에 도를 실행하는 지도자인 성인은 대중들의 원한을 살 짓을 하지 않는다. 설사 채권자처럼 계약서를 쥐고 있더라도 여의치 못한 사람들에게 세금 따위를 채근하지 않는다. 그들의 삶이 먼저이기 때문이다. 대중의 민생을 위해 국가나 사회가 존재한다는 사실을 잊지 않음이다. 덕이 있는 자, 즉 도를 알고 실천하고자 하는 지도자라면 계약서를 들고 있되 강제 징수는 하지 않는 법이다.

하늘의 도는 사사로운 친함이 없다. 하늘은 자신을 재생산하지 않으니 사사로운 피붙이가 있을 턱이 없다. 인간들처럼 혈연이니 지연이니 학연이니 따위에 흔들리는 일이 없다. 단지 자신을 닮아 '잘 하는 자'와 함께할 따름이다. '유유상종(類類相從)', 쉽게 말해 하늘은 스스로 돕는 자를 돕는 것이다.

【참고 자료】

契(갑골문)

契(소전)

契(예서)

徹(갑골문)

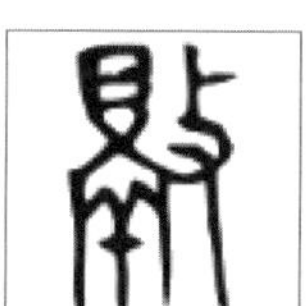
徹(금문)

徹(소전)

徹(예서)

【스스로 써보기】

和大怨, 必有餘怨, 安可以爲善. 是以聖人, 執左契而不責於人. 有德司契, 無德司徹. 天道無親, 常與善人.

제80장 소국과민(小國寡民)

小國 소국	나라를 작게 하고,
寡民.[1)] 과민	국민을 적게 하라.
使有什佰之器, 사유십백지기	십장 백부장의 인재를 두되,
而不用. 이불용	쓰지 않게 하라.
使民重死 사민중사	대중이 죽음을 중시하여,
而不遠徙. 이불원사	멀리 옮겨가지 않게 하라.
雖有舟輿, 수유주여	비록 배와 수레가 있어도,
無所乘之, 무소승지	그걸 탈 곳이 없으리라.
雖有甲兵, 수유갑병	비록 갑옷 무기가 있어도,
無所陳之.[2-1)] 무소진지	그걸 펼칠 데가 없으리라.
使民復結繩 사민부결승	대중들이 다시 새끼를 맺어,
而用之. 이용지	그걸 쓰게 하라.

甘其食, 감기식	자신의 먹거리를 달게 여기고,
美其服, 미기복	자신의 입을 옷을 곱게 여기리.
安其居, 안기거	자신의 사는 곳을 편히 여기고,
樂其俗.[2-2] 락기속	자신의 습속을 즐겁게 여기리.

隣國相望, 인국상망	이웃나라가 서로 바라보고,
鷄犬之聲相聞, 계견지성상문	닭과 개의 소리가 서로 들려도,
民至老死, 민지노사	대중들은 늙어죽도록,
不相往來.[3)] 불상왕래	서로 오락가락 않으리.

【문장 구성】

세 단락으로 나누어볼 수 있다. 첫 단락은 운을 달지 않았고, 아주 짧은 두 구가 대구를 이루고 있는, 노자 특유의 사자성어이다. 둘째 단락은 다시 두 부분으로 나눌 수 있는데, 첫 부분(2-1)은 死와 徙, 之와 之로 압운하고, 둘째 부분(2-2)은 제2구의 之가 바로 앞 운과 연결되고 用은 멀리 첫 부분(2-1)의 제2구 不用의 用과 운을 이루며, 이어서 食, 服, 俗으로 압운하고 있다. abbcc (a)cddd 형식이다. 뿐만 아니라, 구 처음에 使와 而不, 그리고 雖와 無가 반복되면서 두운 역할을 하고 있다. 마지막 단락은 산문이다. 따라서 80장은 산문+운문+운문+산문으로 이루어져 있다고 할 수 있다.

【자구풀이】

1) 小國寡民: 보통 '작은 나라 적은 백성'으로 번역하나 적절하지 않다. 노자는 사자성어 형태의 말을 즐겨 사용하는데 대부분 강한 메시지를 담고 있다. 따라서 '小'와 '寡'를 동사로 번역하는 게 문맥에 적합하다.

2) 什佰之器: 중국 고대 군대의 편제 단위에 10인을 什, 100인을 佰이라 했다. 여기서는 그 단위를 이끄는 리더. 器는 인재.

3) 結繩: ≪설문해자≫ 서문에 "옛날 복희씨가 천하에 왕 노릇할 때, … 비로소 주역 팔괘를 만들었다. 신농씨에 이르자, 새끼를 맺어 다스려서, 그 일들을 통괄하였다. … 황제의 사관인 창힐이 … 처음 서계를 만들었다(古者包犧氏之王天下也, … 始作易八卦. 及神農氏, 結繩爲治, 而統其事. … 黃帝之史倉頡, … 初造書契.)."라 하였다. 이에 의하면, 결승은 신농씨가 통치의 필요성에 의해 만든 원시적인 문자라 할 수 있다. 자세한 내용을 기록한 것은 아니고 일종의 기억 보조 장치이거나 상징적 의미를 나타냈던 것으로 보인다. 우리나라에서 옛날 흔히 볼 수 있었던 '금줄'도 일종의 결승이라 할 수 있다.

4) 鷄犬之聲相聞: 닭이나 개 등 가축의 소리가 서로 들린다. 인가나 마을이 가까이 있고 또 평화로움을 나타낸다.

【해설】

'소국과민'의 반대말을 만든다면 '대국중민(大國衆民)'이 될 것이다. 땅을 넓히고 백성 수를 많게 늘인다는 의미이다. 이를 다른 말로 바꾸자면 바로 '부국강병(富國强兵)'이다. 농경시기, 국가 부유의 척도는 농토이고, 병력은 곧 인구수와 비례하기 때문이다. 노자가 살던 당시, 중국의 여러 제후국은 너나나나 할 것 없이 부국강병을 외쳤다. 이에 호응하여 자신의 주상을 펼친 자들이 바로 이른바 '제자백기(諸了百家)'이다. 이들 대부분은 당연히 부국강병을 외쳐댔다. 이런 상황에서 노자는 정반대로 '소국과민'을 주장하고 있으니, 그야말로 외롭게 광야를 울리는 외침인 셈이다.

둘째 단락은 많은 내용을 기술하고 있다. 첫 부분(2-1)은 모두 '不' 또는 '無'로 '하지 말라'는 내용을 제시하고 있는 반면, 둘째 부분(2-2)는 모두 긍정문으로 이루어져 있다. 그러므로 이 단락은 크게 두 부분, 즉 "…하지 않으면"이라는 조건과 "…하게 된다."라는 결과로 파악하면 될 듯하다. 첫 부분(2-1)에서 1-2구는 7-8구와 연결되는데, 부득불 전쟁에 대비하는 준비는 하되 가능한 쓰지 말라는 주장을 하고 있다. 3-4구는 5-6구와 연결되어 백성들이 이리저리 옮겨 다닐 필요가 없게 하라는 의미이다. 전통시대, 자신의 집에서 죽지 못하고 '객사(客死)'하는 것은 최악의 불행이었다. 후손들의 제삿밥을 먹을 수 없기 때문이다. 그렇기에 우리나라 말에 "나가 죽을 놈!"하면 아주 심한 욕이 되는 것이다. 죽음을 중시한다는 것은 이를 두고 하는 말이다. 뿐만 아니라, 농경사회에서 배와 수레를 탈 일이 많다는 것은 농사를 망친다는 뜻이다. 둘째 부분(2-2)는 2-1에 따른 결과이다. 전쟁이 없고, 여기저기 유랑하여야 할 일이 없으면 백성들은 민생에 전념할 수 있게 된다. 농사는 정직하다. 들인 공력만큼 받게 되니, 백성들은 '안분지족(安分知足)'하여 절로 순박하게 된다. 자질구레한 계약서나 규정 따위가 필요 없다. 기억을 도와줄 정도의 '결승'이면 족하게 된다. 순박한 백성들은 자신에게 주어진 삶의 여건들(먹거리, 입을 거리, 주거지, 풍속)을 즐겁게 누리게 된다.

이웃나라가 마치 이웃마을처럼 서로 바라보이지만, 백성들은 구태여 오락가락 할 필요가 없다. 비참한 전쟁이나 거창한 토목공사 같은 통치자의 '유위'가 없기 때문이다. 뿐만 아니라 생계를 위하여 사랑하는 가족과 정든 고향을 떠나가지 않아도 된다. 혹 여행을 좋아하는 사람이라면 이해하기 어려울지 모른다. 그렇다면 우리 주위에 와 있는 외국인 노동자를 한번 돌아다보면 곧장 노자의 말에 공감할 것이다.

산문+운문+운문+산문으로 이루어진 이 장은 처음과 마지막의 산문이 호응하면서, '사람'보다 '국가'를 우선시하는 부국강병이라는 시대적 흐름에 맞선, 노자의 외로운 외침을 효과적으로 들려주고 있다. 그 외침은 시대착오적인 망상에 그치는 것일까? 물론 아니다. 그것은 도연명(陶淵明)의 문학적 상상력이 더 해져 '무릉도원(武陵桃源)'이라는 동양인의 이상향으로 자리 잡고 있으니 말이다(함께 읽을 자료 참조). 기실 현대 정치에서 말하는 지방분권 또는 지방자치도 이와 무관하지 않으리라. 어릴 적 기억 속의 고향 마을, 자작일촌(自作一村)이 그립지 않는 사람이 있을까? 비록 그것이 이제는 시대에 뒤떨어진 농경사회의 산물일지라도 말이다.

【함께 읽을 자료】

도연명, <**도화원기(桃花源記)**>

진(晉)나라 태원(太元) 연간에, 무릉(武陵) 사람이 물고기 잡는 것을 업으로 삼고 있었다. 시내 따라 가다가, 길의 멀고 가까움을 잊어버렸다. 갑자기 복숭아 숲을 만났는데, 양 기슭을 끼고서 수백 걸음이었고, 그 가운데는 잡된 나무가 없었으며, 향기로운 꽃은 선명하고, 막 피어난 꽃이 어지러웠다. 어부가 그것을 대단히 기이하게 여겼다. 다시 앞으로 나아가, 그 숲을 끝까지 보고 싶어 했다. 그 숲이 수원(水源)에서 끝났는데, 곧장 작은 산 하나를 만났다. 산에 작은 구멍이 있었는데, 어렴풋이 빛이 있는 듯했다. 곧장 배를 버리고, 입구로부터 들어갔다. 처음엔 좁아, 겨우 한 사람을 통과 시킬 정도였고, 다시 수십 보를 가니, 확 열려 밝아졌다. 토지는 평평하고 넓으며, 집들은 가지런하여, 기름진 밭과 아름다운 연못과 뽕나무와 대나무 같은 부류들이 있었다. 농로가 서로 통하고, 닭과 개의 소리가 서로 들려오는데, 그 안에서 사람들이 오락가락하며, 씨 뿌리며 밭 갈았다. 남녀가 입고 있는 것이, 외부 사람과 같았고, 노인과 어린아이가 나란히 기분 좋게 놀고 있었다. 어부를 보고 바로 크게 놀라면서 쫓아 따라온 바를 물으니, 어부가 그것을 갖추어 대답했다. 사람들이 곧장 초청

하여 집으로 가서 술을 차려내고 닭을 잡고 밥을 지었다. 마을 사람들이 이 사람이 있다는 것을 듣고, 모두 와서 캐물었다. 스스로 말하길 선조들이 진나라 때의 난리를 피하여, 처자식과 마을 사람들을 데리고, 세상과 끊어진 이곳에 오게 되었고, 이로부터 다시 나가지 않게 되니 마침내 외부 사람과 두절되었다고 하였다. 지금이 어느 세상이냐고 물었는데, 바로 한나라가 있는 줄도 모르니, 위나라 진나라는 말할 것도 없었다. 어부가 하나하나 그들을 위해서 들은 바를 갖추어 이야기하니, 모두 탄식하고 놀라워했다. 나머지 사람들도 각자 그를 맞이하여 그 집으로 가서, 모두 술과 밥을 내놓았다. 여러 날을 머물다가 작별인사하고 떠나갔다. 이 마을 사람 중에서 한 사람이 말하기를 "굴 밖의 사람을 위해 말할 것은 못 됩니다."라고 하였다. 이미 나오면서 자신의 배를 찾으니, 길을 따라서 곳곳마다 표시를 하였다. 군청에 이르러서 태수에게 나아가 이와 같이 이야기를 했다. 태수가 사람을 보내어 어부를 따라 가서, 표시한 것을 찾도록 했으나, 마침내는 헷갈리어 그 길을 찾지 못했다. 남양(南陽)의 유자기(劉子驥)는 고상한 선비인데, 그것을 듣고서 흔쾌하게 가는 것을 기획했다가 열매 맺지 못하고, 머잖아 병들어 죽고 말았다. 뒤로는 마침내 나루터를 묻는 사람이 없었다.

【스스로 써보기】

小國寡民. 使有什佰之器而不用, 使民重死而不遠徙, 雖有舟輿, 無所乘之, 雖有甲兵, 無所陳之, 使民復結繩而用之, 甘其食, 美其服, 安其居, 樂其俗, 隣國相望, 鷄犬之聲相聞, 民至老死不相往來.

제81장 신언불미(信言不美)

信言不美; 신언불미	미더운 말은 꾸미지 않고,
美言不信. 미언불신	꾸민 말은 미덥지 못하네.
善者不辯; 선자불변	잘하는 이는 다변이지 않고,
辯者不善. 변자불선	다변인 자는 잘하지 못하네.
知者不博; 지자불박	아는 사람은 넓히지 않고,
博者不知.[1] 박자부지	넓히는 자는 알지 못하네.
聖人不積, 성인부적	성인은 쌓아 두지 않나니,
旣以爲人, 기이위인	이미 이로써 남을 위하되,
己愈有; 기유유	자신은 더욱 갖게 되지.
旣以與人, 기이여인	이미 이로써 남에게 주되,
己愈多.[2] 기유다	자신은 더욱 많아진다네.

天之道, 하늘의 도는,
천지도

利而不害; 이롭게 하되 방해하지 않고,
리이불해

人之道, 사람의 도는,
성인지도

爲而不爭.[3] 위해주되 다투지 않는다네.
위이부쟁

【문장 구성】

세 단락으로 구성되어 있다. 첫 단락은 두 구씩 대구를 이루고 있다. 또 첫 구의 첫 글자(信, 善, 知)가 둘째 구의 마지막에 반복되고 있어 수미운(首尾韻)이라 할 수 있고, 첫 구의 마지막 글자(美, 辯, 博)가 다음 구의 처음에 반복되고 있으니 끝말잇기이다. 둘째 단락 역시 두 구씩(2-3구와 4-5구) 대구를 이루고, '旣以'와 '己'가 서두에 반복되어 두운 역할을 한다. 셋째 단락 역시 두 구씩(1-2구와 3-4구) 대구를 이루고, 道가 중운이며 구중(句中)에 '而不'이 반복되고 있다.

【자구 풀이】

1) 善者不辯 2구: 백서 갑을(甲乙)본 모두 "善者不多, 多者不善"으로 되어 있다. 辯의 의미가 多와 연관됨을 시사해준다. 다변(多辯)으로 번역한다. 말을 잘한다, 따지다 등의 의미로 해석해도 좋다.

2) 不積은 제59장에 나오는 '嗇'과 통한다. '以' 다음에는 도가 생략되어 있다.

3) 爭의 갑골문은 두 손이 끈처럼 보이는 무언가를 서로 당기는 모양을 하고 있다(참고 자료 참조). 무언가를 서로 차지하기 위해 다투는 것이므로, 앞 단락의 '積'과 연계된다.

【해설】

노자의 마지막 장이다. 마치 맺음말이나 발문과 흡사하다.

첫 단락은 노자라는 책(필사되기 이전 그것은 아마도 구술되고 구전되었을 터이지만)에 대한 '겸손한' 해명으로 보인다. 믿을 만한 말은 구태여 아름답게 꾸밀 필요가 없다. 구체적으로 말하자면, 도를 잘 실행하는 사람은 구차하게 꼬치꼬치 따져 말할 필요가 없다. "말을 적게 하면 절로 그렇게 됨(希言自然. 제23장)"을 알기 때문이다. 도를 잘 알기 위해서는 넓게 펼칠 필요가 없다. "도를 하면 날마다 줄이는(爲道日損. 제48장)" 것임을 알기 때문이다. 그래서 이 책은 자세하게 말을 많이 하지도 않고, 넓게 사례를 들지도 않았다고 노자는 말하고 있다. 그러나 실제로는 두루 적용될 수 있는 본원과 원칙을 제시하고 있으니 많은 말을 한 셈이다. 한마디로 아름답게 꾸미려고 하지 않았다고 노자는 말하고 있다. 그러나 실제로는 무척 아름다울 것이라고 노자는 내심 생각하였을지 모른다. 왜냐하면 "억지로 하지 않되 하지 않음이 없기(無爲而無不爲. 제48장)" 때문이다. 아무튼 노자는 겸손하게 말한다. 이 책은 단지 도를 잘 실행하고 도를 잘 알 수 있도록 도와주는 '소박한' 글이라고. 다시 말해, 꼭 들려주고 싶은 '미더운 말'을 제시하였을 뿐, 아름답게 꾸밀 생각은 없었다고.

꼭 들려주고 싶은 메시지는 무엇인가? 우리 모두 도를 알고 실천하는 성인이 되자는 것이다. 그는 자신을 위해 쌓아두지 않는다. 남을 위해 베풀고 나누어주지만, 그럴수록 더 갖고 더 많아진다. 일차적으로는 이타적 행위이지만 기실 이기적인 행위이기도 한 것이다.

남을 우선 배려할수록 자신이 더 풍요로워지는 메커니즘, 그것이 바로 하늘의 도이거니와, 사람의 도 역시 그러해야 한다. 이렇게 하늘과 사람이 하나가 되는 것, 즉 '천인합일(天人合一)'로 노자는 도덕경을 마무리하고 있다. 그만큼 노자에게 천인합일은 중요한 것이지만, 사실 이런 인식은 유가라고 크게 다른 것은 아니다. 예컨대 공자(孔子)가 "아래서 배워 위로

달한다. 나를 아는 것은 하늘일진저(下學而上達. 知我者其天乎. ≪論語·憲問≫)!"라고 하였는데, 공안국(孔安國)에 의하면 "아래로 인사를 배워, 위로 천명을 안다.(下學人事, 上知天命.)" 라는 뜻이므로, 그가 추구하는 궁극도 역시 '천인합일'이라 하겠다. 다만 '천'과 '인'의 우선순위가 다를 뿐이다. 유가의 경우가 진인사대천명(盡人事待天命)이라면 노자는 이와 반대여서 '진천도대인사(盡天道待人事)'라 할 수 있겠다.

노자의 첫 장의 첫 글자는 '도(道)'이고, 마지막 장의 마지막 단어는 '부쟁(不爭)'이니, 이를 합치면 '도부쟁(道不爭)'이다. 노자는 이렇게 말하고 있는 듯하다. "도는 다른 게 아니야. 다투지 않고 더불어 사는 법일 뿐이지!"

【참고 자료】

爭(갑골문)

爭(갑골문)

爭(소전)

爭(예서)

【스스로 써보기】

信言不美, 美言不信. 善者不辯, 辯者不善. 知者不博, 博者不知. 聖人不積, 旣以爲人, 己愈有. 旣以與人, 己愈多. 天之道, 利而不害, 人之道, 爲而不爭.

부록

1. 음운과 원문
2. 노자 열전

〈부록 1〉 음운과 원문

제1장

【문장 구성: 음운】

母: ≪集韻≫ 又叶母婢切. 音敉. ≪詩·鄭風≫ 豈敢愛之, 畏我父母. 叶上杞.

門: ≪韻補≫ 叶民堅切, 音眠. ≪楚辭·遠遊≫ 虛以待之兮, 無爲之先. 庶類有成兮, 此德之門.

【함께 읽을 자료: 원문】

≪莊子·逍遙遊≫ 野馬也, 塵埃也, 生物之以息相吹也. 天之蒼蒼, 其正色邪? 其遠而無所至極邪? 其視下也, 亦若是則已矣.

≪論語·子路≫ 子路曰, "衛君待子而爲政, 子將奚先?" 子曰, "必也正名乎!" 子路曰, "有是哉, 子之迂也! 奚其正?" 子曰, "野哉, 由也! 君子於其所不知, 蓋闕如也. 名不正, 則言不順, 言不順, 則事不成, 事不成, 則禮樂不興, 禮樂不興, 則刑罰不中, 刑罰不中, 則民無所錯手足."

≪尸子·神明≫ 孔子至於勝母, 莫矣而不宿, 過於盜泉, 渴矣而不飮, 惡其名也.

제2장

【문장 구성: 음운】

隨: ≪唐韻正≫ 古音旬禾反. ≪管子·白心篇≫ 人不倡不和, 天不始不隨. ≪易林≫ 宮商旣和, 聲音相隨.

事: ≪韻補≫ 又叶詩紙切, 音始. ≪詩·召南≫ 于以用之, 公侯之事. 叶沚.

辭: ≪老子韻讀≫ 去聲

去: ≪韻會≫ ≪正韻≫ 丘於切, 音墟. 疾走. ≪正字通≫ 同驅. ≪詩·小雅≫ 鳥鼠攸去, 君子攸芋.

【함께 읽을 자료: 원문】

≪論語·泰伯≫ 曾子言曰, 鳥之將死, 其鳴也哀, 人之將死, 其言也善.

≪韓非子·二柄≫ 楚靈王好細腰, 而國中多餓人.

≪莊子·山木≫ 陽子之宋, 宿於逆旅. 逆旅人有妾二人, 其一人美, 其一人惡. 惡者貴而美者賤. 陽子問其故. 逆旅小子對曰, 其美者自美, 吾不知其美也. 其惡者惡, 吾不知其惡也.

≪莊子·齊物論≫ 毛嬙西施, 人之所美也. 魚見之深入, 鳥見之高飛, 麋鹿見之決驟. 四者孰知天下之正色哉?

제3장

【함께 읽을 자료: 원문】

≪莊子·齐物论≫ 狙公賦芧, 曰, 朝三而暮四. 衆狙皆怒. 曰, 然則朝四而暮三. 衆狙皆悅. 名實未虧而喜怒爲用, 亦因是也.

≪莊子·天地≫ 至德之世, 不尙賢, 不使能, 上如標枝, 民如野鹿, 端正而不知以爲義, 相愛而不知以爲仁, 實而不知以爲忠, 當而不知以爲信, 蠢動而相使不以爲賜. 是故行而無迹, 事而無傳.

≪莊子·盜跖≫ 神農之世, 臥則居居, 起則于于, 民知其母, 不知其父. 與麋鹿共處, 耕而食, 織而衣, 無有相害之心, 此至德之隆也.

제4장

【문장 구성: 음운】

沖: ≪韻補≫ 叶仲良切, 音長. ≪道藏歌≫ 鬱鬱對啓明, 圓華煥三沖. 颷粲麗九天, 天綠繞丹房.

盈: ≪正韻≫ 又叶與章切, 音陽. ≪張籍·祭韓愈詩≫ 新亭成未登, 閉在莊西廂. 書札與詩文, 重疊我笥盈.

宗: ≪正韻≫ 又叶則郎切, 音臧. ≪史記·司馬遷自敘≫ 蠲除肉. 開通關梁. 廣恩施博, 厥稱太宗.

紛: ≪韻補≫ 叶孚焉切. ≪孫楚·雪賦≫ 豐隆灑雪, 交錯翻紛. 膏澤偃液, 普潤中田.

塵: 叶直連切, 音廛. ≪班彪·北征賦≫ 忽進路以息節兮, 飲予馬兮洹泉. 朝露漸予冠蓋兮, 衣晻藹而蒙塵.

存: 叶昨先切, 音前. ≪楚辭·遠遊≫ 壹氣孔神兮, 於中夜存. 虛以待之兮, 無爲之先.

제5장

【함께 읽을 자료: 원문】

≪論語·衛靈公≫ 子曰, 志士仁人, 無求生以害仁, 有殺身以成仁.

≪論語·顔淵≫ 顔淵問仁. 子曰, 克己復禮爲仁.

≪孟子·盡心上≫ 孟子曰, 君子之於物也, 愛之而弗仁, 於民也, 仁之而弗親. 親親而仁民, 仁民而愛物.

제6장

【문장 구성: 음운】

牝: ≪集韻≫ 補履切, 音匕. 義同.

門: 앞에 나옴(제1장)

根: 經天切, 音堅. ≪三略軍讖≫ 侵侮下民, 國內讙諠. 臣蔽不言, 是謂亂根.

存: 앞에 나옴(제4장)

勤: ≪韻補≫ 叶渠焉切, 音乾. ≪鄭曼贈陸雲詩≫ 垂翼之會, 匪言不宣. 嗟我懷人, 斯恩斯勤.

제7장

【문장 구성: 음운】

存: 앞에 나옴(제4장)

【함께 읽을 자료: 원문】

≪論語·泰伯≫ 子曰, 大哉堯之爲君也! 巍巍乎! 唯天爲大, 唯堯則之.

제8장

【문장 구성: 음운】

淵: ≪集韻≫ 一均切, 音蜵. 亦深也.

信: 又叶斯鄰切. 音新. ≪詩·小雅≫ 庶民弗信. 叶上親.

治: ≪集韻≫ 又盈之切, 音怡. 義同.

能: ≪韻補≫ 叶音尼. ≪屈原·離騷≫ 紛吾既有此內美兮, 又重之以修能. 叶下佩, 佩音皮.

尤: 又叶與之切, 音怡. ≪詩·鄘風≫ 大夫君子, 無我有尤. 叶下之.

【함께 읽을 자료: 원문】

≪莊子·德充符≫ 人莫鑑於流水, 而鑑於止水, 唯止能止衆止.

≪莊子·天道≫ 水靜則明燭鬚眉, 平中準, 大匠取法焉. 水靜猶明, 而況精神! 聖人之心靜乎!

≪論語·子罕≫ 子在川上曰, 逝者如斯夫! 不舍晝夜.

≪孟子·盡心上≫ 觀水有術, 必觀其瀾. 日月有明, 容光必照焉. 流水之爲物也, 不盈科不行, 君子之志於道也, 不成章不達.

제9장

【함께 읽을 자료: 원문】

≪孟子·公孫丑上≫ 無若宋人然, 宋人有閔其苗之不長而揠之者, 芒芒然歸, 謂其人曰, '今日病矣! 予助苗長矣!' 其子趨而往視之, 苗則槁矣. 天下之不助苗長者寡矣. 以爲無益而舍之者, 不耘苗者也, 助之長者, 揠苗者也. 非徒無益, 而又害之.

≪荀子·宥坐≫ 孔子觀於魯桓公之廟, 有欹器焉. 孔子問於守廟者曰, 此爲何器? 守廟者曰, 此蓋爲宥坐之器. 孔子曰, 吾聞宥坐之器者, 虛則欹, 中則正, 滿則覆. 孔子顧謂弟子曰, 注水焉! 弟子挹水而注之. 中而正, 滿而覆, 虛而欹.

제10장

【문장 구성: 음운】

兒: ≪唐韻≫ 汝移切

疵: ≪韻會≫ 才支切

雌: ≪韻會≫ 七支切

有: ≪韻補≫ 叶羽軌切. ≪前漢·敘傳≫ 文豔用寡, 子虛烏有. 寄言淫麗, 託風終始.

宰: 又叶子里切, 音擠. ≪詩·大雅≫ 疚哉冢宰. 叶紀止里.

【함께 읽을 자료: 원문】

≪內觀經≫ 動以營身之謂魂, 靜以鎭形之謂魄.

제12장

【문장 구성: 음운】

聾: ≪韻補≫ 叶盧黃切, 音郎. ≪易林≫ 遠視無光, 不知靑黃. 黈纊塞耳, 使君闇聾.

【함께 읽을 자료: 원문】

≪禮記·樂記≫ 宮爲君, 商爲臣, 角爲民, 徵爲事, 羽爲物. … 宮亂則荒, 其君驕. 商亂則陂, 其臣壞, ….

≪史記·齊太公世家≫ 管仲病, 桓公問曰, 群臣誰可相者. 管仲曰, 知臣莫如君. 公曰, 易牙如何? 對曰, 殺子以適君, 非人情, 不可.

≪**管子·君臣**≫ 夫易牙以調和事公, 公曰惟烝嬰兒之未嘗, 于是烝其首子而獻之公.

제13장

【문장 구성: 음운】

身: ≪韻補≫ 叶尸連切. ≪楊方·合歡詩≫ 我情與子合, 亦如影追身. 寢共織成被, 絮用同功綿.

愛: 又叶烏胃切, 音穢. ≪詩·小雅≫ 心乎愛矣, 遐不謂矣. ≪楚辭·九章≫ 世溷濁莫吾知, 人心不可謂兮. 知死不可讓, 願勿愛兮.

【함께 읽을 자료】

≪**史记·老子韩非列传**≫ 昔者彌子瑕見愛於衛君. 衛國之法, 竊駕君車者罪至刖. 既而彌子之母病, 人聞, 往夜告之, 彌子矯駕君車而出. 君聞之而賢之曰, “孝哉, 爲母之故而犯刖罪!” 與君遊果園, 彌子食桃而甘, 不盡而奉君. 君曰, “愛我哉, 忘其口而念我!” 及彌子色衰而愛弛, 得罪於君. 君曰, “是嘗矯駕吾車, 又嘗食我以其餘桃.” 故彌子之行未變於初也, 前見賢而後獲罪者, 愛憎之至變也.

≪**莊子·人間世**≫ 支離疏者, 頤隱於臍, 肩高於頂, 會撮指天, 五管在上, 兩髀爲脇. 挫鍼治繲足以餬口, 鼓筴播精, 足以食十人. 上徵武士, 則支離攘臂而遊於其間, 上有大役, 則支離以有常疾不受功, 上與病者粟, 則受三鍾與十束薪. 夫支離其形者, 猶足以養其身, 終其天年, 又況支離其德者乎!

≪**莊子·逍遙游**≫ 堯讓天下於許由, 曰, 日月出矣, 而爝不息, 其於光也, 不亦難乎! 時雨降矣, 而猶浸灌, 其於澤也, 不亦勞乎! 夫子立, 而天下治, 而我猶尸之, 吾自視缺然. 請致天下. 許由曰, 子治天下, 天下既已治也. 而我猶代子, 吾將爲名乎? 名者實之賓也. 吾將爲賓乎? 鷦鷯巢於深林, 不過一枝, 偃鼠飮河, 不過滿腹. 歸休乎君, 予无所用天下爲! 庖人雖不治庖, 尸祝不越樽俎而代之矣.

제14장

【문장 구성: 음운】

昧: ≪韻補≫ 叶莫結切. ≪鮑昭詩≫ 年貌不可還, 身意會盈歇. 智哉衆多士, 服理辨明昧.

有: ≪韻補≫ 叶羽軌切. ≪前漢·敘傳≫ 文豔用寡, 子虛烏有. 寄言淫麗, 託風終始.

【함께 읽을 자료】

≪莊子·應帝王≫ 南海之帝爲儵, 北海之帝爲忽, 中央之帝爲混沌. 儵與忽時相與遇於混沌之地, 混沌待之甚善. 儵與忽謀報混沌之德, 曰, 人皆有七竅以視聽食息, 此獨無有, 嘗試鑿之. 日鑿一竅, 七日而混沌死.

≪山海經·西山經≫ 又西三百五十, 曰天山, 多金玉, 有青雄黃. 英水出焉, 而西南流注于湯谷. 有神焉, 其狀如黃囊, 赤如丹火, 六足四翼, 渾敦無面目.

제15장

【문장 구성: 음운】

鄰: 又叶陵延切, 音連. ≪陸機·挽歌≫ 人往有反歲, 我行無歸年. 昔居四民宅, 今託萬鬼鄰.

제16장

【문장 구성: 음운】

明: ≪韻補≫ 叶謨郎切. ≪楚辭·九歌≫ 暾將出兮東方, 照吾檻兮扶桑. 撫余馬兮安驅, 夜皎皎兮既明.

凶: 叶虛王切, 兇平聲. ≪東方朔·七諫≫ 業失之而不救兮, 尙何論乎禍凶. 彼離畔而朋黨兮, 獨行之士其何望.

久: ≪韻補≫ 叶擧里切, 音几. ≪詩·邶風≫ 何其久也, 必有以也. 久叶以. ≪楚辭·招魂≫ 層冰峩峩, 飛雪千里. 歸來歸來, 不可以久.

【함께 읽을 자료: 원문】

≪莊子·大宗師≫ 顔回曰, 回益矣. 仲尼曰. 何謂也? 曰, 回忘禮樂矣. 曰, 可矣, 猶未也. 他日復見, 曰, 回益矣. 曰, 何謂也? 曰, 回忘仁義矣. 曰, 可矣, 猶未也. 他日復見, 曰, 回益矣. 曰,何謂也? 曰, 回坐忘矣. 仲尼蹴然曰, 何謂坐忘? 顔回曰, 墮肢體, 黜聰明, 離形去知, 同於大通, 此謂坐忘. 仲尼曰, 同則無好也, 化則無常也. 而果其賢乎! 丘也請從而後也.

제17장

【문장 구성: 음운】

有: ≪韻補≫ 叶羽軌切. ≪前漢·敘傳≫ 文豔用寡, 子虛烏有. 寄言淫麗, 託風終始.

譽: ≪唐韻≫ ≪集韻≫ ≪韻會≫ ≪正韻≫ 羊茹切, 余去聲.

侮: ≪唐韻≫ 文甫切 ≪韻會≫ 罔甫切, 音武. 慢易也.

【함께 읽을 자료: 원문】

≪論語·顔淵≫ 子貢問政. 子曰, 足食, 足兵, 民信之矣. 子貢曰, 必不得已而去, 於斯三者何先? 曰, 去兵. 子貢曰, 必不得已而去, 於斯二者何先? 曰, 去食. 自古皆有死, 民無信不立.

제18장

【함께 읽을 자료: 원문】

≪莊子·大宗師≫ 泉涸, 魚相與處於陸, 相呴以濕, 相濡以沫, 不如相忘於江湖, 與其譽堯而非桀也, 不如兩忘而化其道.

제19장

【함께 읽을 자료: 원문】

≪莊子·胠篋≫ 跖之徒問於跖曰, 盜亦有道乎? 跖曰, 何適而無有道邪! 夫妄意室中之藏, 聖也. 入先, 勇也. 出後, 義也. 知可否, 知也, 分均, 仁也. 五者不備而能成大盜者, 天下未之有也.

제20장

【문장 구성: 음운】

牢: ≪唐韻≫ 魯刀切 ≪集韻≫ ≪韻會≫ 郎刀切, 音勞.

兆: ≪韻補≫ 叶直遙切, 音朝. ≪晉書·樂志歌≫ 神之來, 光景昭. 聽無聲, 視無兆.

遺: ≪唐韻≫ 以追切.

【함께 읽을 자료: 원문】

≪**莊子·秋水**≫ 且子獨不聞, 夫壽陵餘子之學行於邯鄲與? 未得國能, 又失其故行矣, 直匍匐而歸耳.

≪**莊子·逍遙遊**≫ 莊子曰 "子獨不見狸狌乎? 卑身而伏, 以候敖者. 東西跳梁, 不避高下, 中於機辟, 死於罔罟. 今夫犛牛, 其大若垂天之雲. 此能爲大矣, 而不能執鼠.

제21장

【문장 구성: 음운】

古: ≪集韻≫ 古暮切, 音顧. 亦作故, 義同. ≪劉向·九歎≫ 興離騷之微文兮, 冀靈修之壹悟. 還余車于南郢兮, 復姓軌于初古.

제22장

【문장 구성: 음운】

明: ≪韻補≫ 叶謨郎切. ≪楚辭·九歌≫ 暾將出兮東方, 照吾檻兮扶桑. 撫余馬兮安驅, 夜皎皎兮既明.

功: ≪韻補≫ 叶姑黃切, 音光. ≪東方朔·七諫≫ 信直退而毀敗兮, 虛僞進而得當. 追悔過之無及兮, 豈盡忠而有功.

【함께 읽을 자료: 원문】

≪孟子·滕文公下≫ 陳代曰, 不見諸侯, 宜若小然, 今一見之, 大則以王, 小則以霸. 且志曰, 枉尺而直尋. 宜若可爲也. 孟子曰, 昔齊景公田, 招虞人以旌, 不至, 將殺之. 志士不忘在溝壑, 勇士不忘喪其元. 孔子奚取焉? 取非其招不往也. 如不待其招而往, 何哉? 且夫枉尺而直尋者, 以利言也. 如以利, 則枉尋直尺而利, 亦可爲與?

제23장

【함께 읽을 자료: 원문】

≪周易·乾卦≫ 九五曰飛龍在天, 利見大人, 何謂也? 子曰, 同聲相應, 同氣相求, 水流濕, 火就燥, 雲從龍, 風從虎, 聖人作而萬物覩, 本乎天者親上, 本乎地者親下, 則各從其類也.

제24장

【문장 구성: 음운】

惡: ≪廣韻≫ 烏路切 ≪正韻≫ 烏故切, 汙去聲. 憎也, 疾也.

處: ≪廣韻≫ 讀去聲, 昌據切. 所也. ≪詩·邶風≫ 爰居爰處, 爰喪其馬.

제25장

【함께 읽을 자료: 원문】

吳 徐整, ≪三五歷紀≫ 天地混沌如鷄子, 盤古生其中. 萬八千歲, 天地開闢, 陽淸爲天, 陰濁爲地. 盤古在其中, 一日九變, 神於天, 聖於地. 天日高一丈, 地日厚一丈, 盤古日長一丈. 如此萬八千歲, 天數極高, 地數極深, 盤古極長. 後乃有三皇. 數起於一, 立於三, 成於五, 盛於七, 處於九, 故天去地九萬里. ≪藝文類聚≫ 권1, 〈天部上〉에 인용되어 있음. ≪文淵閣四庫全書≫(887), 臺灣商務印書館, 1988, 141쪽.

吳 徐整, ≪五運歷年記≫ 天氣濛鴻, 萌芽滋始, 遂分天地, … 首生盤古, 垂死

化身. 氣成風雲, 聲爲雷霆, 左眼爲日, 右眼爲月, 四肢五體爲四極五岳, 血液爲江河, 筋脈爲地理, 肌肉爲田土, 髮髭爲星辰, 皮毛爲草木, 齒骨爲金石, 精髓爲珠玉, 汗流爲雨澤, 身之諸虫, 因風所感, 化爲黎甿." 馬驌, ≪繹史≫ 권1, 〈開闢原始〉 편에 인용되어 있음. ≪文淵閣四庫全書≫(365), 臺灣商務印書館, 1988, 69쪽.

제26장

【문장 구성: 음운】

重: 又≪韻補≫ 叶直良切, 音長. ≪道藏歌≫ 神暢感寂庭, 默思徹九重. 靈歌理冥運, 百和結朱章.

下: ≪韻補≫ 叶後五切, 音戶. ≪詩·召南≫ 于以奠之, 宗室牖下. 與女叶.

【함께 읽을 자료: 원문】

≪史記·周本紀≫ 褒姒不好笑, 幽王欲其笑萬方, 故不笑. 幽王爲烽燧大鼓, 有寇至則擧烽火. 諸侯悉至, 至而無寇, 褒姒乃大笑. 幽王說之, 爲數擧烽火. 其後不信, 諸侯益亦不至. … 申侯怒, 與繒西夷犬戎攻幽王. 幽王擧烽火徵兵, 兵莫之. 遂殺幽王驪山下.

제28장

【문장 구성: 음운】

雌: ≪唐韻≫ 七移切. ≪集韻≫ ≪韻會≫ 七支切.

兒: ≪唐韻≫ 汝移切

【함께 읽을 자료: 원문】

≪論語·爲政≫ 君子不器.

≪論語·陽貨≫ 子曰, "唯女子與小人爲難養也, 近之則不孫, 遠之則怨."

≪論語·陽貨≫ 子貢曰, "紂之不善, 不如是之甚也. 是以君子惡居下流, 天下之惡皆歸焉."

제29장

【문장 구성: 음운】

隨: 《廣韻》 《集韻》 《韻會》 旬爲切, 音隋.

隳: 《廣韻》 許規切

제31장

【문장구성: 음운】

右: 又叶演女切, 音與. 《陸雲·陸丞相誄》 乃幹中軍, 入作內輔. 公侯陟降, 在帝左右.

【함께 읽을 자료: 원문】

《孟子·梁惠王上》 孟子見梁襄王, 出, 語人曰, "望之不似人君, 就之而不見所畏焉. 卒然問曰, '天下惡乎定?' 吾對曰, '定於一.' '孰能一之?' 對曰, '不嗜殺人者能一之.'

제32장

【문장구성: 음운】

有: 《韻補》 叶羽軌切. 《前漢·敘傳》 文豔用寡, 子虛烏有. 寄言淫麗, 託風終始.

海: 《韻補》 叶虎洧切, 音喜. 《詩·小雅》 沔彼流水, 朝宗于海. 鴥彼飛隼, 載飛載止.

제33장

【문장구성: 음운】

富: 叶渠記切, 音忌. 《詩·大雅》 何神不富. 叶上刺類瘁. 《魯頌》 俾爾壽而富. 叶上熾下試.

【함께 읽을 자료: 원문】

≪左傳 襄公24≫ 曰, "古人有言曰, '死而不朽', 何謂也?" … 穆叔曰, "… '大上有立德, 其次有立功, 其次有立言.' 雖久不廢, 此之謂不朽."

≪莊子·天地≫ 堯觀乎華. … 堯曰, 多男子則多懼, 富則多事, 壽則多辱. 是三者, 非所以養德也, 故辭. 封人曰, 始也我以女爲聖人邪, 今然君子也. 天生萬民, 必授之職, 多男子而授之職, 則何懼之有? 富而使人分之, 則何事之有! 夫聖人, 鶉居而鷇食, 鳥行而無彰. 天下有道, 則與物皆昌, 天下無道, 則修德就閒. 千歲厭世, 去而上僊, 乘彼白雲, 至於帝鄕. 三患莫至, 身常無殃, 則何辱之有!

제34장

【문장구성: 음운】

右: 又叶羽軌切, 音以. ≪詩·衛風≫ 泉源在左, 淇水在右. 女子有行, 遠父母兄弟.

有: ≪韻補≫ 叶羽軌切. ≪前漢·敘傳≫ 文豔用寡, 子虛烏有. 寄言淫麗, 託風終始.

제36장

【문장구성: 음운】

興: 叶虛良切, 音香. ≪徐幹·雜詩≫ 沈陰增憂愁, 憂愁爲誰興. 念與君相別, 乃在天一方. ≪潘乾≫ 實天生德, 有漢將興. 子子孫孫, 俾爾熾昌.

人: ≪韻補≫ 叶如延切, 音然. ≪劉向·列女頌≫ 望色請罪, 桓公嘉焉. 厥後治內, 立爲夫人.

제37장

【문장구성: 음운】

化: ≪韻補≫ 叶胡隈切, 音回. ≪三略≫ 變動無常, 因敵變化. 不爲事先, 動而輒隨. ≪陳琳·大荒賦≫ 越洪寧之蕩蕩兮, 追漠之造化. 跨三五其無偶兮, 邈卓立而獨奇.

【함께 읽을 자료: 원문】

≪論語·衛靈公≫ 子曰, "無爲而治者其舜也與? 夫何爲哉? 恭己正南面而已矣."

≪孟子·滕文公上≫ 上有好者, 下必有甚焉者矣.

제38장

【문장 구성: 음운】

首: 又叶詩紙切, 音始. ≪揚子·太經≫ 凍登赤天, 陰作首也. 虛羸踦踦, 擅無已也.

【함께 읽을 자료: 원문】

≪論語·泰伯≫ 子曰, 興於詩, 立於禮, 成於樂.

≪論語·顔淵≫ 顔淵問仁. 子曰, 克己復禮爲仁. … 顔淵曰, 請問其目. 子曰, 非禮勿視, 非禮勿聽, 非禮勿言, 非禮勿動.

제42장

【함께 읽을 자료: 원문】

≪說苑·敬愼≫ 孔子之周, 觀於太廟右陛之前, 有金人焉, 三緘其口而銘其背曰, "古之愼言人也, 戒之哉! 戒之哉! … 强梁者不得其死, 好勝者必遇其敵. …"

제43장

【문장 구성: 음운】

間: ≪韻補≫ 叶音巾. ≪高彪詩≫ 人有計策, 六奇五間. 總茲三事, 謀則咨詢.

제44장

【문장 구성: 음운】

病: ≪韻補≫ 叶被旺切, 音傍. ≪黃庭經≫ 宅中有士, 常衣絳. 子能見之, 可不病.

愛: ≪正韻≫ 又叶烏胃切, 音穢. ≪詩·小雅≫ 心乎愛矣, 遐不謂矣.

久: ≪韻補≫ 叶擧里切, 音几. ≪詩·邶風≫ 何其久也, 必有以也. 久叶以.

【함께 읽을 자료: 원문】

≪淮南子·人間訓≫ 近塞上之人, 有善術者. 馬無故亡而入胡, 人皆弔之., 其父曰, 此何遽不爲福乎? 居數月, 其馬將胡駿馬而歸, 人皆賀之. 其父曰, 此何遽不能爲禍乎? 家富良馬, 其子好騎, 墮而折其髀, 人皆弔之. 其父曰, 此何遽不爲福乎? 居一年, 胡人大入塞, 丁壯者引弦而戰, 近塞之人, 死者十九, 此獨以跛之故, 父子相保. 故福之爲禍, 禍之爲福, 化不可極, 深不可測也.

제45장

【문장 구성: 음운】

敝: ≪韻補≫ 叶筆別切. ≪老子·道德經≫ 大成若缺, 其用不敝. ≪玉篇≫ 俗作弊.

제47장

【문장 구성: 음운】

下: ≪韻補≫ 叶後五切, 音戶. ≪詩·召南≫ 于以奠之, 宗室牖下. 與女叶.

道: 叶徒厚切, 頭上聲. ≪詩·衛風≫ 牆有茨, 不可道也. 叶下醜.

尟(尠): ≪廣韻≫ ≪集韻≫ 息淺切 ≪韻會≫ ≪正韻≫ 蘇典切. ≪說文≫ 少也.

【함께 읽을 자료: 원문】

≪莊子·人間世≫ 仲尼曰, 若一志, 無聽之以耳而聽之以心, 無聽之以心而聽之以氣. 耳止於聽, 心止於符. 氣也者, 虛而待物者也. 唯道集虛. 虛者, 心齋也.

≪莊子·逍遙遊≫ 藐姑射之山, 有神人居焉. 肌膚若氷雪, 綽約若處子. 不食五穀, 吸風飮露, 乘雲氣, 御飛龍, 而遊乎四海之外. 其神凝, 使物不疵癘而年穀熟.

제48장

【함께 읽을 자료: 원문】

≪抱朴子·辯問≫ 且夫俗所謂聖人者, 皆治世之聖人, 非得道之聖人. 得道之聖人, 則黃·老是也. 治世之聖人, 則周·孔是也.

제50장

【함께 읽을 자료: 원문】

≪莊子·逍遙遊≫ 之人也, 物莫之傷. 大浸稽天而不溺, 大旱金石流, 土山焦而不熱. 是其塵垢粃糠, 將猶陶鑄堯舜者也.

≪莊子·知北遊≫ 生也死之徒, 死也生之始, 孰知其紀! 人之生, 氣之聚也. 聚則爲生, 散則爲死. 若死生爲徒, 吾又何患!

제52장

【문장 구성: 음운】

事: 叶常御切, 音樹. ≪易林≫ 雖慍不去, 復職內事.

제53장

【함께 읽을 자료: 원문】

≪韓非子·解老≫ 竽者, 五聲之長也. 故竽先則鐘瑟皆隨, 竽唱則衆樂皆和.

제54장

【문장 구성: 음운】

豊: 又叶敷康切, 音芳. ≪韓愈·歐陽生哀辭≫ 友則旣獲兮, 祿實不豐. 以志爲養兮, 何有牛羊.

下: ≪韻補≫ 叶後五切, 音戶. ≪詩·召南≫ 于以奠之, 宗室牖下. 與女叶.

제55장

【문장 구성: 음운】

子: 叶濟口切, 音走. ≪前漢·班固敘傳≫ 侯王之祉, 祚及孫子. 公族蕃衍, 枝葉暢茂. 茂音某.

據: ≪史記註≫ 訖逆切, 音戟. ≪呂后紀≫ 見物如蒼犬, 據高后掖.

作: ≪韻補≫ 叶總古切, 音阻. ≪韓愈·處州孔子廟≫ 惟此廟學, 鄴侯所作. 厥初庳下, 神不以字.

嘎: 疏, 去聲.(강유고 설)

【함께 읽을 자료: 원문】

≪史記·周本紀≫ 周后稷, 名棄. 其母有邰氏女, 曰姜原. 姜原爲帝嚳元妃. 姜原出野, 見巨人迹, 心忻然說, 欲踐之, 踐之而身動如孕者. 居期而生子, 以爲不祥, 棄之隘巷, 馬牛過者皆辟不踐 ; 徙置之林中, 適會山林多人, 遷之 ; 而棄渠中冰上, 飛鳥以其翼覆薦之. 姜原以爲神, 遂收養長之. 初欲棄之, 因名曰棄.

제56장

【문장 구성: 음운】

門: ≪韻補≫ 叶民堅切, 音眠. ≪楚辭·遠遊≫ 虛以待之兮, 無爲之先. 庶類有成兮, 此德之門.

紛: ≪韻補≫ 叶孚焉切. ≪孫楚·雪賦≫ 豐隆灑雪, 交錯翻紛. 膏澤偃液, 普潤中田.

塵: 又叶直連切, 音廛. ≪班彪·北征賦≫ 忽進路以息節兮, 飲予馬兮洹泉. 朝露漸予冠蓋兮, 衣晻藹而蒙塵.

同: 又叶徒黃切, 音唐. ≪陳琳·答客難≫ 六合咸熙, 九州來同. 倒載干戈, 放馬華陽.

【함께 읽을 자료: 원문】

≪論語·子路≫ 子曰, 君子和而不同, 小人同而不和.

제57장

【문장 구성: 음운】

貧: ≪韻補≫ 叶頻眠切, 音駢. ≪歐陽修·送魏主簿詩≫ 士欲見所守, 視其居賤貧. 何用慰離居, 贈子以短篇.

昏: 叶許懸切. ≪馬融·廣成頌≫ 子野聽聳, 離朱目眩. 隷首策亂, 陳子籌昏.

有: ≪韻補≫ 叶羽軌切. ≪前漢·敘傳≫ 文豔用寡, 子虛烏有. 寄言淫麗, 託風終始.

化: ≪韻補≫ 叶胡隈切, 音回. ≪三略≫ 變動無常, 因敵變化. 不爲事先, 動而輒隨.

事: 叶常御切, 音樹. ≪易林≫ 雖慍不去. 復職內事.

【함께 읽을 자료: 원문】

≪**史記·高祖本紀**≫ 漢元年十月, 沛公兵遂先諸侯至霸上. … 遂西入咸陽. … 召諸縣父老豪桀曰 父老苦秦苛法久矣, 誹謗者族, 偶語者棄市. 吾與諸侯約, 先入關者王之, 吾當王關中. 與父老約, 法三章耳 : 殺人者死, 傷人及盜抵罪. 餘悉除去秦法. … (秦人大喜, 爭持牛羊酒食獻饗軍士. 沛公又讓不受) … 人又益喜, 唯恐沛公不爲秦王.

제58장

【문장 구성: 음운】

悶: ≪集韻≫ 莫奔切, 音門.

禍: 叶紙韻, 虎委切. ≪荀子·成相篇≫ 世之禍, 惡賢士, 子胥見殺百里徙.

제61장

【문장 구성: 음운】

牡: ≪正韻≫ 莫后切, 音母. ≪集韻≫ 滿補切, 音姥. 禽雄曰牡.

下: ≪韻補≫ 叶後五切, 音戶. ≪詩·召南≫ 于以奠之, 宗室牖下. 與女叶.

제62장

【문장 구성: 음운】

尊: 又叶將鄰切, 音津. ≪前漢·班固敘傳≫ 大祖元勳, 啓立輔臣. 支庶藩屛, 侯王竝尊.

【함께 읽을 자료: 원문】

≪論語·八佾≫ 王孫賈問曰, “與其媚於奧, 寧媚於竈, 何謂也?” 子曰, “不然, 獲罪於天, 無所禱也.”

제63장

【문장 구성: 음운】

易: ≪正韻≫ 以智切, 音異.

事: ≪集韻≫ ≪韻會≫ 仕吏切, 音示.

제64장

【문장 구성: 음운】

謀: 又叶謨悲切, 音眉. ≪詩·衛風≫ 氓之蚩蚩, 抱布貿絲. 匪來貿絲, 來卽我謀.

事: 又叶詩紙切, 音始. ≪詩·召南≫ 于以用之, 公侯之事. 叶沚.

제65장

【함께 읽을 자료: 원문】

≪論語·爲政≫ 子曰, 道之以政, 齊之以刑, 民免而無恥, 道之以德, 齊之以禮, 有恥且格.

제66장

【문장 구성: 음운】

下: ≪韻補≫ 叶後五切, 音戶.

後: 又叶後五切, 胡上聲. ≪揚雄·趙充國圖畫頌≫ 在漢中興, 充國作武. 赳赳桓桓, 亦紹厥後.

제67장

【문장 구성: 음운】

先: ≪韻≫ ≪集韻≫ ≪韻會≫ ≪正韻≫ 先見切, 音霰.

제68장

【문장 구성: 음운】

武: ≪唐韻≫ 文甫切.

【함께 읽을 자료: 원문】

≪**莊子·達生**≫ 紀渻子爲王養鬪鷄. 十日而問, 鷄可鬪已乎? 曰, 未也, 方虛憍而恃氣. 十日又問, 曰, 未也. 猶應嚮景. 十日又問, 曰, 未也. 猶疾視而盛氣. 十日又問, 曰, 幾矣. 鷄雖有鳴者, 已无變矣, 望之似木鷄矣, 其德全矣, 異鷄無敢應, 見者反走矣.

제69장

【문장 구성: 음운】

行: 又≪集韻≫ 寒岡切, 音杭. ≪類篇≫ 列也.

兵: 又必良切, 音浜. ≪詩·衛風≫ 擊鼓其鏜, 踴躍用兵. 土國城漕, 我獨南行.

臂: ≪說文解字≫ 從肉, 辟聲.

【함께 읽을 자료: 원문】

≪**孔子家語·三恕**≫ 子路問於孔子曰, 有人於此, 披褐而懷玉, 何如? 子曰, 國無道, 隱之可也. 國有道, 則袞冕而執玉.

李奎報, 〈**鏡說**〉 居士有鏡一枚. 塵埃侵蝕掩掩, 如月之翳雲. 然朝夕覽觀, 似若飾容貌者. 客見而問曰, 鏡所以鑑形. 不則君子對之, 以取其淸. 今吾子之鏡, 濛如霧如. 旣不可鑑其形, 又無所取其淸. 然吾子尙炤不已, 豈有理乎. 居士曰, 鏡之明也, 姸者喜之, 醜者忌之. 然姸者少, 醜者多. 若一見, 必破碎後已. 不若爲塵所昏. 塵之昏, 寧蝕其外, 未喪其淸. 萬一遇姸者而後磨拭之, 亦未晩也. 噫. 古之對鏡, 所以取其淸. 吾之對鏡, 所以取其昏. 子何怪哉. 客無以對.

제71장

【문장 구성: 음운】

病: ≪韻補≫ 叶被旺切, 音傍. ≪黃庭經≫ 宅中有士, 常衣絳. 子能見之, 可不病. 橫立長尺, 約其上. 子能守之, 可無恙.

【함께 읽을 자료: 원문】

≪論語·爲政≫ 知之爲知之, 不知爲不知, 是知也.

제73장

【문장 구성: 음운】

惡: ≪廣韻≫ 烏路切 ≪集韻≫ ≪韻會≫ ≪正韻≫ 烏故切, 汙去聲. 憎也, 疾也.

勝: ≪唐韻≫ ≪集韻≫ ≪韻會≫ 詩證切. 升去聲. ≪廣韻≫ 勝, 負之對. ≪老子·道德經≫ 天道不爭而善勝.

應: ≪廣韻≫ ≪集韻≫ ≪韻會≫ ≪正韻≫ 於證切, 音膺. ≪集韻≫ 答也. ≪廣韻≫ 物相應也. ≪易·咸卦≫ 二氣感應以相與.

來: 叶鄰奚切, 音離. ≪詩·邶風≫ 莫往莫來, 悠悠我思.

謀: 叶謨悲切, 音眉. ≪詩·衛風≫ 氓之蚩蚩, 抱布貿絲. 匪來貿絲, 來卽我謀.

제74장

【문장 구성: 음운】

斲: ≪韻補≫ 叶株遇切. ≪何晏·景福殿賦≫ 縱橫踰延, 各有攸注. 公輸荒其規矩, 匠石不知其所斲.

手: 叶賞呂切, 音黍. ≪郭璞·神嘘贊≫ 脚屬於頭, 人面無手. 厥號曰噓, 重黎所處.

제78장

【문장 구성: 음운】

反: ≪唐韻≫ ≪集韻≫ ≪韻會≫ 孚袁切. ≪正韻≫ 孚艱切, 音幡.

【함께 읽을 자료: 원문】

≪呂氏春秋·季秋紀≫ 昔者湯克夏而正天下, 天大旱, 五年不收, 湯乃以身禱於桑林曰, 余一人有罪, 無及萬夫. 萬夫有罪, 在余一人. 無以一人之不敏,使上帝鬼神傷民之命. 於是翦其髮, 磨其手, 以身爲犧牲, 用祈福於上帝, 民乃甚說, 雨乃大至.

제79장

【문장 구성: 음운】

契: ≪廣韻≫ 苦結切. … 又刻也. ≪呂覽≫ 契舟求劒. 與鍥通.

제80장

【함께 읽을 자료: 원문】

陶淵明, 〈桃花源記〉 晉太元中, 武陵人捕魚爲業. 緣溪行, 忘路之遠近. 忽逢桃花林, 夾岸數百步, 中無雜樹, 芳華鮮美, 落英繽紛. 漁人甚異之. 復前行, 欲窮其林. 林盡水源, 便得一山. 山有小口, 髣髴若有光, 便捨船, 從口入. 初極狹, 纔通人, 復行數十步, 豁然開朗. 土地平曠, 屋舍儼然, 有良田美池桑竹之屬, 阡陌交通, 雞犬相聞. 其中往來種作, 男女衣著, 悉如外人. 黃髮垂髫, 並怡然自樂. 見漁人, 乃大驚, 問所從來. 具答之. 便要還家, 設酒殺雞作食. 村中聞有此人, 咸來問訊. 自云先世避秦時亂, 率妻子邑人, 來此絶境, 不復出焉, 遂與外人間隔. 問今是何世, 乃不知有漢, 無論魏晉. 此人一一爲具言所聞, 皆歎惋. 餘人各復延至其家, 皆出酒食. 停數日, 辭去. 此中人語云: 不足爲外人道也. 旣出, 得其船, 便扶向路, 處處誌之. 及郡下, 詣太守說如此. 太守卽遣人隨其往, 尋向所志, 遂迷不復得路. 南陽劉子驥, 高尙士也, 聞之, 欣然規往, 未果, 尋病終. 後遂無問津者.

〈부록 2〉 노자 열전

노자라는 인물은 초(楚)나라 고현(苦縣, 지금의 하남성) 여향(厲鄉) 곡인리(曲仁里) 사람이다. 성은 이(李) 씨, 이름은 이(耳), 자는 담(聃)이며, 주나라 장서실의 사관이었다. 공자(孔子)가 주나라 도읍에 가서 노자에게 예(禮)를 장차 물으려고 하였다. 노자가 말했다. "그대가 언급하는 것의 경우, 그 사람은 뼈와 더불어 이미 섞어 없어졌고, 단지 그 말만이 남아있을 뿐이라오. 또한 군자는 때를 얻으면 수레를 몰고 벼슬하지만, 때를 만나지 못하면 쑥대가 구르듯 다니는 법이지요. 나는 다음과 같이 들었다오. '뛰어난 장사꾼은 비어있는 것처럼 깊숙이 물건을 저장하고, 군자가 덕이 성대하면 용모가 마치 바보 같다.' 라고. 그대의 교만한 기색과 지나치게 많은 욕망을 없애버리시오. 젠체하는 기색과 넘치는 의욕, 이것들은 모두 그대의 몸에 유익함이 없다오. 내가 그대에게 알려줄 말은 이와 같을 뿐이요." 공자는 그곳을 떠났고, 제자들에게 말했다. "새라면, 나는 그것이 날 수 있는 줄을 안다. 물고기라면, 나는 그것이 헤엄칠 수 있음을 안다. 짐승이라면, 나는 그것이 달릴 수 있음을 안다. 달리는 것은 그물을 만들어 잡을 수 있고, 헤엄치는 것은 낚싯줄을 만들어 잡을 수 있으며, 나는 것은 주살을 만들어 잡을 수 있다. 그런데 용에 대해서 말하자면 나는 알 수가 없다. 그것은 바람과 구름을 타고 하늘로 올라가기 때문이다. 나는 오늘 노자를 보았는데, 용과 같더구나!"

노자는 도와 덕을 연구하고, 그의 배움은 자신을 숨기고 이름을 감추는 것에 힘쓴다. 주나라에 거한 지 오래되었는데, 주나라가 쇠퇴하는 것을 보자 마침내 떠났다. 국경의 관문에 이르자, 관문지기인 윤희(令尹)가 말했다. "그대는 장차 숨으시겠군요. 애쓰셔서 저를 위해 책을 써주십시오." 그러자 노자가 책 상하 편을 썼다. 오천 여 글자로 도와 덕의 뜻을 말하고서는 떠났는데, 그가 멈춘 곳을 아는 이가 없다.

혹자는 이렇게 말한다. "노래자(老萊子) 역시 초(楚)나라 사람이다. 책 15편을 써서, 도가의 효용을 이야기 했는데 공자와 같은 시대라고 한다더라."

대저 노자 나이는 백예순 남짓이었다. 혹자는 말하길 이백 남짓으로, 도를 닦아 수명을 키웠기 때문이라고 한다.

공자가 죽은 뒤 일백이십구 년이 되었는데, 역사에 주나라 태사(太史)인 담(儋)이 진(秦)의 헌공(獻公)을 만나 다음과 같이 말했다고 기록하고 있다. "애초에 진(秦)과 주(周)는 합쳐졌습니다. 합쳐진 지 오백 년이 되어 나누어지고, 나누어진 지 칠십 년이 되어 패왕(霸王) 노릇하는 자가 여기에서 나올 것입니다." 혹자는 이 담(儋)이 바로 노자라 하고, 혹자는 아니라고 한다. 그것이 맞는지 여부를 아는 자가 세상에 없다. 노자는 숨은 군자이다.

노자의 아들은 이름이 종(宗)이다. 종은 위(魏)나라 장수가 되어 단간(段干)에 봉해졌다. 종의 아들은 주(注)이고, 주의 아들은 궁(宮)이며, 궁의 현손은 가(假)인데, 가는 한(漢) 효문제(孝文帝) 때 벼슬을 했다. 가의 아들 해(解)는 교서왕(膠西王) 앙(卬)의 태부(傅)를 지냈고 그래서 제(齊)에 터전을 잡았다.

세상에서 노자를 배우는 사람이면 유학을 내치고, 유학을 배우는 사람 역시 노자를 내친다. "도가 같지 않으면 서로 함께 도모하지 않는 법"이란 말이 어찌 이를 일컫는 것이랴? 이이(李耳)의 주장은, 윗사람이 무위(無爲)하면 대중은 절로 감화되고, 윗사람이 청정(淸靜)하면 대중은 절로 바르게 되리라 이다.

老子者, 楚苦縣厲鄉曲仁里人也, 姓李氏, 名耳, 字聃, 周守藏室之史也. 孔子適周, 將問禮於老子. 老子曰 "子所言者, 其人與骨皆已朽矣, 獨其言在耳. 且君子得其時則駕, 不得其時則蓬累而行. 吾聞之, 良賈深藏若虛, 君子盛德, 容貌若愚. 去子之驕氣與多欲, 態色與淫志, 是皆無益於子之身. 吾所以告子, 若是而已." 孔子去, 謂弟子曰 "鳥, 吾知其能飛, 魚, 吾知其能游, 獸, 吾知其能走. 走者可以爲罔, 游者可以爲綸, 飛者可以爲矰. 至於龍吾不能知, 其乘風雲而上天. 吾今日見老子, 其猶龍邪!"

老子脩道德, 其學以自隱無名爲務. 居周久之, 見周之衰, 迺遂去. 至關, 關令尹喜曰 "子將隱矣, 彊爲我著書." 於是老子迺著書上下篇, 言道德之意五千餘言而去, 莫知其所終.

或曰 老萊子亦楚人也, 著書十五篇, 言道家之用, 與孔子同時云.

蓋老子百有六十餘歲, 或言二百餘歲, 以其脩道而養壽也.

自孔子死之後百二十九年, 而史記周太史儋見秦獻公曰 : "始秦與周合, 合五百歲而離, 離七十歲而霸王者出焉." 或曰儋卽老子, 或曰非也, 世莫知其然否. 老子, 隱君子也.

老子之子名宗, 宗爲魏將, 封於段干. 宗子注, 注子宮, 宮玄孫假, 假仕於漢孝文帝. 而假之子解爲膠西王卬太傅, 因家于齊焉.

世之學老子者則絀儒學, 儒學亦絀老子. "道不同不相爲謀", 豈謂是邪? 李耳無爲自化, 淸靜自正 《史記·老莊申韓列傳》